张玉玺在北京电视台参加《京津冀一体化》节目访谈（2018 年）

张玉玺军装照（1971 年）

张玉玺在舰艇上（1972年）

张玉玺与夫人和孩子（1988 年）

新发地市场早期交易场景（1990 年代）

张玉玺全家福（2018 年）

张玉玺应邀在广西南宁参加第二届东盟优质果品推介会（2012 年）

张玉玺在菲律宾达沃市视察香蕉基地（2018 年）

张玉玺在新发地宏业投资中心办公室（2018 年）

张玉玺回到浙江江山新兵训练营（2018 年）

新发地兰考分市场项目签约仪式（2019 年）

新发地市场荣获“全国脱贫攻坚奖·组织创新奖”（2019 年）

张玉玺和客户在一起（2019 年）

京保农产品消费扶贫馆开馆仪式（2019年）

张玉玺参加新发地农学院周年会（2019 年）

新发地市场春节联欢晚会大合影（2019 年）

张玉玺参加新发地市场疫情防控工作部署会（2020 年）

张玉玺在木瓜交易大厅了解木瓜交易情况（2020 年）

张玉玺与新发地

唤醒农产品流通的春天

ZHANG YUXI and XINFADI

郭宏文　徐亚辉　著

中国出版集团
中译出版社

图书在版编目（CIP）数据

张玉玺与新发地 ：唤醒农产品流通的春天 / 郭宏文，徐亚辉著. -- 北京 ：中译出版社，2020.10
ISBN 978-7-5001-5601-7

Ⅰ. ①张 Ⅱ. ①郭 ②徐 Ⅲ. ①张玉玺－生平事迹②农产品流通－流通产业－产业发展－北京 Ⅳ. ①K825.38②F724.72

中国版本图书馆CIP数据核字(2020)第185445号

出版发行：中译出版社
地　　址：北京市西城区车公庄大街甲4号物华大厦6层
电　　话：（010）68005858，68358224（编辑部）
传　　真：（010）68357870
邮　　编：100044
电子邮箱：book@ctph.com.cn
网　　址：http://www.ctph.com.cn

出 版 人：张高里　刘永淳
策划编辑：范　伟
责任编辑：范　伟　张孟桥
封面设计：柒拾叁号工作室

排　　版：柒拾叁号工作室
印　　刷：山东华立印务有限公司
经　　销：新华书店

规　　格：710毫米×1000毫米　1/16
印　　张：24.75
字　　数：270千字
版　　次：2020年10月第1版
印　　次：2020年10月第1次

ISBN 978-7-5001-5601-7　　定价：68.00元

前　言

在北京，“新发地”与“中关村”齐名。提起“中关村”，人们自然想到它是国家自主创新示范区，是中国高科技产业中心；而提起“新发地”，人们就会想到它是中国交易规模最大的农产品专业批发市场，承担着首都90%以上的农产品供应，交易量、交易额连续15年双居全国第一，是名副其实的“首都菜篮子”“首都果盘子”。如果说安徽小岗村的探索提供了解决农民与土地关系问题的样板，那么新发地的实践，则贡献了解决农民丰产与丰收关系问题的经验。而创造新发地发展奇迹和轰动效应的人，就是农民企业家、北京新发地农产品批发市场董事长张玉玺，被誉为中国农产品流通“航母”的舵手。

张玉玺面庞憨厚，目光安详而坚定。他每每会晤客商官员时，都要和同行的工作人员以及司机一一握手，让每个人都有一种存在感。对待商户更是如此。他总是扑下身子为客户办事，不管问题大小，都是以尊重的态度认真面对。如果客户有什么事情找到他，他常常会来到客户的店面，表达一种照顾不周的心情，让客户心里顿生阵阵暖意。而每到大年夜，张玉玺都亲自给客户煮饺子、发饺子，已经持续30年了，成为新发地市场的一大景观。

2018年12月7日，《农民日报》隆重推出“农村改革开放40年十大时代人物”，张玉玺以农产品流通“航母”的掌舵人名义赫然名列其中，同时获得这一殊荣的还有惠泽苍生的东方稻神袁隆平、引水入村的当代愚公黄大发、共富南岭的改革先驱张伟基、筑梦横店的传奇智者徐文荣、深耕农业的卓越民营企业家刘永好等，为中国农村振兴、农业发展、农民增收树立了标杆。《农民日报》在评价张玉玺时指出：“回顾30年的新发地市场发展史，与一位近70岁的老人血脉相连，是他带头创建了新发地市场，并带领市场领导层锐意进取、深化改革，在改革开放的大潮中，树立起代表中国农产品批发市场风貌的一面旗帜。”

张玉玺与中华人民共和国同龄，在北京市丰台区新发地村度过了少年时光。1976年，张玉玺结束了6年的军人生涯，退役回到新发地当了一名普通的农民。他抱着一切从零开始、不断学习新知识、掌握新本领的心态，把所有精力都放在了工作上，先后担任电影放映员、统计员、渔场场长、车队队长、科技大队长、新发地农工商联合公司经理。

30年前，北京市丰台区新发地村与全国其他农村一样，封闭、落后、贫穷。1988年5月，张玉玺受新发地村党总支的委托，负责筹建新发地农贸市场，并担任总经理。他带领同村的14名青年，用铁丝网圈起15亩地，盖了几间简陋的办公用房，开始了艰难的创业历程。经过30年的精心培育，当初那个设施简陋的小型农贸市场，已经发展成为亚洲最大的农产品专业批发市场和农业产业化国家重点龙头企业。

张玉玺作为一名在经济转轨过程中成长起来的农民企业家，在市场建设之初，就深深地感觉到一个农产品批发市场应该承担的社会责任。因此，他立志要培育市场、发展市场、繁荣市场，让市场更好地为社会服务。

到 2018 年年底，新发地农产品批发市场的占地面积，已经从建场初的 15 亩，扩大到 1680 亩，总建筑面积近 30 万平方米。管理人员从最初的 15 个人，增加到 1400 多人；总资产从 15 万元，积累到 30 多亿元；市场拥有固定摊位 5500 多个；新发地市场年成交额一亿元以上的商户有 100 多家；2018 年，新发地各类农产品总交易量实现 1689 万吨，比上年增长 71 万吨，增长了 4.4%；实现总交易额 1080 亿元，比上年增长 264 亿元，增长了 32.4%。在全年交易中，普通农产品、大路蔬菜、大路果品稳中有升，精细蔬菜、精品水果、进口水果增长迅速，成为拉动整个市场交易大幅度增长的重要引擎。

新发地市场的成功运作，实现了“建一个市场，活一片经济，富一方百姓”的建场目标，也实现了张玉玺“兴市富民，兴农报国”的庄重承诺。仅蔬菜这一项，新发地市场全年交易量从 1988 年的 6340 吨，发展到 2018 年的全年交易量 1689 万吨，增长了 2663 倍，总交易额为 1080 亿元。2019 年再创新高，全年总交易量 1749 万吨，总交易额达 1319 亿元。

1988 年，市场建设初期，新发地全村集体总收入还不到 1000 万元。而市场建成后，新发地由一个原来不起眼儿的小村子，逐渐变成了北京市城南地区人流、物流、信息流、资金流的中心，变成了一个全国闻名的农副产品集散地。在大市场的带动下，新发地村逐步发展了汉龙货运中心、长途客运站、京新酒店等3730多个经济实体。新发地村的集体经济飞速增长，村民的生活水平也逐年提高，村容村貌日新月异。如今，新发地村“老有所养，幼有所教”，经济蒸蒸日上，村民安居乐业，呈现出一派欣欣向荣的和谐景象。

新发地市场的繁荣与发展，不仅搞活了首都城乡经济，加速了中国农业产业化进程，更是培育出一大批能够适应市场经济规律的新型农民。2018年，新发地市场从各品类农产品出类拔萃的“王牌”大户中，推选出100个农产品“单品经营大王”和100个“经营百强”人员。通过这些新型农民的示范作用，带动成千上万的中国农民走上了发家致富奔小康的道路，取得经济效益和社会效益双丰收。新发地农产品批发市场先后获得“全国文明市场”“农业产业化国家重点龙头企业”“全国商业电子信息化示范单位”“全国优秀市场”“全国百强商品交易市场”等多种荣誉称号。

新发地市场是全国农产品流通领域的一面旗帜，为社会经济发展做出了卓越的贡献。因此，作为市场掌舵人的张玉玺，获得了诸多的荣誉：2003年被中宣部、人事部、农业部联合授予“全国农村优秀人才”称号；2005年4月，被国务院授予“全国劳动模范”称号；2006年被评为“2006年中国农村新闻人物”；2008年1月，被评为“第七届全国农村基层干部十大新闻人物”；2008年12月，被国家经济体制改革委员会评为“改革开放30年农村人物”，被农业部、中央电视台联合评为“CCTV中国年度‘三农’人物”；2009年1月，被评为“中国农村改革30周年功勋人物”；2009年4月，被授予“中国骄傲十大杰出人物”；2009年10月，被授予“全国发展县域经济突出贡献人物”称号；2010年1月，被农业部聘任为“农产品市场流通专家”；2014年11月，被评为中国经济年度“十大商业领袖”；2015年6月，当选为全国政协中国经济社会理事会理事；2015年12月，荣获“2015中国改革年度人物”；2016年12月，被授予“中国农产品流通终身成就奖”；2018年12月，入选《农民日报》推出的“农村改革开放40年十大时代人物”榜单，入选中国商报社、《中国商界》杂志、《新闻战线》杂志社、中国品牌发展网联合推出的“2018中国经济影响力年度人物”榜单。2019年3月26—29日，受邀出席博鳌亚洲论坛年会开幕式并在CEO圆桌会议上发表讲话。

此外，张玉玺还获得了“全国农村优秀村官”“中国优秀诚信经营企业家”“首届中国农产品市场建设特别功勋人物”“全国优秀企业家”“全国职业企业家”“中国经济十大创新人物”“中国十佳管理创新人物”“中国百名管理先锋人物”等多项荣誉称号，并担任中国农业大学、北京工商大学的客座教授。

这些辉煌的成绩，让张玉玺十几次受到了党和国家领导人的亲切接见。

2007年4月1日，在北京奥林匹克公园，张玉玺幸运地与胡锦涛一起栽下了一棵油松。2018年2月14日，张玉玺连续八年作为全国劳动模范代表，应邀参加中共中央、国务院举行的春节团拜会，受到中共中央总书记、国家主席、中央军委主席习近平和国务院总理李克强等党和国家领导人的亲切接见。

在30多年的奋斗历程中，张玉玺从一个小型农贸市场的负责人，到国家大型中心批发市场和农产品股份有限公司的董事长，始终保持严于律己、艰苦朴素的作风，慎权、慎独、慎微。他说：“我要为农民办点实事，做一个真正的农民的儿子。”

张玉玺非常欣赏企业管理巨匠、美国通用电气公司董事长兼CEO杰克·韦尔奇说过的那句话：“规则创造财富。”张玉玺常说，市场是广阔的、多元化的，一个头脑清醒的企业家，应该抵制多种诱惑，果断地避开拥挤的人群、喧闹的沙龙。

紧张的工作之余，张玉玺还乐此不疲地钻研国家大政方针和经济理论。在中国农产品流通领域享有较高威望的他，结合管理农产品市场的经验，研究中国农产品批发市场发展的内在规律，除了在国内一些影响力较大的报纸上发表了《中国农产品市场的机遇与挑战》《农产品经营的规模化与品牌化》等20多篇专业性论文外，还出版了《点数·路数：中国农产品市场发展之管见》《农产品流通理论思考与实践探索——北京新发地市场的实践与经验》等多部专著，其中《农产品流通理论思考与实践探索——北京新发地市场的实践与经验》被暨南大学图书馆收藏，在业内引起广泛关注。他还被聘为“中国管理科学研究院当代社会问题研究所高级研究员”“中国农村社区发展促进工程农产品市场管理营销专家”“中国国情研究会农产品流通领域终生研究员”。

面对农产品批发市场精高端需求的逐渐扩大，张玉玺和他的团队以中流击水、永立潮头的大无畏气概，全力打造新发地这个中国农产品流通领域的“航空母舰”。30多年来，他的足迹遍布全国1000多个县，从红军走过的金寨到焦裕禄工作过的兰考，从海南到黑龙江，在全国农产品主产区建立了11个分市场，在23个省、3个直辖市、4个自治区的共计131个州、市、县、区建立了224个标准化基地和300多万亩的战略合作基地。他还到全世界60多个国家进行考察学习，引进先进的市场管理理念，向国际化的大品牌农产品批发市场看齐。

张玉玺不断用浓墨重彩的笔法描绘新发地兴业富民、兴农报国的发展长卷。他的工作日程中，根本没有节假日。他生命的红线永远在他热衷的市场事业的坐标上定位。他常说："世界上没有只工作八小时而成功的企业家，八小时之内工作是干事，八小时之外的工作才是干事业。"为了市场的发展，他以强烈的责任感、荣誉感和无私奉献精神，遵循"让客户发财，求市场发展"的经营理念，带领着新发地人共同创造出"带领农民致富，孵化百万富翁"的辉煌成就。

张玉玺以自己独特的憨厚外表，先后为河北玉田的"慈玉"牌大白菜、海南农产品冬季交易会免费代言，并取得了极佳的效果，全国各地农产品推介会几乎都邀请他参加。在他的心中，最关注的就是农民。他说："因为自己也是农民出身，种过菜也卖过菜，明白农民进入市场的艰难，我从事农产品流通工作三十年来，凡是有益于中国农民的事儿，我都愿意去做，用自己最大努力去尽一份责任。"张玉玺认为，他肩负的最大责任，就是要把农民种出的农产品卖出去。

张玉玺是道德经济的践行者，他认为一个人的成功，聪明、机会和坚持等都是显性的原因，但有更深层次的隐性原因和逻辑链贯穿于整个成长过程中，对于张玉玺来说，道德的血液灌注着张玉玺的一生并成为他生命中的"银行"。道德不仅让他赚取了人生的第一桶金，也成为他事业发展中取之不尽用之不竭的宝库。他在接受媒体采访时，还深情地表达了"四感"之情，就是感恩、感谢、感激和感情。所谓感恩，就是对党和国家、对生身父母深怀感恩之心；

所谓感谢，就是对多年来有关部门和单位的支持及对农产品的培育表示感谢；所谓感激，就是对广大客户以及为农产品批发事业做出贡献的有关人士表达感激之情；所谓感情，就是一直要把客户看成自己的衣食父母和兄弟姐妹。

作为新发地市场这个亚洲最大农产品批发市场的“掌门人”，张玉玺已经在这个岗位上坚守了30多年。一位唤醒了中国农产品流通的春天、让富裕之花开遍中国农村大地的奇人，虽然已经成为被同行无法追赶的人，但年届古稀的他，仍然精神矍铄，工作起来总有使不完的劲头、用不尽的精力，依旧不知疲倦地带领着新发地人向着更高的目标迈进，以造福、造富更多的中国农民。

目　录

CONTENTS

第一章　童年磨砺，吃苦耐劳懂珍惜 \001

01 祖上贤德，高祖父当过咸丰御厨 \002
02 家园所在，北京郊区的新发地 \006
03 生于中华人民共和国成立之时 \010
04 童年，父母身边懂事的孩子 \014
05 遭遇停课，升学梦想破灭 \018

第二章　军旅生涯，六年磨砺强意志 \021

01 走进军营，穿上蓝色军服 \022
02 刻苦训练，誓做毛主席的好战士 \026
03 坚守信念，一刻不放松自己 \030
04 梦虽破，仍觉 6 年军旅收获巨大 \034

第三章　创建市场，挥洒汗水播希望 \039

01 回故乡，两年圆了一个梦想 \040
02 担重任，入农校进修专业技术 \044
03 依靠三个“15”建农产品市场 \049
04 心有愿景，苦中自有乐 \053
05 用恭敬的表现化干戈为玉帛 \057

第四章　规范运营，强化管理补短板 \061

01 威逼利诱都动摇不了信念 \062
02 用客串商户来换位思考 \066
03 军旅经验，对接市场法则 \071
04 建制度，促进管理规范化 \075
05 “20字”方针，一直坚守不走样 \079

第五章　扩大规模，抢抓机遇增后劲 \083

01 商机一旦出现，便牢牢抓住 \084
02 打通铁路涵洞，遭债主堵门逼债 \088
03 顺应形势，加快推进升级改造 \091
04 头脑清醒，不断强化危机意识 \096
05 完善市场功能，布局大流通 \102
06 增加设施，调控好市场供应 \106

第六章　服务客户，市场繁荣畅流通 \109

01 市场发展，首先要让客户发财 \110
02 赢得客户，增强市场吸引力 \115
03 “非典”来袭时，体现大担当 \119
04 方便客户，架起一座畅通的桥梁 \125

第七章　农民情结，群众利益至高无上 \131

01 出任书记，是信任更是责任 \132
02 群众的利益必须放在首位 \136
03 倾力打造百万富翁孵化地 \139
04 首要任务，是造福一方百姓 \144
05 鞠躬尽瘁，刻在村民心中的丰碑 \148

第八章　理论思考，遵循规律重实践 \153

01 密切关注农产品批发市场发展现状 \154
02 发挥“五大作用”，促农产品流通 \159
03 融入京津冀协同发展格局 \163
04 践行“四减六强”，服务首都功能定位 \168
05 营销自信淡定看待电商发展 \172
06“四个着眼”，立足培植龙头企业 \176

第九章　强化品牌，精心打造不懈怠 \181

01 农产品必须倾力打造品牌 \182
02 树立品牌大王，提高农产品质量 \186
03 把创品牌当成最大的政治 \191
04 品牌推广，要既有文化又有标准 \195

第十章　人才至上，选人用人为根本 \201

01 选贤能之才，造就腾达企业 \202
02 以德为先，忠诚胜于能力 \208
03 知人善任，做到用人不疑 \213
04 培养责任心，勇于担当能够担当 \218

第十一章　做强连锁，龙头引领谋发展 \225

01 责任担当，挺起中国农产品脊梁 \226
02 代言冬交会，力推海南农产品进京 \230
03 深化合作，打通南北菜绿色通道 \234
04 助力运城，扩大晋地农产品销售圈 \238
05 坚守 30 多年，为农产品流通打先锋 \242

第十二章　企业文化，倾力塑造丰内涵 \247

01 不忘初心，传承好民族传统文化 \248
02 努力让“三个一切”深入人心 \252
03 讲求诚信，建和谐市场 \256
04 令人景仰，擅长分享的大师风范 \260
05 始终保持企业家的创新精神 \264
06 大年三十，特殊的饺子文化 \267

目　录

CONTENTS

第十三章　心存善念，关注公益献爱心 \271

01 心系汶川大地震灾民 \272
02 亲临玉树，建言兴建农畜交易市场 \277
03 真情关怀，为少数民族客户服务 \281
04 特别的爱送给特别的客户 \285
05 尊师重教，建设硬件响当当的学校 \289
06 主动融入，积极参与精准扶贫 \294

第十四章　人格魅力，做人做事重在诚 \301

01 讲实干，做务实有为的企业家 \302
02 诚信立身，做道德经济的践行者 \306
03 一丝不苟，恪守纪律和原则 \311
04 虽然无人追赶，却始终跑得最快 \315
05 心存感激，成绩有爱人的一大半 \322

第十五章　全球视野，力推农业出国门 \331

01 放眼世界，打造国际化交易平台 \332
02 出访澳大利亚，印象深刻感悟多 \336
03 成立联盟，接轨国际水产品市场 \340
04 依托“一带一路”，加强国际合作 \344
05 新冠肺炎疫情袭来之时 \349
06 心存高远，做百年世界一流企业 \356

后记 \361

1

第一章

童年磨砺，吃苦耐劳懂珍惜

01
祖上贤德，高祖父当过咸丰御厨

作为北京新发地农产品批发市场的创始人及掌舵人，张玉玺常对人说：“影响一个人取得成功的因素很多，主要有七个方面：一是祖上有德；二是国家取舍；三是先天性格；四是专业适合；五是智慧勇敢；六是善抓机遇；七是包容自律。”显然，张玉玺把自己所取得的成功，首先归功于祖先的恩德。他对自己的祖先，总是怀着一种感恩的心情。

古时候的一些朝代，对一个人的祖上和出身是非常重视的。尤其是晋和南北朝时期，官府设有谱局，用人必须查考谱籍。所谓“谱局”，就是官方研究和整理谱牒的机构，专门考定父祖官爵、门第。只是隋唐以后，官府的这一职能逐渐弱化下来，但民间对查考谱籍一直在传承。

张玉玺的高祖父张洪武出生在山东省肥城市的张各庄。肥城历史悠久，文化灿烂。西周时期，因肥族人散居于此，便称肥子国，肥城也因此而得名。西汉初期，这里就设置肥城县，至今已有2200多年的历史。肥城是“史圣”左丘明故里，也是“商圣”范蠡的隐居之地。

张洪武在张各庄长大，并娶妻生子。当地厚重的历史文化，无疑使张玉玺的先辈们得到了熏陶，从中汲取了丰富的营养，形成了艰苦朴素、勤劳勇敢、坚韧不拔、孜孜以求、与人为善的良好家风，并一代一代地接力传承，发扬光大。也许，张玉玺高祖父张洪武后来能离开山东到北京闯荡，正是受到“商圣”范蠡“忠以为国，智以保身，商以致富，成名天下”哲学思想的影响。而这种哲学思想，也恰恰是张玉玺的人生写照。

张玉玺说：“30多年来，我能为北京新发地农产品批发市场做点事，能为北京市民的‘菜篮子’和‘果盘子’做点事，我真心感谢我祖上有德，尤其感谢我的高祖父张洪武撇家舍业来北京闯荡，给咸丰皇帝当御厨，为他的后人积了大德。既留下了一定的物质财富，又留下了宝贵的精神财富。”

一个人无论做善事，还是做恶事，都是一种积累。这种积累，不仅影响自己、影响家人，也会影响子孙后代。在张玉玺看来，做善事自然会积善德。

19世纪50年代，张玉玺高祖父张洪武只身一人来北京闯荡，是因为他在朝廷为皇帝在地方选拔御厨时，因一手特殊的厨艺而被选中，成为咸丰皇帝的御厨。所谓“御厨”，就是指那些专门给皇帝掌勺做饭的厨师。

张玉玺的高祖父张洪武能够跻身御厨行列，也确实是一件很不容易的事情。古代的御厨，是经过层层选拔才产生出来的。能够进入御厨行列，无论是烹饪技艺，还是身体状况，以及人品家世背景等各个方面，都不能有半点问题，而且还要定期体检。御厨不仅要给皇帝做饭，还要给皇帝的饭菜试毒。一个人能够当上御厨，必须做到五个方面：一是必须身怀绝技，或擅长煲汤，或烹调肉类最为拿手，或精于制作素食，或会制作精美的糕点、馅饼；二是个人简历要求完美无瑕，同时要在身体检查和各种化验中不出任何问题；三是要在指定的地方实习若干年后，才能到御膳房掌勺；四是绝不透露朝廷官员的任何隐私；五是做到能心甘情愿地为皇帝的饭菜试毒。

自从来到北京担任咸丰皇帝的御厨后，张玉玺的高祖父张洪武就按照宫廷的规矩，做好自己的本职工作，从来没做过恶事，一直是诚实为善，为子孙后代积德。

张洪武离开家乡肥城前往北京时，完全是由于生活所迫。当时，张洪武的儿子也就是张玉玺的曾祖父张连善还不满两周岁。但怎么也没想到，张玉玺的高祖父这么一走，就一直没能回到肥城老家。

在北京，张洪武还利用业余时间，做一些卖手擀面的小生意，收益也非常好。由于宫廷规矩严格，张洪武不能回老家省亲。他想来想去，就把自己挣来的钱，在北京郊区的二甲地买了一些田产，并在自己的田产上盖起了房屋。他的心里，始终惦记着山东肥城老家的妻儿。

没想到，过了 16 年，张洪武的儿子张连善竟然亲自到北京寻找父亲。张洪武能与儿子张连善顺利相认，还有一个小插曲。

张连善找到父亲张洪武时，父子之间已经分别长达16年之久。张洪武还记得，他的儿子小时候被灶火中的火炭烧伤过，屁股上留下一块不小的伤疤。张连善寻找到父亲时，恰恰让父亲看到了他屁股上留下的那块伤疤。张连善屁股上的这块伤疤，就好像为了16年后寻找父亲留下的。如果没有这块伤疤，还真不知道父子能否相认。

张连善来到北京后，就住在父亲在北京郊区二甲地新盖的房子里。不久，父亲就为他娶了一位陈姓的女子为妻。婚礼虽然办得很简单，但婚宴却很讲究。那天，张洪武好多同事都来给他捧场。毫无疑问，这些同事都是赫赫有名的御厨，由他们所做的宴席，自然就是御膳，让所有的来客大开眼界、一饱口福。从给一人烹饪到为万人备餐，张家的传承源远流长。

02
家园所在，北京郊区的新发地

张玉玺的曾祖父张连善结婚后，住在父亲张洪武在北京郊区新发地盖的房子里。当时，辛勤劳作的张洪武已在新发地买下了不少的田产。

新发地隶属于北京市丰台区花乡，坐落于丰台区东南部，东隔南苑乡泄水沟与李庄子、谢庄子、新宫村相邻；西隔杨树带与白盆窑相近；南邻大兴区西红门镇；北与黄土岗、草桥接壤。新中国成立以来，新发地村所辖自然屯先后发生两次变动。1949 年，新发地村所辖新发地、二甲地、牛庄子、潘家庙 4 个自然村。1954 年，新发地村所辖自然村变成了 5 个，自北向南依次为：潘家庙、二甲地、牛庄子、新发地、陈留，全村总占地面积 4.96 平方公里。

明末居京文人刘侗、于奕正合著的《帝京景物略》上记载："……海子西墙，有沙岗委蛇，岁岁增长，今高三四丈，长十数里，远色如银，近纹若波，土人曰‘沙龙’。”书中所记载的这条沙龙，南起黄村西部，向北经洪村、高米店、西红门西直至丰台新发地一带，长约10公里，宽约1公里。当时，沙龙的形成缘于永定河经常泛滥，形成大面积流沙，冬春季节受西北风侵袭，大风夹杂着沙土东流，受海子墙阻挡，久而久之就形成了这个大沙龙。由此可见，沙龙相连、土丘相连、人烟荒芜，就是新发地一带昔日的真实写照。

关于“新发地”名字的由来，传说是这样的：明末清初，一户姓张的人家从山东曲阜搬迁到此地，居住在东侧海子墙故居土坡上，专门为明朝一个薛姓官宦人家看坟。这户张姓人家经过世代繁衍，渐渐形成了村落。于是，他们将此地命名为“西坟地”，并渐渐演变成了谐音“新坟地”。后来，有挑八根绳子做小买卖之类的人陆续搬迁到此地，人口便逐渐增多，村落的面积也逐渐扩大。新中国成立后，因为“新坟地”这个称呼实在有些不雅，当地政府就将其更名为“新发地”。

早在商周时期，新发地就已经有人居住，隶属于蓟城郊野。秦朝时期，新发地居民渐多，归属于蓟县管辖。到了汉代，蓟县置阴顺县，新发地一带归属阴顺县管辖。唐德宗建中二年(公元781年)，将蓟县西界分离为幽都县，东部仍归蓟县管辖，而新发地则属于幽都县辖区。辽圣宗开泰元年(公元1012年)，改幽都县为宛平县，新发地则归属宛平县管辖。到了清末的同治、光绪年间，丰台镇以东、大红门以北划为城属区，新发地属于城属区范围之内。1928年，北京市改为北平特别市，原北京市城属郊区正式建立东西南北四郊行政区，新发地属于南郊区范畴。抗日战争赢得胜利的1945年，六圈至大葆台一线为宛平县东界，此线以东属北平市郊四区，新发地就在四区的范围之内。

1949年1月，北平和平解放，郊四区建立区人民政府，驻地为白云观。1952年，成立丰台区，新发地从此隶属于丰台区。1953年6月，新发地改为乡建制，成立了乡人民政府。后来，新发地又先后隶属于黄土岗乡、上游人民公社、黄土岗人民公社、黄土岗中匈友好人民公社、黄土岗地区办事处、新发地乡。1987年3月，撤销黄土岗地区办事处，设立黄土岗乡，新发地乡改为新发地村归属于黄土岗乡管辖。1987年4月，黄土岗乡更名为花乡，新发地村归属于花乡管辖。

张玉玺的曾祖父张连善与陈姓女子结婚后，两年多没有孩子。急切要抱孙子的张洪武，担心儿子和儿媳生育方面有问题，就托人为他们抱养了一个男孩，取名张进仁。张玉玺的高祖父自打来到北京后，就一直没回过山东肥城的老家。由于原配夫人一直在山东老家，他在北京也一直没再成家。儿子张连善是他一生的全部希望。对抱养的这个男孩，不仅张洪武喜欢，张连善夫妇也视如己出，加倍疼爱。

可张进仁进入张家没多久，张连善的妻子张陈氏就怀孕了。后来，陈张氏接连生了两男四女六个孩子。两个男孩中，一个是张玉玺的祖父张进义，另一个是张玉玺的三爷张进礼。张玉玺称张进礼为三爷，是从他曾祖父张洪武抱养的孩子张进仁那排下来的。

由于张连善夫妇接连有了自己的孩子，让他们所抱养的孩子张进仁觉得养父母对他越来越冷落，没有了昔日的疼爱，是家中多余的人。于是，他悄悄地离家出走了。后来，张进仁又回来一次，张连善夫妇得知他的境遇不好，就给他拿了一笔钱，鼓励他去努力开创新的生活。张进仁拿着钱再次外出闯荡，据说干得不错，但他一直没回来看望养父母。

张玉玺的祖父张进义四方脸，忠厚老实，读过私塾，有文化。冬天给本村人说书，进腊月就帮乡亲们写对联。他先后娶了两房妻子，第一任妻子是张氏，结婚不久就离世了，没留下孩子。张进义的第二任妻子是王氏，也就是张玉玺的奶奶。

张玉玺的奶奶王氏一共生了三个儿子。老大叫张启祥，就是张玉玺的大伯；老二叫张启瑞，就是张玉玺的父亲；老三叫张启斌，就是张玉玺的叔叔。

张玉玺的祖父张进义于 1958 年去世，享年 73 岁。而张玉玺的奶奶王氏是 1923 年去世的，应属英年早逝。

03
生于中华人民共和国成立之时

张玉玺的父亲张启瑞于清宣统三年、民国元年（1912 年）10 月 29 日，农历九月二十，出生于北京市丰台区的新发地。张玉玺的曾祖父张连善、祖父张进义都以种田为生，祖屋位于今天的新发地市场粮油交易厅西面，院内有棵大槐树，是张玉玺祖先所栽，张玉玺记事时这棵树就有 100 多年了。院子西北有一大砖井，井两旁有两棵槐树，后院地势较高，栽有七八棵杏树，被乡亲们称为张家坡子，堪为勤劳殷实之家。

张启瑞长大成年后，于 1936 年与陈留村的王作荣结婚。王作荣生于民国七年（1918 年），比张启瑞小七岁。

王作荣嫁给张启瑞后，先后生了五男四女九个孩子，但只有六个活了下来。在活下来的六个孩子中，张玉玺排行老四。他的上面有三个姐姐：大姐张翠英、二姐张翠珍、三姐张翠琴。他的下面还有一个妹妹和一个弟弟：小妹张翠香、小弟张玉金。

在张玉玺出生前，他母亲生下的两个男孩都不幸夭折了，原因是他们出生时，都得了一种名叫“四六风”的疾病。“四六风”也称“脐风”，发病期多在婴儿出生后四天至六天。“四六风”实际就是新生婴儿的“破伤风”。破伤风是由破伤风细菌所引起的一种急性疾病。这种破伤风细菌广泛存在于泥土和人畜粪便中，可以通过破损的皮肤和黏膜，如伤口、骨折、烧伤甚至木刺或锈针刺伤，从而侵入人体，并在伤口深部缺氧环境中生长繁殖，产生大量破伤风杆菌病毒，进而作用于人的神经系统，引起全身特异性感染。新生儿剪脐带时，最易感染破伤风。

由于当时的医疗条件所限，张玉玺的母亲王作荣生小孩时，都是由村里的接生婆接生，这其中就包括先前夭折的那两个男孩。因为接生婆在剪婴儿的脐带时，剪子上带有一种破伤风细菌，从而造成剪脐带的伤口被细菌感染，最终导致两个孩子得了“四六风”而夭折。即便在张玉玺出生之后，王作荣又因“破伤风”夭折了一个男孩。

1949年10月10日，也就是农历乙丑年八月十九，张玉玺出生。他的脸型像爸爸，容貌像妈妈。从他的高祖父张洪武来北京闯荡被选为咸丰皇帝的御厨，经过他的曾祖父张连善、祖父张进义、父亲张启瑞，到他这一代，在新发地已经是第五代了。

张玉玺说，因为他是家里第一个男孩，父亲和母亲都格外高兴。尤其是父亲张启瑞，整天乐得合不拢嘴。

张玉玺出生后，他的父亲去找了位算命先生给自己的儿子算一算命运前程。结果算命先生说了几句顺口溜：左肩扛着一袋粮，全村百姓都沾光；右肩挑着一副担，大事小事能担待。

按算命先生的说法，张玉玺能活下来，是两个接生婆对冲得来的福。张玉玺出生时，家里确实来了两位接生婆。当时，张启瑞和王作荣夫妇已经有了三个女儿，心里都盼望着能生个男孩。但是，前两个男孩都在生下来不久就夭折了，夫妇二人担心一旦生了男孩会再一次重蹈覆辙。于是，张启瑞安排家人到离他们较远的一户人家，去请那位在附近地区比较有名望的接生婆，但等了很长时间那位接生婆也没来。无奈之下，张启瑞又让家人请来了另外一位接生婆。而过了不久，先请的接生婆也来到了张家。就这样，张玉玺出生时，是两位接生婆接的生。两位接生婆都谨慎小心地操作，张玉玺顺利地活了下来。

张玉玺的名字，是他的父亲张启瑞给起的。张启瑞虽然没读过书，但非常聪明，跟自己的父亲张进义学了很多东西。张进义是个读书人，写得一手好书法，经常被人请去写对联。除此之外，他还会说书，一有时间就会给村里和家里人说大书。

给张玉玺起名字时，张启瑞由“张”姓联想到印章。他琢磨，在印章中，什么印章象征的权力最大呢？当然是皇帝所用的印章。而皇帝的印章，就是“玉玺”。于是，张启瑞就给儿子起名叫张玉玺。

后来，张玉玺的小妹张翠香于1954年出生；小弟张玉金于1960年出生。这两个人的名字，都与张玉玺的名字有关。

中国古代的秦、汉、魏、西晋、东晋、宋、齐、梁、陈、隋、唐、后梁、后唐等历朝历代，都沿用秦始皇使用过的传国玉玺，上面刻有“受命于天既寿永昌”的字样，是用和氏璧雕刻而成的。西汉后期王莽篡权时，进入后宫参见姑母王政君王太后索要玉玺，见王太后不从，便以暴力相逼。无奈之下，王太后愤愤地将玉玺摔在地上，玉玺摔掉了一角。王莽捡起玉玺离开后，便找来工匠将玉玺的缺角用黄金镶补完整。

而张玉玺小妹张翠香名字中的“香”字，就是“镶”的谐音。这样的一个谐音字，与小弟张玉金名字中的“金”字组合在一起，就是“镶金”二字。镶金，意在保护玉玺的完美无缺。“玉玺镶金”，从起名字这一点就可以看出，张启瑞对儿子的健康成长可谓用心良苦。

04
童年，父母身边懂事的孩子

作为张启瑞与王作荣夫妇的长子，张玉玺得到了父母的极大呵护。

张玉玺童年时，还是一个非常讲究家庭出身的时代。一个人的家庭成分如果偏高，他的成长和进步就会受到一定影响。家庭成分越高，受到的影响越大。一般情况下，只有家庭成分是贫下中农，一个人的成长和进步才不会受到影响。而一旦高于中农甚至上中农，政审一关就很难通过，一个人就相当于输在了起跑线上。张玉玺家里还好，家庭成分是下中农。

中华人民共和国成立前，张玉玺的父亲主要靠租地种或者典地种来维持家里生计。所谓“典地”，亦称“典田”。典价一般都大幅低于土地的卖价。典得的一方获得土地的使用权，并可转典。在典期届满时，如果典者无力回赎土地，即成绝卖。而张启瑞获得典地后，都尽量做到让典者回赎土地。虽然张启瑞家里有骡子车，但由于家里所经营的土地大多都仅仅拥有使用权，因此，家里被划定为下中农。张玉玺说，家庭成分没被划得那么高，这也是父亲为子女们积下了阴德，让孩子们都能快乐地成长。

小时候，虽然父亲和母亲非常宠着张玉玺，但他依然是一个非常听话的孩子。在他的记忆中，他从来没挨过父母打，只记得挨过大姐的一个耳光。挨大姐耳光的那天，刚下完雨，张玉玺就跑到河边去捞鱼。结果，张玉玺把刚刚穿上的被大姐洗得干干净净的衣服弄得满是泥巴，气得大姐忍不住扇了他一个耳光。可不巧的是，大姐扇张玉玺耳光时，偏偏让父亲看见了。父亲马上对张玉玺的大姐说："我都没打过你弟弟，你怎么能打？下次可不能再打了。"

1957 年 9 月，张玉玺背上书包走进学校，成为一名小学生。

到了冬天，张玉玺的父亲生怕儿子冻着，每天早晨都用一件大皮袄把张玉玺包得严严实实的，然后一直把他抱到学校的教室里。他的同学看到他娇滴滴的样子，都嘲笑他像个少爷。于是，张玉玺就央求父亲，不要把他再送到教室里。实在要送，就送到学校的大门口，不让同学们看见。

张玉玺记得小时候还称老师为"先生"。"先生"这个称谓，只针对两个群体：一是老师；二是医生。"先生"无疑是对教师和医生这两个行业从业人员的尊称。因此，全社会一直非常重视师德建设和医德建设。他认为，教师这支队伍极其重要。如果说社会某一方面出了问题，追本溯源，那就是教育出了问题，就是教师这个从教的主体出了问题。医生这一行业也是这样。解放前，医生从师三年学成之时，师傅要给徒弟买两样东西：一是雨伞；二是手提灯。送雨伞的寓意是：不管刮风下雨，有病人来请就得去；送手提灯的寓意是：不管白天黑天，有病人来请就得去。

张玉玺的小学时代，大多数时间都是在边读书、边劳动中度过的。每天放学后，他都要帮助父母干些力所能及的家务活，还有像除草、割猪草、种菜等这样的农活。无论干什么活，他都不用大人操心，会把事情做得井井有条。

在父母身边，张玉玺体会到无论生活多么艰难困苦，岁月多么残酷无情，人间的真、善、美都始终存在。不管日子过得多么艰难，自己的父母始终是为人厚道、正直善良、乐观豁达。张玉玺觉得：只有始终保持着父母的这种心态，生活才会变得越来越美好。这一信念，让他的一生始终对生活怀有一颗虔诚、乐观的心。当面对各种艰难困苦时，总能找到克服困难、战胜困难的勇气和力量。

在张玉玺看来，苦难是人生的一笔财富。苦难能锻炼人的体魄，磨炼人的意志，激发人的潜质和潜能。在经受苦难的过程中，张玉玺继承了勤劳、俭朴、善良、勇敢、懂礼节、尊长辈等中华民族所特有的传统美德。而这些优良品格和作风，无时不体现在他一生的工作与生活之中。

在张玉玺的眼里，宏观是必须接受的，微观才是可以有所作为的。贫穷本身就是一本内涵十分丰富的教科书。俗话说得好：穷人的孩子早当家。他发誓："等我长大以后，一定要努力改变自己的命运，努力改变贫穷落后的家庭状况，为父母解忧，为父母争光。”于是，一种坚韧不拔、勇于创新、开拓进取的决心，在张玉玺的内心生根发芽，并随着年龄的增长而逐渐强大，时时激励、鞭策着他。

05
遭遇停课，升学梦想破灭

由于父母的言传身教，张玉玺从小就比同龄人要成熟得多。无论是在学校，还是在家里，他干活都非常认真，是人们公认的既勤快又踏实的人。

应该说，作为20世纪40年代末期出生的人，即使是与共和国同龄，也属于比较不幸的一代人。中华人民共和国成立初期，由于连年战乱刚刚结束，全国各地经济处于一片萧条的状态，人民的生活极端困苦。而在他们刚刚懂事的1958年，又出现了“大跃进”以及“浮夸风”。尤其是到了1961年，全国性的大饥荒如洪水猛兽一般席卷神州大地，连续三年的困难时期更是梦魇一般，成为许多人记忆中的“三两多”年代，也就是说每人每天的口粮仅有三两多一点。当时，许多家庭一日三餐根本无以为继，老百姓一个个饿得面黄肌瘦甚至在死亡的边缘挣扎。即使是在这种情况下，张玉玺的全家人，都要确保他先吃饱。

1963年9月，14岁的张玉玺升入初中。升入初中后，张玉玺仿佛一下子成熟了许多，也懂事了许多。他比以前更理解父母，更听父母的话。当时，张玉玺最大的愿望，就是初中毕业后能考入一所中等专科学校深造，以便早日参加工作，来报答父母的养育之恩。为了实现自己的考学目标，他学习更加主动、更加努力。

为了激励张玉玺好好学习，母亲许诺说："玉玺啊，如果你能考取中等专科学校，我就给你买一台新自行车，外加一支新的'英雄'牌钢笔。"听了母亲的许诺，张玉玺非常兴奋，内心充满了美好的期待。他相信，他一定会用好成绩来让母亲高高兴兴地兑现诺言。

让张玉玺最值得骄傲的是，他在读初中期间，经常手持鲜花，到长安街与国家领导人尤其是毛主席和周总理一起，欢迎各国来访的贵宾。像欢迎越南劳动党（今越南共产党）中央委员会主席胡志明、阿尔巴尼亚部长会议主席穆罕默德·谢胡等。

每一次与毛主席一起欢迎外宾，实际就是近距离见到了伟大领袖毛主席。每次见到毛主席，他都会激动得热泪盈眶。每次参加欢迎外宾仪式，张玉玺和他的伙伴们都要提前两个小时赶到天安门广场，在那里静静地等候。当一名礼宾员虽然很辛苦，但张玉玺一直很珍惜，也很投入。他觉得当礼宾员的经历，是他人生中非常宝贵的精神财富。

1966年7月24日，由于众所周知的原因，张玉玺就读的中学与其他的学校一样，开始全面停课。就此，他要努力考入一所中等专科学校的愿望最终破灭。

1968年3月8日，张玉玺回到新发地大队参加劳动，成为一名社员。那时，张玉玺的个子虽然不高，但干起活来非常卖力气，无论是在家里，还是在队上，他总是脏活累活抢着干。

新发地村的村民们都知道，张玉玺是个大孝子，不但孝敬父母，对同村的长辈、同学、朋友都非常尊重，对素不相识的人也会礼让三分，不管是谁遇到了困难，他都会尽最大的努力给予帮助。参加劳动时间不长，张玉玺就先后担任了生产组长、民兵连长、团支部书记等职。1969年，张玉玺参加了中华人民共和国第二个10年大庆阅兵的农民队伍。

张玉玺看着父母和乡亲一年到头过着面朝黄土背朝天的农耕生活，心里发誓一定要好好干，通过自身的努力改变家庭的生活状况，走出一条致富之路。看得出，小小年纪的张玉玺，就早早地迈上了一条不同寻常的寻梦之路，他充满无限责任和担当的人生旅程就此悄然无息地开始了。

第二章

军旅生涯，六年磨砺强意志

01
走进军营，穿上蓝色军服

1970 年秋季征兵开始后，张玉玺怀揣着儿时的梦想，高高兴兴地报名应征。经过严格的身体检查和政治审查，这一年的 11 月，张玉玺想当一名中国人民解放军的梦想终于得以实现。于是，21 岁的他带着无限的憧憬，父母的企盼，光荣地加入了中国人民解放军海军 4341 部队。穿上一身蓝色的海军军服，踏入绿色的军营，投入到梦寐以求的军营生活，张玉玺开始了“人生之舟”第一次真正的航程。

那个年代，广大的农村青年要想跳出“农门”、出人头地，摆脱父辈们“面朝黄土背朝天”的宿命，参军入伍是最好的出路。一个农村青年当了几年兵以后，就有希望在部队里提干，得以升迁。即便有一天退伍了，还有希望找到一份比较理想的工作，从此端上“铁饭碗”，实现人生的华丽转身。本来，在广大农村青年都求学无望的情况下，张玉玺在初中毕业后，选择了报名参军。他真的希望在部队这所“大熔炉”中，好好锻炼自己、提高自己，最终通过部队这座桥梁，来实现走出农村、走向城市的美好愿望。

张玉玺加入的中国人民解放军海军4341部队，也称东海舰队，是中国人民解放军海军的一个战役军团，担负着我国东部海区的防务。东海舰队的前身是1949年4月23日成立的华东军区海军，简称华东海军，也是中国人民解放军第一支海军部队。华东海军以中国人民解放军第三野战军所属的部分部队为基础，吸收了一批青年知识分子，并充分利用起义、投诚、缴获、征用及购置旧杂舰艇和船只，组建起所属各水面部队和陆上部队。组建初期，华东海军编有登陆舰艇和护卫舰艇等单一舰种的舰队以及独立大队和陆战团等。后来，又相继组建了鱼雷艇部队、岸防兵部队、舟山基地及航空兵部队等。

根据国防部的命令，1955年10月24日，华东海军改称为中国人民解放军海军东海舰队，简称“东海舰队”。1958年，东海舰队又组建了海军福建基地和潜艇部队。1969年10月，再次组建了海军上海基地。后来，随着国防工业的发展，东海舰队各部队陆续装备新型飞机、潜艇、导弹舰艇和各种勤务舰船，逐渐发展成为一支由多兵种组成的初步现代化的海上作战力量。

入伍后，张玉玺很快了解到，东海舰队自组建以来，本着边战斗、边训练、边建设的原则，舰队规模不断发展壮大。舰队组建初期，积极配合陆军和空军，圆满完成了解放浙江东南沿海岛屿、肃清海匪骚扰、保障海运安全等各项任务。舰队还参加了长江口反水雷封锁、解放舟山群岛及一江山岛战役，并成功击沉了国民党海军“太平”号护卫舰、“洞庭”号炮舰，立下了赫赫战功。1958年以后，东海舰队参加了炮击金门作战、崇武以东海战及多次反小股特务袭扰等战役。在大大小小的900余次战斗中，共击沉、击伤或俘获敌舰266艘，击落、击伤敌机250架。此外，东海舰队还圆满完成了护渔、护航、巡逻警戒、抢险救灾、科研试验和支持地方建设等各项任务。

在多年的训练和战斗中，东海舰队涌现了一批批先进集体和个人，均受到中央军委、国防部及中国人民海军的表彰奖励。其中包括：“头门山海战英雄艇”“赵尔春班”“海上猛虎艇”以及“战斗英雄”麦贤得、“甲等战斗模范”赵孝庵、“爱民模范”赵尔春、“献身海军事业的模范干部”张达伍、“热爱海军事业的模范共产党员”萨本茂等。

20世纪70年代，东海舰队将已有的作战舰艇，编成了两个驱逐舰护卫舰混编支队、一个潜艇支队、一个登陆舰艇支队，以及一个由导弹艇、扫雷艇、猎潜艇、鱼雷艇等组成的快艇支队。东海舰队由于地处台海前线，一直有着“小艇打大舰”的传统，历来重视快艇的战时攻击能力与生存能力，这方面的训练水平始终位居海军的前列。东海舰队拥有三个军级编制的海军基地：上海基地、宁波基地和福建基地。张玉玺入伍后，作为信号兵被分配到宁波基地，这里不仅一年四季山青水碧，而且离浙江省会杭州很近。

2018年，当张玉玺重返宁波基地时，看着昔日训练过的军营，心潮起伏。在这里，他曾无数次地起航、返航。眼前的一切，如同油画一般慢慢地展开：阳光一如既往，温暖地照耀着水面，空气里有股微甜的清新味道，远处杭州湾的海水，在灰中微微荡漾着湛蓝，东南部一眼可见朱家尖的海誓山盟，后门山上则矗立着株株香若米兰的海桐和新枝如蜡炬的欧洲赤松，都在彰显着刚毅挺拔。一种莫名的勇气和力量在他的心中陡然而生。

02
刻苦训练，誓做毛主席的好战士

张玉玺能够加入东海舰队这个具有光荣传统的部队，让他感到无上的光荣。从此，大海的蔚蓝，成为他心中最美的颜色。他决心在东海舰队这个“大学校”里苦练本领，成为一名德才兼备的合格军人。

张玉玺穿上军装来到部队后，成为一名海军信号兵。部队的军人都知道，所谓的信号兵，就是在前线观察战场情况，适当时候发出信号通知己方部队战场情况及动向的兵种。信号兵相当于作战部队的“耳目”，对建设一支信息化作战部队具有非常重要的作用。

在和平年代，信号兵主要承担旗语通信任务。信号兵的两只手上，各擎着一面信号旗，站在军舰最显眼的位置，英姿飒爽地挥舞着。其实，陪伴军舰信号兵的不只有信号旗，也不只是在军舰上工作。张玉玺所担任的信号兵是军舰信号兵。这种信号兵的业务，主要包括手旗、灯光、形体、视觉、超短波和旗号等。他们经常站在军舰上，拿着一闪一灭的信号灯，确保过往船舰的航行安全。为此，人们将军舰信号兵称为“军舰的眼睛”。

在部队的大营房里，张玉玺非常兴奋，他早就盼着这一天的到来。他走进部队这个崭新的天地，就如同英雄有了用武之地。他觉得，穿上了海蓝色的海军装，自己的理想和抱负就有了施展的舞台。他甚至感到，自己浑身上下有使不完的劲儿。

张玉玺首先要过新兵训练这一关。在参加新兵训练期间，他吃苦耐劳，样样争先、处处负重，从不叫苦，从不喊累。

为了确保新兵将来登上军舰时不晕船，新兵训练时采取的办法就是滚轮训练。在训练初期，滚轮训练规定每人每次转35圈为及格。为了提高训练成绩，张玉玺除了白天与战友们一起训练外，晚上还偷偷地跑到训练场进行加练。有时，他要转上40圈；有时，要转上60圈。这样的训练，对于身体来说，几乎是超负荷甚至是破坏性的。他在浙江江山教导团学习信号兵时，有一次意外从器械上掉了下来，把眼睛都摔得青肿起来。每次训练结束时，他常常感觉有些头昏脑涨，第二天早上，身体感到明显不适，有时连饭都不想吃。

张玉玺刚刚入伍时，喊得最响的一句口号是：“毛主席的著作天天读，军事技术天天练。”在参加新兵训练的过程中，张玉玺一直有着非常高的训练积极性。他暗暗发誓，在部队一定要刻苦训练，好好表现，像雷锋、欧阳海那样，做毛主席的好战士。

欧阳海是金敬迈所著长篇纪实小说《欧阳海之歌》中的主人公，当时《欧阳海之歌》这部小说风靡整个军旅。该书描述的是中国人民解放军著名英模、伟大的共产主义战士欧阳海烈士的生平事迹，是20世纪60年代中期到70年代中期家喻户晓的名作。欧阳海的事迹曾经激励过整整一代青年的心。书中散发出的光辉，至今仍然弥足珍贵。

《欧阳海之歌》最先发表于1965年7月的《收获》杂志，同年10月，解放军文艺出版社出版了这部长篇纪实小说的单行本。1966年4月，人民文学出版社又出版了《欧阳海之歌》的第二版。这部小说出版时，位于北京王府井大街的新华书店里，买书的人排起了长队。这种排队购买一部小说的现象，在国内的出版史上还极为少见。小说总计印了2 000万册，可见这部作品达到了相当火的程度。

小说的主人公欧阳海生于1940年，1959年3月应征入伍，1960年5月加入中国共产党。入伍前，欧阳海在农村担任过记工员和会计，经常帮助没有劳动力的家庭干活。入伍后，他工作积极，训练刻苦，哪里有困难、哪里有危险就往哪里冲，被官兵们称为“小老虎”。他先后两次抢救溺水儿童，一次参加灭火，并救出一位老人。他先后三次荣立三等功，多次被树为标兵。1963年11月18日清晨，部队野营训练沿铁路行军。当队伍行至湖南省衡山车站南峡谷时，满载旅客北上的288次列车迎面急驶而来。听到火车的轰鸣声，队伍中驮着炮架的一匹军马猛然受惊，窜上铁道，横立双轨之间。就在火车与惊马即将相撞的危急时刻，欧阳海奋不顾身跃上铁路，拼尽全力将军马推出轨道，从而避免了一场列车脱轨事故的发生。可欧阳海却被卷入列车之下壮烈牺牲，年仅23岁。

毫无疑问，欧阳海勇拦惊马的精神，无时不在鼓舞着已经读过多次《欧阳海之歌》的张玉玺。他一边参加新兵训练，一边梦想着能像欧阳海和雷锋那样做好事。每到星期日，张玉玺就跑到军营附近的一个坡路地段，去帮路过这里的人们推车，一推就是半天。他甚至期盼着能有一匹惊马出现在他的面前，以便成就他做“英雄”的梦想。他还经常跑到稻田里，去帮驻地的农民插水稻秧苗，与农民一起劳动。有时，他也会跑到当地政府开的煤矿，去帮煤矿工人挖煤。挖煤的活又脏又累，挖煤时脸上流出的汗水与细细的煤面儿融合在一起，人就变成了人们所说的“煤黑子”，看形象真是有点吓人。就算这样的活，对于张玉玺来说也根本不在话下，不喊脏，不说累。

张玉玺做起好事来，向来都是不留名的。虽然不留姓名，但他的内心却总希望自己做好事时被部队领导发现，受到表扬，得到立功的机会。果然，有一天他在这段路上做好事时，被部队领导发现了，领导在连队大会上点名表扬了他。这次表扬，让张玉玺觉得非常有成就感，用他自己的话说：“我激动的整整半个月睡不着觉。”

一个人的性格，决定他的际遇。在参加新兵训练的那段艰苦的岁月里，张玉玺无数次咬紧牙关往前冲，希望能够得到别人的肯定与尊重，这也正是他当兵生涯的真实写照。

03
坚守信念，一刻不放松自己

经过整整一年紧张而有序的训练，1971 年 10 月底，张玉玺被分配到宁波军舰上，成为一名真正意义上的海军战士。

从首都北京到踏上中国人民解放军海军的军舰，成为祖国东海最前端的一名卫士，张玉玺感到无比幸运和无上光荣。他怀着一颗报效祖国、立功建业的心，伴随着军舰的汽笛声驶向蔚蓝的大海。从此，人民海军那迎击风浪的勇敢、顽强拼搏的精神，就一直在给予张玉玺力量，鼓舞他前进。

战斗在舰艇上，张玉玺始终不忘初心，时时注重世界观、人生观和价值观的改造。他认为，一个人最可怕的就是干着干着就忘了初心，心态和行为都发生了巨大的变化甚至扭曲，这是万万要不得的。

许多人认为，当兵不仅太苦、太累，而且收入低，几乎就是白白地消耗时间，浪费大好青春。这样的生活，没有什么意义可言；这样的人生，也没有什么价值可言。对这种认识，张玉玺一直持坚决反对的态度。

在张玉玺看来，无论什么样的人生，只要是昂扬向上的，就是有价值的。作为军人，能够投身于保家卫国的伟大事业中，这就是人生的最大价值。就像冰、水和水蒸气的理论：水有冰、水和水蒸气三种状态。一杯水，在0℃以下就会结成冰，冰是水的一种形态，但水结成了冰，它就不能流动了；而将它加热，冰就会渐渐融化成水；继续加热，达到沸点时水就会变成水蒸气。人生也和水一样，也有三种状态。水的状态，是由环境的温度决定的；而人生的状态，则是由心灵的温度决定的。一个人，如果对生活和人生的温度是0℃以下，那么他的生活状态就会结成冰，他的整个人生往往只有脚下的那一点地方；一个人，如果对生活和人生抱着平常心态，那么他就是常温下的一滴水，既可以浸入泥土，也可以流入大江大海；一个人，如果对生活和人生的态度是100℃的炽热，那么他就会成为水蒸气，升腾为云朵，进而飞翔起来，不仅拥有大地，还能拥有天空，他的世界就会像宇宙一样宽广。

人生必须在精神上有所寄托并为之不懈努力，最终才能做到无怨无悔。张玉玺说："军人的价值就在于充满激情地顽强拼搏；军人的意义就在于毫无保留地无私奉献。作为军人，就应该在祖国和人民需要的时候，能够勇敢地冲上去，及时地顶上去。军人有一种最为鲜明的意义，就是奉献。这种意义，能经得起时间的考验，并随着时间的流逝变得越来越重大；这种意义，能赶走生命的颓废和空虚，随之带来愉快和欣喜；这种意义，能永远璀璨、不会变质，值得为之舍弃很多东西。这种意义与金钱无关。那些只专注于财富积累的人，最终就会发现，物欲的增长会让人迷失在欲望的海洋之中，并不能给人带来真正的快乐。”

张玉玺认为：“一个人，一定要努力找到自己人生的意义。这种意义不见得是非凡的、伟大的，但一定值得你用自己的一生去努力。只有这样，当你老去时，你才可以骄傲地对所有人说：‘我的人生意义丰富而非凡，我从未后悔过。’”

在舰艇上，张玉玺一直要求自己要加强学习。他的脑海里深深地烙印着毛主席说的一句话：“没有文化的军队是愚蠢的军队，而愚蠢的军队是不能战胜敌人的。”这句名言，是毛主席在争取抗战最后胜利的关键时期，在陕甘宁边区文教工作者会议上作讲演时提出来的。毛主席强调的是，军队必须做好文化教育工作，总结提炼了我军不断调整完善的文化教育方针，生动精辟地阐明了军队文化教育的重要作用和战略意义。人民海军建立伊始，就十分重视开展军队文化教育，而张玉玺登上舰艇后，格外珍惜宝贵的学习机会。

部队就是一座“大熔炉”。正规的教育训练，可以提高军政素质；严格的革命纪律，可以培养良好的作风；艰苦的日常生活，可以锤炼坚强的意志；丰富的集体活动，可以陶冶情操、开阔视野。部队是一座学技术、学知识、学做人的大学校。在这个“大熔炉”里，在这所大学校中，张玉玺整整工作生活了6年。6年时间，粗铁可铸成精钢，种子可长成大树，张玉玺也从当年的毛头小伙子成长为胸怀宽广、意志坚定、勇于开拓进取、为人正直、极富正义感与同情心的优秀军人。这注定了他今后的前途不可估量，他未来的人生灿烂辉煌。

在张玉玺的眼里，大海几乎永远没有风平浪静的时候，人生的理想总是会面临着许多的变数。而人生的支点，就是理想、信念和高尚的人生追求。一个人，有了牢固的人生支点，才能任凭社会风云变化，永远保持纯正的心灵和高尚的人格，才能在艰难困苦的环境下奋然前行，才能在金钱、荣誉和各种私欲面前保持一颗纯真的平常心。

张玉玺说："每个成功者都是非常不容易的，人只有将寂寞坐断，才能重拾喧嚣；把悲伤过尽，才能重见欢颜；把苦涩尝遍，才能自然回甘。"正如《孟子》中所说的那样："天将降大任于斯人也，必先苦其心志，劳其筋骨，饿其体肤，空乏其身，行拂乱其所为，所以动心忍性，增益其所不能。"这些警句，都是亘古不变的至理。这至理在张玉玺创业经历中，得到了非常圆满的诠释。

04
梦虽破，仍觉6年军旅收获巨大

在部队领导和战友们的心目中，张玉玺是一个非常懂政治、讲政治的人，被大家公认是个好兵。但是他却在实现自己的两个梦想上遭受了挫折，精神上受到了极大的打击。

他的第一个梦想，是加入中国共产党。从入伍的那天起，张玉玺的这个梦想就特别强烈。也许，加入中国共产党是每一名军人的共同梦想。他们通过递交入党申请来鞭策自己、磨砺自己、提升自己，最终站在党旗下庄严宣誓，使自己的思想达到一个新的境界。但直到退伍那一天，张玉玺这个梦想仍然遗憾地未能实现。

他的第二个梦想是转业到地方当海员。1976年，与张玉玺一起退出现役的战友们，一个个转业到地方，当起了令人羡慕的海员。海员是所有在航海船只上的工作人员的统称。海员一般分为高级海员和普通海员。高级海员分为管理级和操作级：管理级包括船长、轮机长、大副、大管轮等；操作级包括二副、二管轮、三副、三管轮等。普通海员又称支持级，包括水手长、机工长、一水、二水、机工和厨师、事务员等。海员不仅要有强健的体魄、娴熟的专业技能，还要具备良好的心理素质、较强的环境适应能力和应对突发事件的应变能力，海员职业对从业人员具有相当高的职业素养要求。但是，满怀希望的张玉玺没能加入党组织，没有当上海员，而是被安排退役返乡，与6年前一样，重新当起了农民。

当两个梦想破灭时，张玉玺的情绪曾一度非常低落，他不明白自己到底哪出了问题，哪犯了错误。后来，张玉玺才弄明白，自己所遭受的种种不公平待遇，都是因为受自己伯父的影响，而彻底改变了自己未来的人生轨迹。他的伯父曾经在一个专案组调查一件杀人案时站错了阶级立场，从而留下了一个难以清除的“污点”。就是这一“污点”，成为张玉玺追求上进的难以逾越的屏障，进而改变了他的人生轨迹。

决定一代人个体命运的，除了众所周知的大趋势外，更需要我每一个人去主动发现自己的内在潜能。是啊，人活着，就是为了努力改变命运的既有轨道。生在鸡窝里，鸣声敢震天地；长于山谷间，藤蔓可攀高岩。不被眼前的困难所吓倒，永远拥有冷静理性的判断力和决断力。格局囿于先天出身，却扩于后天的眼界和教育。张玉玺没有在人生低谷中彻底跌倒，而是更加努力学习，更加积极进取。

受伯父的影响，张玉玺虽然没能成为一名海员，但日后却成为了一个农产品流通领域的杰出创业者和管理者。

当回忆起6年的军旅生活时，张玉玺说，部队严格的训练、严明的纪律、严谨的作风、严肃的环境，把曾经是一个热血青年的自己，锻造成为一个铁骨铮铮的男人。他心中的目标就是：永远争第一，战争没有亚军。

在6年的军旅生涯中，张玉玺经历了无数次的大风大浪.无论是在炮艇，还是登陆艇上，都留下了他的足迹、他的汗水。其间，他曾因为风浪颠簸而得了胃出血，住了整整100天的医院。正是这种磨砺，铸就了他敢想敢拼、勇往直前的性格。

张玉玺说："在后来的工作中，我在遇到艰难险阻的情况下，能够做到乘风破浪，风雨无阻，并走向胜利，那就是我在部队6年艰苦磨炼的结果。"

军旅生活给了他很多的收获，让他学到了做人的真谛，特别是提高了组织管理能力，增强了事业心、责任感。每当提起当兵的这段经历时，张玉玺似乎没有什么遗憾。昔日的军营里，有他的梦想、他的辉煌，还有他永远挥之不去的思念。

后来，每到八一建军节时，张玉玺都要把新发地农产品批发市场的员工组织到一起，搞一次别开生面的庆祝活动。这是因为在新发地市场这个创业团队里，军人出身的员工占有很大的比例。每到建军节来临时，他们又仿佛回到了那个绿色的军营，军人的豪情再次涌动在心里。也正是出于这个原因，公司举行庆典等大型活动，大多把时间选在八一建军节这一天。而每一次，公司员工都要充满激情地唱起《中国人民解放军军歌》："向前向前向前，我们的队伍向太阳，脚踏着祖国的大地……"

张玉玺觉得，从他退伍搏击商海那一天开始，他和他的企业就不可避免地打上了深深的军旅烙印。6 年的军旅生涯，是张玉玺人生曲线中最具戏剧性的 6 年，也是他生命历程中最具挑战性和玫瑰色的 6 年。他说：6 年，他领略了从一个不懂事的孩子到成长为真正军人的喜悦。6 年，为他已经开始的企业家生涯做好了多方面的锻炼和准备。他的学识，他的睿智，他的抱负，他对事业腾达而萌发的一切种子，都是在这一时期孕育的。

毫无疑问，张玉玺对培育他、锻造他的军营一往情深。每当夜深人静之时，他总是梦回军营，战友的情谊，熟悉的营房，尤其对军营的老首长、老领导充满了无限的思念。

3

第三章

创建市场，挥洒汗水播希望

01
回故乡，两年圆了一个梦想

1976 年 4 月，张玉玺告别了生活战斗 6 年的军营，踏上了返乡之路。

以前在部队时，张玉玺根本没有时间游玩。这次，他决定利用复员返乡的时机，游览一下祖国的大好河山。他首先游览了宁波，然后依次是绍兴、杭州、上海、苏州、无锡、镇江、南京、扬州、泰安、济南，历时 1 个多月，最后回到北京。1 个多月的行程，张玉玺几乎走遍了沿途的重点历史古迹和自然风光，所到之处，无不让张玉玺大开眼界，增强了民族自豪感。

一场不公正的待遇给张玉玺上了人生中第一课，而绕了一大圈儿，他忽然发现只要有顽强的品格、良好的素质，就可以什么都不怕，没有路， 也可以踏出一条路来。1979 年，他光荣地加入了中国共产党。

回到村里后，张玉玺没有表现出丝毫的自暴自弃，而是抱着一切从零开始的心态，不断学习新知识，掌握新本领。他把所有精力都放在了工作上，在村里先后当过电影放映员、统计员、渔场场长、车队队长、科技大队长等职务，用激情和梦想，在北京新发地这片广阔肥沃的土地上，挥洒汗水，播种希望。

当张玉玺以一名复员军人的身份，成为北京市丰台区花乡新发地村的一名普通农民时，一段全新的人生旅途也随之拉开了序幕。也就是说，张玉玺回到新发地村，一切都是重新开始，从头做起。

当时，张玉玺完全是抱着一个学习新知识、掌握新本领的心态面对工作。拥有这样的一种心态，为他日后创建新发地农产品批发市场，从而成就一番大事业奠定了心理基础。

一开始，村党总支书记孟友发和工业经理陈玉山找到当小工的张玉玺谈话，让他做电影放映员。他二话没说，像在部队接受任务那样，毫不犹豫地一口答应了。

张玉玺虽然痛快地接受了放电影的任务，但在此之前，他还从来没摸过放映机，根本不会使用放映机，也不懂得放映机的应用原理。张玉玺心里也知道，让他当电影放映员，无异于赶鸭子上架。

但世上无难事。张玉玺接下任务后，一边虚心向老电影放映员请教，一边阅读有关电影放映专业的书籍资料。经过3个月的学习，他很快就熟悉了业务，进入了角色。

为了加快电影放映时的换卷速度，让观众在观看时避免长时间地等待，影响观看效果，张玉玺放弃休息时间，反复进行操作练习，动作很快熟练起来，迅速成为让广大观众满意的电影放映员。

正当张玉玺干得非常投入的时候，村里领导又根据他的实际工作表现，让他做统计员。这一次，他还是二话没说，依然像部队战士接受任务那样，一口答应下来。而当他将统计员工作干得非常得心应手时，村里领导又让他做渔场场长，他依然是二话没说，一口答应下来。后来，领导又让他做车队队长、科技大队长，他都干得风生水起，让领导很满意。

回到新发地村，张玉玺无论担任什么职务，都把全部精力投入工作之中，在农村这片广阔的天地挥洒汗水，播种希望。

对于农民这一身份，张玉玺怀有深厚感情。他认为，在中华民族几千年的灿烂文明中，农民作为最主要的社会群体，不管在古代、近代还是现代，都占有极其重要的地位。农民是社会的基石，也是一个国家的基石。俗话说，民以食为天。如果没有农民，也就没有粮食；如果没有粮食，国家的问题可就大了。在军事上，谁都明白“兵马未动，粮草先行”的道理。在经济上，也自然是“无农不稳”。没有农民，就没有社会的稳步发展。

张玉玺知道，中国5000多年的朝代更迭，历次都是君失民心、官逼民反的结果。自古以来，农民虽然处在社会的最底层，受君王的统治，受官僚贵族的压迫，但不得不承认，农民是构成我国社会甚至整个人类社会的主体，是人民群众创造了历史，创造了世界，并将继续改造现实，改造世界。

张玉玺退役后成为一名普通农民，没有任何抱怨，脚踏实地干好每项工作，为后来成就一番事业打下了坚实的基础。

从上小学起，张玉玺就对中国共产党充满了无限的热爱和向往。

到了初中，这种热爱和向往愈加强烈。

1970 年 10 月，当张玉玺光荣地成为中国人民解放军的一名海军官兵时，马上向部队党组织提出了加入中国共产党的申请。从此，他开始用党员的标准要求自己，期盼早日实现自己心中的梦想。

但是，由于受伯父历史问题的影响，无论他表现得怎样优秀，都没能实现自己的梦想。复员回到家乡后，他入党的愿望依然非常强烈。他努力地工作，积极向党组织靠拢，用自己的实际行动，赢得了党组织的信任和认可。

1978 年 8 月，经过党组织的严格考察、考核和考评，张玉玺终于实现了自己心中多年的梦想。他庄严地站在党旗下，举起右手，紧握拳头，响亮宣誓，光荣地成为了一名中国共产党党员。他说，加入中国共产党，也代表着自己坚定了一个信仰。有信仰，青春才不会无处安放；有信仰，人生才不会随波逐流；有信仰，理想才不会被迷茫驱散。他表示，加入中国共产党，其实就是在寻找一种人生的正确打开方式，确定一种意义和方向，选择一种价值观和世界观。只有明确了出发的意义，他的步伐才会更加坚定，永远向前。作为一名共产党员，理应走在时代的最前沿，为国家的繁荣富强贡献自己的力量。

02
担重任，入农校进修专业技术

从部队复员转业回到家乡后，张玉玺完全沿袭了军人的那种“服从命令听指挥”的作风，村里领导分配干啥就干啥。既然这个世界另有计划，今天就让我们重做计划。他从电影放映员干起，兢兢业业、一丝不苟地做着自己应该做的事情。无论做什么事情，都要竭尽全力把它做好，力求做到极致，这是张玉玺一贯的做事原则。

回到村里的初期，张玉玺曾一度怀有当工人的想法，想为父母争口气。但是，由于村里领导认为他是一个难得的人才，总是寻找各种机会，想方设法地把他留在村里。时间不长，张玉玺就打消了当工人的念头，开始一心一意地在村里谋求实现自身的价值。

张玉玺入党的那一年年底，党的十一届三中全会召开。这次会议，确立了马克思主义实事求是的思想路线，决定把全党工作的重点转移到社会主义现代化建设上来。全会明确指出，党在新时期的历史任务，是把我国建设成为社会主义现代化强国，从而揭开了社会主义改革开放的序幕。以十一届三中全会为起点，中国进入了改革开放和社会主义现代化建设的新时期。这次会议，无疑给刚刚加入党组织的张玉玺，打了一针在农村这个广阔天地必将大有作为的强心剂。

对于新发地村的发展来说，可谓天时地利皆有之。20 世纪 80 年代初，新发地村作为北京市的郊区，自身承担的北京市市民“菜篮子”的责任越来越繁重，这无疑为新发地村的农业发展提供了非常广阔的空间。

在这样一个背景下，新发地村领导班子审时度势，决定大力发展蔬菜生产。一则为丰富北京市民的餐桌提供足够的保证，做出应有的贡献；二则为促进新发地村集体经济的发展提供产业支持，造福全村百姓。

张玉玺的父亲就是一个种地经验丰富的老农民，干活特别认真。他当过 2 年生产队长，生产队哪块地种什么品种、怎么管理等，都来问他。他经常从生产队下班回来也不歇工，拿着一块饽饽就直奔家门口的菜地干活。生产队让他承包一个黄瓜棚，黑夜刮风时，他就赶紧起来，用铁条压住塑料。在那个特殊的年代，当出现造反有理而田地荒芜的状况时，他看着别提有多着急了。别人斗地主斗得不亦乐乎，他却从来不去，常常找个理由就到地里干活。他看不得“恶”，看不得别人受苦、受辱，是一个非常善良的人。

1981 年 7 月张玉玺的父亲被检查出身患癌症时，病情已经非常严重了，可他依然还惦记着黄瓜棚。那时，家里没有多少钱去治病，需要做手术时，医院里的血库没有足够的配型血。张玉玺的父亲是B型血，医院严重缺少这种血型的血，急得张玉玺甚至给医生跪下了，求医生告诉他哪个医院有这种血型的血，以便救救父亲。可惜，老人还是于1981年12月28日（农历腊月初三）去世了。

当新发地村作出了大力发展蔬菜生产这一决定后，怎么干就成了当务之急。俗话说："没有金刚钻，别揽瓷器活。"要想发展蔬菜生产，有专业的技术人员是关键一环。经过村班子反复研究，决定选派有事业心和责任感的人到上级专业学校学习。1982年9月，入党4年，已经32岁的张玉玺，凭借工作上的出色表现，被村里派往坐落在丰台区的五里店农业学校，专门学习蔬菜栽培技术。

五里店农业学校位于丰台区卢沟桥附近，占地面积1000多亩。学校开设蔬菜栽培、植物保护、种子培育、土壤化肥等专业，张玉玺学习的是蔬菜栽培专业。

张玉玺是以全脱产的全日制方式参加学习的。当时，五里店农业学校是一片净土，完全是正统教育，学校老师们的觉悟都很高，一门心思地教书育人。入学后，因为年龄大，又是中共党员，张玉玺被学校委以学生会主席的重任，同时又担任蔬菜栽培班的班长。

为了让张玉玺安心学习，村里发给他每个月150元的工资。每当提起此事，张玉玺总是骄傲地说，他在脱产学习蔬菜栽培技术时，村里每个月发给他的工资，比学校教师的工资还高。这足以说明村里对这次学习的重视和对他本人的信赖。当时，学校校长每月的工资才128元，语文教师每月的工资才74元。得知张玉玺每个月拿150元的补贴，语文老师开玩笑地对张玉玺说："你看，我这老师都白当了，还没有你挣得多呢。”看到张玉玺勤奋努力、阳光帅气的劲儿，学校老师们都在背后偷偷地议论说，张玉玺这样发展下去，毕业后肯定要留校任教的。

张玉玺非常珍惜这次难得的学习机会。他入学时，已经有了一对双胞胎儿子，既要当好学生和学生干部，又要当好丈夫和父亲。他利用星期日和节假日的有限时间，回家照顾妻儿，把其余的全部时间都用在了学习上，真正做到了全身心地投入。

在学习期间，学校老师对张玉玺特别关照。在班级里，他是班长；在学校，他是学生会主席。像他这样岁数大的，有些科目的学习成绩还可以，比如植物保护、栽培等；而有些科目成绩就不理想，像数学、化学等。

张玉玺读初中时，最大的愿望就是考入一所中专院校，学习和掌握一技之长，为父母争光，为国家建设做贡献。但是，由于历史的原因，他没能实现这个愿望。这次村里送他进农业学校脱产学习，让他圆了进入中专院校就读的梦，他在心存感激的同时，更觉得自己肩上担子的沉重。他决心不辜负村里领导和众乡亲们的期望与重托，一定要好好学习，掌握真知识，学到真本领，不仅做到现在学有所成，还要做到将来学有所用，为新发地村集体经济的发展和村民的共同富裕，做出自己应有的贡献。

1985 年 7 月，张玉玺结束 3 年的脱产学习，顺利地拿到了五里店农业学校蔬菜技术专业的毕业证书，成为了一名名副其实的蔬菜种植技术员。

张玉玺学成归来后，被村里委任为农业经理。

此时，新发地村刚刚实行土地家庭联产承包责任制，集体土地已按相应的标准实行到户政策，北京市政府还出台了放开肉、蛋、水产、蔬菜等5种农副产品价格，打开城门欢迎各地蔬菜进京的两项举措。于是，新发地村及周边的菜农除了向政府交一些蔬菜外，剩余部分便拿到路边摆摊出售。渐渐地，新发地路口旁就自发形成了一个马路市场。

03
依靠三个“15”建农产品市场

1985年7月，学成归来的张玉玺开始了自己的一段全新的人生之旅，这也为他后来建立新发地农产品批发市场，在全国各地大力发展果蔬生产基地，奠定了坚实的基础。

按理说，新发地这个北京郊区的农业村，对于张玉玺来说可谓是有了用武之地，可以令他在发展蔬菜种植业上大显身手。但遗憾的是，在这一年，新发地村实行了土地家庭联产承包责任制，集体土地变成了一家一户的责任田，种啥品种农民自己说了算。这样，蔬菜的规模化种植在一定程度上受到了影响，张玉玺只能在指导农户发展蔬菜生产上做一些力所能及的事情。

张玉玺从五里店农业学校毕业后，原本对他大加称赞的村里人，更是对他高看一眼。许多人都说：“张玉玺可是个有能耐、有出息的人。”虽然新发地村实行了土地家庭联产承包责任制，但村集体依然存在。在村里主要领导的提携下，张玉玺担任农业经理，负责全村农作物病虫害的防治工作。

1988 年，在中国全面改革开放、推行社会主义市场经济的大潮中，作为首都北京郊区的新发地村，也无疑面临着巨大的机遇。

当时，蔬菜水果批发市场这一新生事物，沐浴着市场经济体制的春风破土而出。

早在 1985 年，全国第一座蔬菜批发市场——山东寿光蔬菜批发市场诞生。这座市场的建立，标志着中国农副产品的流通体制，已由计划经济开始向市场经济转型。

1985 年年初，也就是山东寿光蔬菜批发市场刚刚创立的第二年年初，实行了 30 多年的统购派购政策宣告废止。这一年，与北京市的许多村庄一样，张玉玺所在的新发地村的菜地，都按照联产承包责任制的原则，被分配到菜农的个人名下。

在计划经济时期，新发地村所生产的各种蔬菜，都由村里统一派人拉到北京市二商局的指定地点。也就是说，新发地村所产的蔬菜，定点供应宣武菜站，如果擅自买卖，就会构成违法。就在菜地被分配到农户个人手中的第二年，北京市出台了打开城门、放开价格的蔬菜供应政策。与此同时，北京市二商局定点收菜的比例逐年下降。到 1987 年 4 月，北京市的蔬菜统购统销政策彻底退出了历史舞台。

许多北京市民都知道，在计划经济时代，承担北京市 40% 蔬菜供给任务的丰台区，堪称北京市民的“菜篮子”。而取消统购统销政策，意味着政府放开了对蔬菜种植和销售的管控，把蔬菜生产经营的自主权交给了菜农。但是，从计划经济向市场经济转轨的过程，确实要经历一个阵痛期。

告别统购统销后，许多菜农开始骑着三轮车进城卖菜。这样，菜农就面临着顾得上卖、顾不上种的实际问题。渐渐地，一些先知先觉的菜贩子，就从北京市区跑到郊区低价收菜，然后到市区加价出售。从此，新发地村出现了这样一番情景：每天凌晨三四点，大批二道贩子会从市区来新发地村收菜。日久天长，一个买卖蔬菜的路边市场在新发地村逐渐自发形成。

当时，路边市场的热闹景象，一般会从凌晨三四点，一直持续到上午八九点。由于秩序混乱，马路市场不但造成了交通堵塞，菜农交易过后遗留下来的大量垃圾，也使道路两边的环境受到了污染和破坏。尤其是这个时间段与公交车的早高峰重叠，必将影响市民的正常出行。随着路边市场规模越来越大，途经此地的 353 路公交车很难正常通行。为此，公交公司不得不向丰台区人民政府投诉，提出新发地村马路市场严重影响交通。

新发地村马路市场初步形成之时，张玉玺因为能力出众，已被提拔为新发地联合公司的副总经理，专门负责收拾市场交易结束后那一片狼藉的残局。当丰台区人民政府要求新发地村解决堵塞公交车的问题时，张玉玺曾带着一些人，强硬地驱赶那些收菜的二道贩子和卖菜的菜农。但是，驱赶的效果并不理想。那些菜贩子和菜农与他们打起了游击战。他们刚把前面的人赶走，后面的又摆上了马路，大有“野火烧不尽，春风吹又生”之势。

就这样，新发地村的路边市场从 1985 年一直持续到 1987 年。

而在此期间，北京北太平庄市场建成，并得到了快速发展。为此，时任北京丰台区工商所所长的田振梅向张玉玺建议说：“你还不如因势利导搞一个市场，既可以解决农民的卖菜难，也可以解决环境管理脏乱差的问题。现在，北太平庄、大钟寺那边的市场已经搞起来了，效果很不错，你应该去考察一下。”

“搞个市场？能，咋不能！”听完田振梅的话，张玉玺的眼睛马上亮了起来。于是，他马上行动，到附近的几个蔬菜市场进行了实地考察。

考察结束后，张玉玺自信满满地向村党总支汇报，村党总支也觉得非常有必要建这个市场，既可以解决农民的卖菜难，也可以解决环境管理的脏乱差。于是，村党总支召开了一次特别会议，作出了建农产品市场的决策，并指派张玉玺专门负责。当时，也许谁也没有意识到，就是这一决策，竟然拉开了打造农产品批发市场“航空母舰”的序幕。

就这样，1988 年 5 月 16 日，张玉玺肩负着全体村民和党组织的重托，在村里划出的 15 亩地上，利用村里筹集的 15 万元资金，带领村里的 14 名青年，义无反顾地走上了艰苦创业建市场的道路。

后来，有着 65 年党龄的原村总支书记张存英在评价张玉玺时说：“张玉玺有想法，胆子大。建这个市场，他一步步走，一项项设计，使市场集腋成裘，得到了滚雪球似的发展，进而达到了今天这个规模。土改后，历届村领导班子都没有这么大的设想，就是种地、求个温饱。至于发展，比如建市场、建长途汽车站，真没想那么多，包括我。”时势造英雄，英雄也同样能够创造历史与时势。

04
心有愿景，苦中自有乐

在张玉玺看来，一个伟大的创业者，必定是一个艰辛的跋涉者，而跋涉者的足迹，也必然充满着激情和传奇，充满着豪迈和辉煌。

从创立市场的那一刻开始，一种归属感在张玉玺的心目中油然而生。美国畅销书作家丹尼尔·科伊尔在他的《1万个小时天才理论》中说，在未来的某些时候——也许已经发生了——你会坠入爱河。不是和某个人而是和某个有关你自己的想法——关于你想成为谁，关于你生来会成为谁。这种爱，这种激情，就是发展才能的原始燃料。让张玉玺感到幸运的是，他在38岁时，找到了他的原始燃料。

1988年5月16日，张玉玺带着村里的14名热血青年和村里筹集的15万元资金，用激情和梦想，在村里划拨的15亩土地上，正式拉开了新发地市场的建设序幕。

市场建设初期，条件非常艰苦。张玉玺和同事们所用的办公室，是极其简陋的平房。工地的围墙，是用铁丝网圈成的，场内地面是用废弃焦渣铺成的。白天，张玉玺带领大伙儿一起平整土地；晚上，他们一起研究工作方案。一天下来，他和同事们人人都是一身汗水、一身泥土。

市场初具雏形后，张玉玺便带领同事们，共同引导在村口路边交易的菜农们进入市场交易。当时，新发地市场由丰台区工商所和新发地农工商联合公司共同管理。

创建的第一年，新发地市场的占地面积仅有15亩。从第二年起，市场面积逐年扩大到25亩、40亩、60亩、80亩、100亩……

1988年，新发地市场的农产品交易量仅有6340吨，市场总收入是8.5万元。而从第二年开始逐年递增，达到28.3万元、59万元、99万元、213万元……

新发地农产品批发市场自1988年创建以来，建设与改造始终没有停止过，面积逐年扩大，交易量和交易额也在逐年增加。

张玉玺常常仰身椅背，长出一口气，来宣泄心头的烦闷。似乎这么一口气，一切愁事都飘向窗外了。

许多人都说，张玉玺在建设新发地市场时，是“四千四万”干部，就是：踏遍千山万水、说尽千言万语、吃尽千辛万苦、历经千难万险，最终取得了千树万树梨花开的成绩。他曾经的司机陈建民说：“张玉玺年节自己不休息，也不给司机放假。有时该下班儿了，他却说你等我一会儿，到时给我出趟车。可这一等，往往可能就是四五个小时，饿得我肚子咕咕叫。他几乎把个人时间全部融入工作当中。兵从将令草随风，我是兵，他走到哪我就得去哪，那真是太累了。

好不容易放了5天假，却加了4天班，还有1天我还得在单位值班。司机就像是应急办的，我们村哪着了火，哪出了事，他都得让我来，我拉着他去现场。所以，放了5天假我1天都没休。新发地市场就像他的一个‘孩子’，对这里也惦记，对那里也担心。市场哪不好，哪出了问题，他就心难受，就必须得立即解决。市场被上级或者工商部门批评一顿，他就上火，就焦躁不安；而市场发展好了，他就幸福，就快乐。”

当初，为了解决资金短缺问题，张玉玺可谓费尽心机。他满怀信心去银行贷款，可人家却说：“别说银行没钱，就是有钱也不会贷给你这样的企业。”为啥？因为新发地农工商联合公司是村办企业，让人觉得信誉难以保证。

新发地的人都知道，张玉玺是一个精明干练的人，是一个无比执着的人。多年的风风雨雨，锻造了他深沉而顽强的性格。只要他认定是正确的，无论遇到多大的艰难险阻，也会坚定不移地走下去，不达目的决不罢休。在市场建设上，他洒下多少汗水，付出多少心血，全村的百姓心里都清楚。作为新发地市场的负责人，张玉玺没有星期天，没有节假日，甚至妻子生病住院他都无暇顾及。有人戏称他是铜头、铁脚、胶皮肚，低声下气脸皮厚的“乞讨专业户”。原本自尊心极强的张玉玺，受尽了讨吃的难堪。

为了新发地市场的建设，为了新发地市场的发展，为了能得到一些政策支持，为了职能部门能给新发地市场提供一些方便，张玉玺就想方设法地去求人家，和人家套近乎、拉近感情，几乎把脸都豁出去了。为了跑项目，跑资金，他不知吃了多少苦，受了多少累，遭了多少罪。

一次，为了找有关部门的一位负责人办事，他和他的副职一起，凌晨 2 点钟从家里出发，可一连找了好几天，也没有见到那位负责人。有一天晚上，天下着大雨，张玉玺想，这样的天气，这个人一定不会出门。于是，他顶着大雨，来到那个人的家中，当面汇报了新发地市场的建设状况，历数工作的困难和苦处。那位负责人感受到他创办市场的决心和信心，当即表示今后一定对市场的建设给予全力的支持。

05
用恭敬的表现化干戈为玉帛

在市场建设初期的那些日子里，张玉玺每天都被大事小情包围着，因为改善市场环境，要牵涉到部分农户房屋拆迁、土地占用的问题，这是当初几位老党员特别提醒他的事情。拆迁占地是一件非常敏感的事情，时时都在考验着张玉玺。拆迁占地问题处理不好，就会有人上访告状，给社会带来不安定因素。因此，张玉玺走家串户，带着感情做工作，竭尽全力地把工作做深做实。他每走一家，一旦看到这家人露出笑脸，他心中便充满无限的欣慰。

在拆迁征地的过程中，新发地的每一个人，几乎都在拆迁征地的过程中扮演着相应的角色。特别是那些关心村里发展的老年人，经常到张玉玺家里探讨拆迁占地的事情。

张玉玺的妻子在回忆起当时的情形时说："那时可了不得啦，全村几乎炸了锅。有人说，种地再怎么样也饿不死，把土地卖光了，咱们以后不得喝西北风去呀？那些日子，俺当家的可被折腾得够呛，甚至满嘴起了大泡。”

有时，尽管张玉玺和其他工作人员做了大量工作，但每个人一旦面临拆迁现实时，想法就又多了起来，很多已经想通了的人，又常常出现反复。

那年春天，几个来丈量土地的市场建设工作人员刚拉开卷尺，就见村里许多男女老少跑出来，围住了丈量土地的工作人员。

工作人员见村民来势汹汹，急忙解释说：“大家不要这样，我们只是来量土地的，其他事与我们没有关系。”

有位村民一把抢过卷尺说：“没有关系？没有关系你来量什么地？你们这些人，分明是想断我们吃饭的后路！”

这时，一位50多岁的庄稼汉冲了过来，不仅把卷尺扯断了，嘴里还怒气冲冲地说：“地是我祖宗留下的，谁动我祖宗的地，我就砸断他的腿。”

在市场建设工作人员与村民产生摩擦的当天晚上，村里的几位老人脸色凝重地走进张玉玺的家，来与他探讨如何妥善解决土地征占房屋拆迁问题。

几位老人落座后，都在张玉玺面前低头不语。

张玉玺的妻子端来茶水相让，老人们都不约而同地挥了挥手。

张玉玺随即对妻子说：“马上炒几个菜，我陪爷儿们喝几盅。”

不大一会儿工夫，妻子就把酒菜端了上来。

张玉玺给几位老人一一斟满酒，然后端起酒杯说：“爷儿们，我知道你们心里不痛快，土地是咱庄稼人的命根子，我心里也明镜似的。可你们也知道，咱们城中村早晚都有失去土地的这一天。你们先喝了这杯酒，我们慢慢唠。我是你们看着长大的，有做得不够好的地方，爷儿们给指出来，我好好改。”

听了张玉玺的一番话，老人们终于抬起了头，脸上满是伤感，他们端起酒杯一饮而尽。

几杯酒下肚，一位老人终于开口说：“玉玺呀，你这个人人品好，大家都看在眼里，也疼爱在心里。别的不说，你对老人的好，谁不伸大拇指啊！”

这位老人说不下去了，端起一杯酒又喝了下去。他抹了抹嘴，继续说：“咱们上辈子，苦啊！农民靠什么活着，还不就是靠着这些地。老的死了，新的生了，一代一代，一辈一辈，就是靠着这些地才生存下来的。你说，我们现在把它都交出去，将来咋办？玉玺啊，我们有地就有生存的根本。我一大把年纪了，啥事没经历过？世事都看得差不多了。”

他稍稍停了一会儿，又说：“当年，中国共产党打江山，为啥要保卫自己的根据地？因为有了根据地，就有了立脚的地方。发展经济，如果其他的干黄了，咱们回过头来再种地照样能填饱肚子。可现在，这地说没就要没了，我这心呐，空荡荡的，身上的精气神儿一下子都没有了。我干了这么多年生产队长，地就是我的孩子，我亲着呢！”

这位老人再也说不下去，沧桑的脸扭曲着，最后哽噎着低下头去。另几位喝着闷酒的老人，也不禁泪眼盈盈。

张玉玺的眼睛早就红了，他动情地说：“爷儿们，我知道你们的心情。征地后，我将请求村委会对你们的生活进行妥善安排。”

经过这次推心置腹的交谈，几位老人不仅自己想通了，还表示要在以后的工作中，帮助张玉玺做好其他人的工作。

第四章

规范运营，强化管理补短板

01
威逼利诱都动摇不了信念

市场的治安状况，无疑与市场的发展态势成正比。市场的治安状况越好，市场的发展态势就越好。尤其是作为市场的主要领导者，只有顶得住来自社会各方面的压力，为客户营造一片安全的市场环境，客户才能真正在这里安心经营，并得到发展壮大。

张玉玺作为新发地市场建设和管理的领头人，既遇到过金钱的诱惑，也遭受过语言的恐吓和威胁。但是，为了发展新发地市场，给客户创造一个安全舒心的交易环境，面对各种恐吓和威胁，张玉玺从没胆怯和退缩过，一切的威逼利诱在他这里都不好使。

也许人们都想象不到，新发地市场建设之初是何等的举步维艰。李白在《蜀道难》中说："蜀道之难，难于上青天。"当时，完全可以引用过来说："新发地市场建设之难，难于上青天。"可以说，那是一段难以回眸的酸涩往事，那是一个在记忆里隐隐作痛的经历，那是一场堪称在和平年代里发生的战斗。张玉玺和同事们在建设市场、管理市场的过程中，发生了许多令人难忘的事情。

在张玉玺的带领下，新发地市场的建设者一心一意地投入到建设之中，使市场很快就发展起来，并实现了商贾云集。但是，由于管理环节衔接不畅，管理办法不多，市场的治安环境不尽如人意。切实改变市场的治安环境，便成了张玉玺等新发地市场建设者的头等大事。

当时，新发地市场每天都有大量的汽车进出，每天都有几万人在交易。庞大的交易规模带来了人、财、物的大流动。由于市场的从业人员的来源区域较广、自身素质较差、人员成分也比较复杂，管理好这些人，确实是一件非常不容易的事。尤其是治安工作，更是市场各项工作的重中之重。

在张玉玺的心里，市场的治安与市场的发展成正比。治安越好，市场发展就越好，反之就会严重阻碍市场的发展。尤其是作为市场的一把手，只有顶得住压力，为客户撑起一片安全的天空，客户才能真正在这里安心经营，发展壮大。

一天晚上，一位不速之客悄悄地来到张玉玺的家里，一次性给他送来了 10 万块钱，目的是让他提供一些应有的方便。那时的 10 万块钱，绝对不是一个小数目，相当于三五十位国家工作人员一年的总收入。送钱的人把钱放下，便以近乎命令的口气对张玉玺说："我给你这 10 万块钱，不需要你做别的，只需你保证在半年之内，不要干涉我的行为。"

看到 10 万块钱摆在面前，又听到送钱人的一番表白，张玉玺沉思了片刻，便对他严肃地说：“你这钱，我一分都不能要。不过请你放心，只要你好好按照市场的规矩经营，我在这个市场干多少年，就保你在这个市场经营多少年。可如果你在市场欺行霸市，搞不正当行为，我就随时把你请出市场，一天都不会留你。”那个送钱的人听了，拿着钱灰溜溜地走了。

由于在市场管理中坚持原则，按章办事，张玉玺的家里经常遭到不明身份的人的恐吓和威胁。有的人直接给张玉玺写恐吓信，有的人深更半夜向张玉玺家扔砖头，砸碎门窗玻璃。仅电话线一项，张玉玺家就被别人损毁、剪断过100余次，让他的家里经常打不出电话，也接不到电话。最可怕的一次，竟然有人深更半夜，将装有汽油的瓶子点着后，扔在他家的房顶上。一家人迅速投入到灭火行动中，就连张玉玺的老母亲也参与了救火。火扑灭后，着实让张玉玺有些后怕，因为他害怕伤及他的老母亲。但是，一系列的恐吓和威胁，都没让张玉玺屈服，反而更坚定了他狠抓市场治安环境的决心。

后来，有人问他：“你坚持原则，直接断了一些人的不义财路，所以这些人就要想方设法来报复你，你不担心个人的安危吗？”

张玉玺笑了笑说：“我觉得，一个人如果前怕狼后怕虎，任何事都是做不成的。我做市场建设和管理这些事情，都是正义、光明之举，是积德。我相信老天爷是公平的，就是万一老天爷不小心让我受点委屈，我也认命。我认为，自己既然处在‘一把手’的位置上，就要对市场负责，对客户负责。如果选择逃避、混日子，就不配做‘一把手’，这也不是我的性格，既对不起上级组织的培养和信任，也对不起新发地市场干部员工的信任。”

有时，张玉玺甚至拿出了玩儿命的精神。有几个亡命之徒整天开着车，拿着尖刀和七节鞭在市场里示威，扬言要打断张玉玺的腿、砸烂张玉玺的头，并威胁要对张玉玺的家人进行报复。

看到形势这么危险，别人劝张玉玺到外地躲一躲。听到身边人的规劝，他毫无惧色地说：“我死了，肯定是一名烈士，而他们却成了歹徒，都要被枪毙。没这个胆子，往后什么事也干不成！”

当时，张玉玺的家人也来劝他：“你不要再在市场干了。你再在市场干，没准会搭上我们全家人的性命，这到底图个啥啊？”

听了家人的规劝，张玉玺低下了头，眼泪汪汪地对家人和孩子们说：“是我对不起你们，因为我给你们带来了许多的苦恼和灾祸。你们所说的并不是没有道理。你们的心情，我是理解的。”

面对乡亲，张玉玺说：“我是一个农民的儿子，在新发地出生，在新发地长大，决不能辜负上上下下、父老乡亲们的期望。为了干好工作，为了彻底改变家乡面貌，为了新发地村的家家户户都能过上好日子，我宁可少活几年，也是值得的。希望你们都能够理解我、支持我。”

02
用客串商户来换位思考

1991 年年底，新发地市场结算数据显示，市场一年的管理费收入达 99 万元。这一惊喜，让张玉玺意识到，市场确实是可以当个企业来经办的。激动之余，张玉玺第一次有了企业家的市场意识。他开始思考：市场今后该怎样管理与发展？客户到底需要什么？哪些服务最需要改进？

当时，新发地市场到底应该怎么发展，张玉玺的心里并没什么谱儿。想来想去，他就跑到新华书店逛了一圈儿，想找一些有关市场管理方面的书籍。让他非常失望的是，书店里没有这类书籍，只好空手而归。可新发地市场一直在发展壮大，随之衍生出来的一系列问题，无时不让张玉玺苦苦地思索着。

提起当初的艰苦创业，张玉玺深有感触地说："当时我就想，同样是做买卖，为什么有的人赔钱，而有的人却赚钱？市场的经营管理，怎样才能更好地实现企业化、规范化、科学化？于是，我突然想到，要想知道梨子的滋味，就要亲自去尝尝，实践出真知啊！”

1992年6月，张玉玺作出一个决定，自己当一回蔬菜经销商，去异地市场扮演客户，亲自去体验一下买菜、卖菜的滋味。当时，北京的西红柿才5分钱1斤，而内蒙古乌兰察布市的集宁，西红柿能卖到2毛多钱1斤。于是，张玉玺从北京买了两大卡车西红柿，一个人跟着司机上路了。

一天一夜的路程，从早晨到晚上再到清晨，他驱行在人生这个亘古的旅途，在坎坷中奔跑，在挫折里涅槃，忧愁缠满全身，痛苦飘洒一地。累，却无从止歇；苦，却无法回避。他不敢休息半分钟，生怕在路上耽搁的时间过长，西红柿会烂掉。当张玉玺风风火火地赶到内蒙古集宁市场后，看着依然色泽红润的西红柿，一路的担心才稍有消解。刚卖还没到两天时，市场的管理人员来买西红柿。张玉玺不敢得罪他们，就说你拿点走吧。可管理人员半推半就地说，我们不许白拿客户的东西，必须花钱来买。而实际上，卖别人2毛5分钱1斤的西红柿，那人给的钱连5分钱1斤都没合上。

一天清早，张玉玺正在摊位上摆西红柿，几个胳膊上纹着龙的彪形大汉来到摊位前晃悠，让孤身一人的张玉玺确实有点害怕。这时，当地蔬菜公司的一位经理走了过来，对他说了一句：“你放心，有我们呢！我给你留个电话号码，有什么事情，你就直接跟我联系。”听了蔬菜公司经理的话，张玉玺的心里就感觉有了底。

这次集宁之行，张玉玺的出发点就是不想赚钱，也不想赔钱。在一买一卖的过程中，张玉玺体会到了管理人员在批发市场上的重要性。他觉得，这次经历，还远远不能体会到做蔬菜买卖的真正滋味。于是，他又跑到河南漯河和驻马店，去买大蒜，买黄瓜，然后拉到新发地市场来卖。为了赶时间，两个司机轮流开车，人歇车不歇。车里没有张玉玺坐的地方，他就干脆爬到车顶的帐篷里。

初夏的夜晚，还有一丝丝的凉意。张玉玺趴在车顶上的帐篷里睡觉，拿帐篷既当被子又当床。当时的行车路况很不好，来回一趟总共要用四五天的时间。

亲自当市场里的客户，以此来换位思考，让张玉玺悟出了许多服务客户的办法，也总结出了很多管理市场的方法。张玉玺所体悟到的是一本难得的生意经。他觉得，管理市场最重要的一点，就是要确保客户的安全，加强治安管理，给客户创造一个安全舒适的经营环境，这样才能吸引更多的客户加盟。

经过走南闯北的几次奔波，张玉玺可谓收获满满。客串商户的实践结束后，他根据新发地市场的实际情况，开始着手制定具体翔实的管理制度。这些制度规定：计费要合理、准确，做到不多收、不乱收、不漏收、不少收；礼貌待客，和睦友善，诚信合作；坚持挂牌服务，接受群众监督，不准吃、拿、卡，不准索要客户的蔬菜、瓜果等，一旦发现贪污者，立即开除。除此之外，制度中还规定：市场的员工，不得在新发地市场购买任何商品。这是因为客户作为卖家，大多不敢实收管理人员的钱，或少收，或不收。这种做法，无形中损害了客户的利益。因此，张玉玺痛下决心，禁止员工在新发地市场内购买水果、蔬菜等商品。

在与客户的接触中，张玉玺真正地了解了客户的想法，知道他们需要什么样的帮助，怎样帮助他们解决经营中的实际困难。为了更好地服务客户，他定下一条非常奇特的规矩，就是市场所有的工作员工，都必须有买菜、卖菜的经历。

有一次，张玉玺在参加国家商业部组织的学习时，一位名叫怀特的英国教授提出，作为一个成功的批发市场，必须具备4个条件：其一，这个市场的早期是自发的；其二，地理位置应该是城乡接合部；其三，它的交通要非常便利；其四，市场距离消费终端，用原始车辆运输不超过1小时。张玉玺情不自禁地兴奋起来。他觉得，英国授课老师讲的，与新发地市场得天独厚的条件完全吻合。新发地市场的雏形就是自发形成的，位于北京市南郊，属城乡结接部，北邻南三环路，东邻106国道，离市中心天安门广场仅有十余公里，到达各个零售市场的交通都很便利。按照英国授课老师的理论，新发地市场蕴含的商机非常巨大。这一次，更加坚定了他做强做大新发地市场的决心和信心。

紧接着，张玉玺结合自己换位思考得出的体会以及多年积累的实践经验，提出了“让客户发财，求市场发展”的经营理念。这10个大字，不仅刻在新发地市场的大门上，也牢牢铭记在每个新发地人的心坎上。

张玉玺说：“当时，提“发财”这个概念还有些敏感刺耳。但是，人家为什么要来你的市场？我总结了一句话，叫作‘请不来叫不来赚钱准来，轰不走赶不走赔钱准走’。客户来你的市场不挣钱，那你的市场就没办法发展。”很明显，张玉玺一语道破天机，一下子抓住了问题的核心。

随后，新发地市场还出台了“三大纪律、八项注意”的带有部队风格的制度，狠抓了市场管理。特别是在营造市场安全环境方面，全体工作人员为客户们营造了一个舒心、安心、放心的经营环境。客户们介绍朋友到新发地来，最常说的一句话是：“在这里做生意，一不丢东西，二不受委屈，心里总觉得踏实。”

03
军旅经验，对接市场法则

到2008年时，新发地市场就为当地村民提供了1200多个就业岗位，并带动了几万名京外农民实现就业，从而走上致富道路，尤其是一批百万富翁、千万富翁在新发地市场应运而生。2018年，从新发地客户中推选产生的全国和省、市、县四级人大代表及政协委员有几十位。

面对这些骄人的数字，许多熟悉张玉玺的人向他提出这样一个问题：你的6年军旅生涯与你日后所取得的成绩有多大关联？对此，张玉玺讲了许多耐人寻味的故事。

故事之一：安徽省长丰县是我国著名的优质草莓种植基地，全县种了十几万亩草莓。张玉玺到长丰参观时，发现了长丰种草莓的办法确实与众不同。一般说来，种草莓第一年不用农药，第二年每亩要用价值300块钱的农药，第三年用得更多。长丰县的做法是，这一亩地今年种草莓，明年种水稻。对草莓生长有影响的细菌，一种上水稻就全没了。另外，每个种草莓的大棚里都放一箱蜜蜂，用蜜蜂给草莓授粉。蜜蜂对农药特别敏感，蜜蜂没死，证明长丰的草莓绝对安全。张玉玺回到北京后，立即向全市场宣传，实现了在几年内长丰草莓在新发地市场销量占总产量的50%。长丰草莓是信得过的安全产品、绿色产品，草莓要打“长丰”这个品牌。后来，“长丰”草莓被国家确认为地理标志产品，不仅在新发地市场立足，还登飞机、入超市、进宾馆，畅销京、津、沈等大、中城市，并远销日本、以色列等国家和地区。

军旅经验对接出的市场效应：打仗要想取胜，就得有王牌部队；经营要赚大钱，就得讲品牌效应。两者一个是为维护国家和民族利益，一个是让老百姓发家致富，契合点在一个“赢”字，这都离不开一种使命感。在不断的角色转换中，部队教育中关于人民军队的宗旨，已经牢牢扎根在张玉玺的心里，那就是“全心全意为人民服务”。

故事之二：冬季，西瓜曾经是新发地市场的一个缺口很大的商品。2000年，张玉玺听说佳木斯有舒家哥七个是冬天运西瓜大户的核心人物，于是便托朋友找到舒家老七舒景宝，请他吃饭，跟他聊天。舒景宝说，他们也想进入新发地市场，但卖西瓜有风险，得保证在市场上有最好的位置。张玉玺了解到情况后，当即在水果市场为他们腾出23个车位。到2018年年末，在新发地市场像舒家兄弟一样的大客户有300多家，而且都发了大财。用张玉玺的话说，这些大客户是市场的贵宾，市场的发展繁荣主要靠这些贵宾。

军旅经验对接出的市场效应：张玉玺当兵的那个年代，军民关系有着“军爱民来民拥军”的朴素与真诚，而“缸满院净”则是军爱民的一个具体表现。数百万军队每年每月把这种小事情做好了就是个奇观，军民关系也就融洽了。经商的道理也是如此。顾客就是上帝，群众是客户的顾客，客户又是市场的顾客。解放军的步调一致，在于所有组织执行的是同一个条令。在张玉玺看来，现代企业具备一定规模后，要力求做大、做强、做出特色，实现跨越式发展，必须拥有“自己复制自己”的强大功能。

故事之三：2006 年 7 月 15 日，交通部、公安部、农业部、商务部、国家发展和改革委员会、财政部、国务院纠风办联合下发文件，明确要求：“2006 年要完善全国鲜活农产品‘绿色通道’网络，实现省际互通。”很多人说，这一文件的出台，张玉玺功不可没。当时，作为中国农产品市场协会会长的张玉玺，曾与协会秘书长、副秘书长为此事极力奔走，多方呼吁。张玉玺还提议以市场协会的名义，专门向政府反映市场减免管理费的愿望，国务院领导对此高度重视。令人欣喜的是，北京市政府率先作出决定，停止对农贸市场征收管理费。

军旅经验对接出的市场效应：部队战备、训练、工作和生活“四个秩序”哪一个都得讲全局观念，而现代战争更加突出地强调合成、强调协同。农产品从种植到销售，无外乎四个环节：一是种子研发；二是种植；三是运输；四是销售。张玉玺说：“这四个环节，哪个环节出问题，市场都难以持续健康发展。既然大家推举我担任中国农产品市场协会会长，我就得尽会长的职责，发现问题得敢讲真话。”

显然，张玉玺身上所表现出的那种敢作敢为、雷厉风行的军人作风，在这里已经转化为看得见、摸得着的“三农”利益。

张玉玺的军旅经验所对接出的市场效应还有很多，所有这些，都源于张玉玺着眼于农民增收，对“三农”问题有着一系列真知灼见。他曾说：“中国的‘三农’问题不在农村而在市场，解决‘三农’问题的核心和落脚点，是让农产品在市场上换回‘真金白银’。而能够真正推动‘三农’发展，需要突破四个瓶颈：一是农民的组织化建设；二是农村金融体系的完善；三是农业科技产业的发展；四是农产品产业的营销问题。”

作为一名退伍老兵，张玉玺的骨子里依然是个“兵”。在他的倡议下，新发地市场与部队 8 个团级单位建立了联系共建关系，市场相继出台了优先招收转业复员退伍军人和优先安置随军家属等规定。也有人说，张玉玺身上所体现的“三农”情结，是具体而明显的：平常在村里他大多骑自行车，不穿品牌服装，家里房屋不装修得太豪华，管好自己的直系亲属，等等。

每天看着由新发地农产品市场带动辐射起来的货运、客运、房地产等 30 个经济实体悄然成长，日积月累地发展着、变化着，张玉玺就越来越喜欢自己的这份事业，越来越愿意回味和体验这种特殊的感觉：一头连着菜园子，一头连着菜篮子；一头服务农民，一头服务市民。

04
建制度，促进管理规范化

随着新发地市场场地规模的日益扩大，张玉玺越来越意识到管理市场应该有一整套行之有效的办法。但当时，新华书店里却买不到有关农产品市场管理方面的书籍。

在没有经验可学又无先例可循的情况下，张玉玺没有灰心，开始在经营市场的实践中逐渐摸索市场经营管理的办法。

张玉玺经过调查研究，结合市场经营的实际，将市场中的蔬菜、水果等主项实行分区经营，逐步建立了“在严管中规范，在服务中搞活”的管理体系，明确了“以德治场，以德经营，以德发展”的管理理念，逐步培育了“诚信、团结、实干、创新”的企业精神。

2000 年，新发地市场率先在全国农副产品市场中，建立了食品质量检测机构，确保首都市民吃上安全放心的健康食品。同时，市场申请注册了“新发地”商标，制定了《商标管理办法》，市场内共有35类农副产品使用“新发地”商标进行销售。

为了扎实推进市场的规范化管理，新发地市场每年都开展“经营文明户”评选表彰活动，引导客户诚信守法经营。

张玉玺深知，新发地市场的客户来源广泛，成分复杂，管理好这些人，确实是一件不容易的事。而做好市场的治安工作，无疑是市场经营管理中的重中之重。

为了保证客户、商贩及顾客有一个正常、公平、安全、宽松的交易环境，在市场建设之初，新发地不惜投入巨资，切实加大市场的治安管理力度。市场不仅设立了蔬菜市场治安办公室、果品市场治安办公室，还制定了交易管理制度，确保处理矛盾纠纷必须遵循“公平、公正、公开”的原则。市场重金聘用了400多名保安员，和治安员与警方联手实行24小时昼夜巡逻，哪里出现治安隐患，巡逻队就及时出现在哪里，尽最大的努力消除安全隐患，确保市场在安全有序的状态下经营发展。

在治安工作中，新发地市场为客户做了许多实实在在的事情。河北省河间市的一位农民，拉一车黄瓜到新发地市场来卖，结果被人骗走了1700元现金。市场治安人员得知情况后，很快配合警方侦破此案，将现款追回。这位农民先后写来两封感谢信，还送了一面锦旗。北京大兴孙村的一个人卖给唐山人的两车粉条，货款共计16万元，没有付钱粉条就被唐山人开车拉走了。市场治安人员得知后，立即追查拉货人，当天晚上9点便找到了作案人的姐夫，当场要回了5万元货款。后来，新发地市场又帮助受害人到法院起诉作案人，最终作案人分3次支付了剩余的11万元货款。通过类似几个事件的处理，有力地打击了不法行为，使广大客户都能安心地在新发地市场经营。

为了进一步加强防范，2001年8月，新发地投资70余万元，建成电子监控中心，安装了19双“电子眼”，实行24小时监控，监视着市场的每一个角落。其中，有11个探头可以进行360度旋转监控。这一办法，对新发地市场打击偷盗扒窃、敲诈勒索、强行收取保护费的不法行为，及时公平、公正、公开地处理各种交易纠纷，为客户创造安全、宽松的交易环境，起到了助推作用。

在张玉玺的带领下，新发地构建了一整套严格有效的运行管理规则，确立了“让客户发财，求市场发展”的服务宗旨。“让客户发财，求市场发展”这10个烫金大字，镶嵌在新发地综合办公大楼的楼顶上和果品批发市场的东门两侧，警示着所有管理人员和员工，都要时时用这10个字来衡量自己的工作，推进管理制度的落实，规范日常服务行为。张玉玺经常告诫新发地的员工：“我们要把新发地建成北京最大最好的农产品交易市场，建成世界最大最好的交易市场。我们的硬件可以用钱来买，但我们的软件，也就是全心全意服务客户的宗旨，是需要我们用心血去打造的。”

市场除了不允许工作人员在场内采购物品外，还不允许工作人员上班时间抹口红、穿高跟鞋。

市场还制定了比较合理的管理收费制度，确保管理费的收取标准低于政府规定标准的下限。从1988年5月建场开始，新发地市场管理费的收取，严格控制在成交额的2%以内，无形中降低了农产品市场交易的成本。

在张玉玺的倡议下，对在新发地做生意赔钱的客户，市场除退还管理费外，还主动帮他们查找赔钱的原因。在查找分析的过程中，发现赔钱的客户，有的是信息不对路，收菜的时候价格出高了；有的是品种不对路，不适合在北京销售。河北产的大白茄子北京人不习惯吃，销路就不好。在弄清了赔钱的原因后，市场管理者要请客户吃一顿非常特殊的饭，与他们进行一次别开生面的交流，让客户感受到市场浓浓的人文关怀。

河北省丰宁县农民王文勇在市场的一个饭馆里，丢失了一个装有 3400 元现金的提包。当他回到老家给市场打电话询问时，惊喜地得知提包和里面的现金票据都完好无缺地放在市场办公室。从一件件实事中可以看出："经商德为本，文明花常红"，"以道德建设推进市场建设"等理念，已渗入新发地全体员工的头脑之中。

此外，张玉玺还经常派新发地市场的工作人员，到全国各地蔬菜产区寻访，了解情况，减少盲目流通，帮助产地农民规避市场风险。为不断提升市场的服务水平，新发地充分发挥天时、地利、人和的强大优势，大刀阔斧地对市场进行升级改造。市场按照计划，完成了道路设施、仓储加工区、交易区等大项目建设，对交易环境、交易方式和结算方式进行科学升级。市场还引入国际上最常用的大宗果蔬交易拍卖制，提高交易效率，实现优质优价，保护农民利益。

依托以人为本的管理理念，新发地市场日渐繁荣。在自创发展模式和管理规则求发展的过程中，伴随着全国各地新市场的诞生和老市场的消失，新发地已经成为农产品从农村田间到城市餐桌的最大物流港。

05
“20字”方针，一直坚守不走样

在新发地市场的发展历程中，张玉玺先后提出了“让客户发财，求市场发展”“爱场、尊商、诚信、创新”等一系列发展理念。这些发展理念，是一个企业最基本的价值观，不仅反映了企业外在的精神风貌和内在的信念追求，更是对企业起着行为导向的作用。尤其是他所提出的“守法是底线，品牌是关键，文化是灵魂，发展靠奉献”这20字方针，更是新发地一直坚持的发展方向，既深得客户的拥护和信赖，也为市场赢得了巨大的发展空间。

守法是底线。守法是新发地市场做大做强的基本前提，同时也是市场客户应该遵循的基本底线。民以食为天，食以安为先。对于新发地来说，必须强化食品安全意识，构筑食品安全防火墙，撑起市民健康的保护伞，任何时候都不能松懈。守法首先要尊法。新发地从事农产品流通事业，就必须讲食品安全。新发地担负着首都北京90%以上的蔬菜供应，新发地安全了，北京市民的“菜篮子”和“果盘子”也就安全了。新发地贯彻的第一原则，就是守法是底线。无论哪个客户，如果不守法经营，就一定被劝退，被淘汰。

品牌是关键。经营市场必须要研究品牌。对于消费者来说，心中最看中的就是品牌，一旦提起某类产品，马上会想到某类产品的“代表形象”。为什么他们要看“品牌”、要买“品牌”？因为品牌是不作假的承诺，品牌是社会责任的体现。张玉玺深有感触地说：“中国是出口大国，中国是农产品的产销大国，但却是一个品牌小国。”为了打造品牌，新发地市场要求进场的农产品，都要有“产地证明”和“检测证明”。这么做，一方面是为了搞好食品安全，另一方面也是倡导客户树立品牌意识。同时，新发地市场还逐步要求进场的农产品，一定要有“品牌证明”。打造品牌，第一靠实力，第二靠信心，第三靠智慧。张玉玺自豪地说：“新发地市场的品牌就是‘新发地’，‘新发地’本身就是品牌。”由此，新发地市场树立的“新发地大王”，都得研究自己的品牌，跟市场并肩前行，互相助推。中国不缺农产品，北京也不缺农产品，而缺的是优质农产品，缺的是品牌农产品。因此，张玉玺一再强调品牌是关键。

文化是灵魂。想搞企业，始终都要贯穿一种文化。企业文化，主要体现在企业的价值理念中。价值理念就是价值观。价值观是个总开关，它不仅反映一个企业立身处事的信念、倾向、主张与态度，而且对企业的行为取向、评判标准、评价原则和行动尺度起到引领的作用。企业的价值理念，就是企业的发展目标是什么，企业要打造一支怎样的队伍，员工的愿景是什么。这些，是一个企业发展的

“纲”。一个企业发展到一定程度，没有文化内涵的支撑，不可能做大做强。新发地市场成立以来，始终遵循一种文化的贯穿来发展。20世纪90年代初，张玉玺提出“让客户发财，求市场发展”这个口号，就是新发地的企业文化。新发地能够发展壮大，跟企业文化是分不开的。张玉玺说，新发地的客户抛家舍业地来到北京，不就是想挣钱吗？但有些客户挣钱了，却开始赌博、吸毒，这就完了，这就不可能再做得更好。这样的客户，就没有一个贯穿始终的主线，忘记了初心。企业文化包含善良和爱心，所以新发地员工和客户都要孝敬自己的父母，善待左邻右舍。张玉玺常说，孝顺、孝顺，越孝越顺；憨厚、憨厚，越憨越厚；精光、精光，越精越光；舍得、舍得，有舍才有得。另外，企业做大了，就得为社会做点事，为家乡做点事。一些客户常跟张玉玺说，新发地是他的第二故乡。听了这样的话，张玉玺非常高兴，希望所有的客户都能多为“家乡”做点事。这是企业文化，也是企业灵魂，更是企业公德。他说，新发地评“百强商户”，评“单品大王”，也是为了塑造企业文化。塑造企业文化的目的，在于保证新发地在不断变化的环境中持续发展，通过贯彻共同价值观和经营理念，来增强企业内部的凝聚力。

发展靠奉献。什么是奉献？说得直白一点，奉献就是积德。厚德方能载物，一个人，德越厚能干的事情就越大。张玉玺看过一本书，叫作《原罪》，书中说人有两种罪，就是原罪与本罪。原罪是始祖犯罪所遗留的罪性与恶根，本罪是各人今生所犯的罪。人们很难改变原罪，但可以限制本罪。有德之人不一定能取得成功，但取得成功的人必是有德之人。得民心者得天下。对新发地市场而言，民心是什么？民心就是需求和服务，就是终端消费者，新发地一直在马不停蹄地抢占终端市场。2016 年，新发地市场的直通车加便民店覆盖了 600 多个小区；2018 年，这种直通车加便民店覆盖了 1000 个小区。有了这样的小区，新发地市场才能更好地服务首都北京市民，才能更好地保障食品安全，才能更好地奉献新发地人的智慧和力量。张玉玺表示，今后，新发地无论再做什么事情，再上什么项目，都将联合客户一起去做，实现抱团取暖，共同发展。新发地是大地，是海洋，是天空，任所有的客户驰骋、遨游、飞翔，广大客户完全可以借助新发地这个大平台，实现做大做强的目标。

5

第五章

扩大规模，抢抓机遇增后劲

01
商机一旦出现，便牢牢抓住

在北京市出台的“十五”规划中，提出将在四环路外建设六大农副产品批发市场。新发地市场，就是规划中第一家被确定的建设项目。2003年，新发地如期启动了现代化升级改造项目，并成为北京迎接2008年奥运会的重点工程，得到了北京市政府的支持和指导。

随着国家经济的日益繁荣，北京市民消费水平日益提高，市内的交通运输、通信、商业网络等公共设施逐渐完善，宽阔的京开高速公路和四环路紧邻新发地直线通过。这些因素，都给新发地市场创造了更加广阔的发展空间。

1988年前后，新发地市场刚刚起步时，具备与新发地同等条件的农村市场有许多。但这些市场，有很大一部分最终湮没在了市场竞争的历史大潮中，而新发地却在激烈的竞争中发展壮大起来。

它壮大的原因，首先得益于新发地村有一个相当稳定的管理层。张玉玺谦虚地说，他只是这个管理层的一个领头人而已。

张玉玺不仅几乎一年365天都蹲在市场抓管理，还潜心琢磨市场运营管理中的内在规律。

为解决客户的后顾之忧，为客户提供良好的居住环境，新发地市场投资6000万元，建成了一个拥有19栋板楼的外地经营者乐园，建筑面积达43000平方米，可容纳700多户客户入住。在租金上，新发地对市场内的经营大户以及有一定规模的客户都给予相应的优惠，市场每年评选出的文明客户可享受20%的优惠。同时，为了加强物业管理，新发地还安置了60多名新发地村的村民在乐园就业。

经营者乐园建成并投入使用后，在为新发地赢得经济效益的同时，也使新发地村外来人口的管理工作步入了有序的轨道。

实践证明：建一个市场，活一方经济。在张玉玺和全体新发地员工的共同努力下，新发地市场历经30年，像滚雪球一般地发展起来。新发地的发展壮大，使新发地村由一个不出名的小村子，迅速变成了北京市城南地区人流、物流、信息流、资金流的中心，也迅速变成了一个全国闻名的农产品集散地。

围绕农产品批发这个大市场，新发地借势而动，大力发展面向北京城区的直销配送。2003年，新发地投资1100万元，建成了现代化的农产品加工配送中心，将市场内一些规模较大的配送中心集中起来统一管理。到2008年时，新发地市场专营或监管配送业务的单位和个体户迅速发展到300余家，每天可向北京城内直接配送各种蔬菜270多万公斤。2008年，新发地又建成了一个可存储1500吨果菜冷藏保鲜库。冷藏保鲜库的建成，为进一步拓展直销配送业务提供了应有的设施保证。

在张玉玺的带领下，新发地村利用市场这个优势条件，先后开办了木材市场、长途客运站、汉龙货运服务中心、金属结构厂、宾馆饭店等30个经济实体。

新发地村兴办的北京汉龙货运服务中心，是经北京市交通局批准成立的北京第一家大型、公用型货运服务场站。货运服务中心的成立，有力地助推了旅馆业的发展，村办京新酒店、丰南路宾馆、丰新旅馆、新发缘宾馆、新发地旅馆等常年接待出入京城的旅客。以京新酒家为龙头的村办餐饮业生意兴隆，在北京南郊享有很高的声誉。

在市场的带动下，新发地各类村办企业都取得了良好的经济效益，有力地促进了村集体经济的发展。

到新发地市场建立20年时，新发地村的经济实体共实现总收入2亿多元，纯收入8150万元，累计上缴税金1383万元。其中，纯收入是改革开放之初1978年的107倍。同时，新发地村还开发建设了建筑面积达43万平方米的“天伦锦城”住宅小区，不仅解决了部分村民拆迁住房问题，还销售了一定数量的商品房，增加了集体收入。建成的小区内，设有幼儿园和小学以及4000余平方米的大型会所等设施，引入市政自来水、天然气，让村民生活在舒适便捷的环境之中，尽享温馨、愉悦的生活品质。银行、医院、超市、海鲜果蔬市场等环绕小区周边，确保了村民家居生活的便捷便利。

张玉玺说："作为企业家，你必须有能力判断出政府将在10年以后一定会做这件事情。所以，在这之前你先把它做起来，等政府一号召，成千上万人涌上来，机会就小了。做市场也是一样的，你必须在市场出现之前做出正确判断。"

张玉玺的儿子张月琳在评价自己的父亲时说："在我的心目中，父亲是一个很伟大的人。以前，我对父亲的工作不是很了解。后来，我进入新发地市场后，实实在在地感受到新发地市场从无到有、从小到大、从弱到强确实不容易。我觉得，全国那么多市场，为什么新发地能做大做强？而且，北京市曾经也不只有新发地一家市场。这么多市场偏偏新发地市场发展起来了，这就是因为父亲做得不同寻常。在市场建设这方面，他确实有胆有识。做市场这个行业，最初什么人都有，社会治安又不是很好。所以，我记得小时候一家人都为父亲担心。整整30年过去了，新发地市场发展到现在这个规模，很不容易，很是艰辛。30年的实践证明，我的父亲，是一个善于发现和牢牢抓住商机不放松的人。"

02
打通铁路涵洞，遭债主堵门逼债

20世纪90年代末至21世纪初，中国的农产品市场如雨后春笋一般在全国各地迅速发展起来。此时，新发地也处在市场发展的良好机遇期。当时，新发地市场占地面积500亩，担负着整个北京市近80%的农产品供应量。张玉玺预感到市场的面积已经远远不够，开始着手筹备扩建。

在谋求扩建市场的运作中，张玉玺遇到了一个棘手的问题。扩建的地盘与现有的市场中间隔着一条铁路，如果扩建连片，就得打通一个铁路桥涵洞。而打通涵洞，就无形增加了市场扩建的成本。

市场不扩建，发展就没有后劲。后来，张玉玺回忆说："当时，我们觉得市场不发展，将来就是一个死。而发展，又如同找死一样。什么原因呢？不发展，新发地这个市场肯定早晚要完蛋。而发展，就要打通这个铁路涵洞，就得拿出一部分资金给铁道部。关键是当时新发地本身就根本没有多少资金。因此，市场扩建运作起来麻烦非常大。”

如何在没有前车之鉴的判例中进行决策，又如何在泰山压顶般的压力之下开展项目，对于张玉玺这个创业者来说，每一天都是压力测试。从零到一、从无到有，每一天都有形式不同的突发情况。经受非人的考验，经历那种面对突发情况的紧张、九死一生的惊险、迅速作出决策的逼仄感、死而复生的恍惚。这所有的一切都如同本·霍洛维茨在《创业维艰》里描述的那样，解决这些难题，没有任何公式可套用。眼看着时间一天天地过去，而其他的农产品批发市场都在抓紧时间进行扩建，张玉玺心急如焚。他深知，市场扩建对于新发地的意义，远远不是能否进一步发展那么简单，而是关乎市场的生死存亡。于是，张玉玺当即拍板，无论如何也要打通铁路涵洞。

张玉玺已经记不清自己多少次去跑铁道部和北京市政府，当时，他心中只有一个信念：只要不批准新发地打通涵洞，他就一直跑下去。

当时，已过知天命之年的张玉玺面对人世的沧桑，面对世俗的挑战，一次次鼓舞自己，激励自己。他说：“正因为有难处，才需要人去改变它，困难越多，才越有干头；风浪越险，人生才越有滋味，活着才越有劲头。专拣硬的碰，专拣风险走，我就是这么一个人！”

张玉玺确实是这么一个人。他的行为，常常让人捉摸不透，常常让人难以意料。正因为如此，他才最终完成了胸怀大志、色彩鲜明的人格塑造。

张玉玺的不懈努力没有白费，打通新发地村地段铁路涵洞的申请终于得到了批准。

后来，在北京市农委的鼎力支持下，张玉玺获得了一笔贷款，一次性还清了所有债务，总算渡过了难关。

在新发地市场的发展扩建中，一共打通了两个涵洞：一个位于市场中轴路股份办公楼南 80 米处；另一个位于黄陈路中部天伦锦城小区南侧 150 米处。这两个涵洞的打通，为新发地市场的做大做强打下了坚实的基础。

03
顺应形势，加快推进升级改造

进入21世纪，新发地市场步入了一个快速发展时期。新发地切实加大对政府政策和资金的争取力度，不断增加市场建设的投入，实现了经济效益与社会效益的双丰收。2000年，新发地市场实现交易量276万吨，交易额33.5亿元。

从1999年到2002年，新发地市场先后被北京市工商行政管理局评为“北京市文明示范市场”；被国家内贸局评为“内贸局定点全国重点联系批发市场”；被农业部市场信息司、农业部菜篮子工程办公室、农业部信息中心评为“1998—1999年度全国农产品批发市场信息联网工作先进单位”；被中共北京市委农工委、北京市政府农林办公室评为“京郊经济发展十佳单位”；被北京市工商行政管理局、首都精神文明建设委员会办公室、北京市商业委员会、北京市市政管理委员会、首都城市环境综合整治管理委员会、北京市质量技术监督局、北京市场协会评为“首都文明市场”；被中国蔬菜流通协会评为“中国蔬菜流通协会定点市场”；被农业部、国家发展计划委员会等国家八部委联合评定为全国首批“农业产业化国家重点龙头企业”；被北京市区妇女联合会授予“巾帼文明示范岗”荣誉称号；被海南省人民政府授予“2001年冬季海南农产品运销贡献奖”……这一连串荣誉的取得，无疑凝结着张玉玺的辛勤付出。

在张玉玺的积极争取下，2003年，新发地投资5.53亿元，全面启动了市场的升级改造工程。

启动升级改造工程，为的是以更快的速度，将新发地市场建设成“北京大型，全国一流”、符合首都国际化大都市建设要求的现代化大型农副产品综合批发市场，以迎接2008年奥运会的到来。

这次升级改造工程，主要规划了“三大功能区”，即综合交易区、仓储加工配送区、农产品展销与商业服务区。同时建设“十个中心”，即市场交易中心、拍卖中心、电子结算中心、信息网络中心、检测中心、仓储物流中心、加工配送中心、商务中心、展销中心、生活服务中心。

通过“三大功能区”建设和“十个中心”建设，全面提升市场功能：实施入场客户资格审定制度；落实入场交易产品的“三化标准”，建立全程可追溯制度；改进交易方式、结算手段；建立稳定的经纪人队伍，实施好市政府倡导的放心肉菜工程。

同时，切实构建管理系统，以市场整体升级改造为契机，积极引进人才，大力推进市场建设，建立现代企业制度，健全公司体制，并使之逐步具备投、融资功能。以建设信息主导型农产品批发市场为目标，建立相对完备的农业信息系统，发布每日交易快讯，满足查询需要，提供最新动态报告，为首都农业信息系统建设做出应有的贡献。

经过3年的紧张施工，新发地市场的场地扩大了，交易量、交易额和利润增长了。2006年，新发地市场占地面积达1520亩，总资产达10.6亿元，年交易量达到605万吨，交易额达到151亿元；2007年，年交易量达到700万吨，总交易额实现200亿元。其间，蔬菜和果品两大项，新发地已占整个北京市60%以上的市场份额，成为北京市民名副其实的“菜篮子”和“果盘子”。

升级改造工程的启动，促进了新发地市场由蔬菜、水果、粮油、水产、特菜、种业等多个批发市场，变成一个超大型市场群，集办公、信息、经营、仓储、货运多种功能于一体，配套设施更为完善。升级改造后，每天进场交易的客户超过5万人次，每天进出的车辆超过了10000辆。所交易的产品不仅来自京郊或河北、山东、河南等邻近省份，还来自南到海南、北到黑龙江、西至新疆、东至上海，甚至来自国外。新发地完全具备了“买全国卖全国”大型农产品集散中心的功能，在全国农产品生产、运输、销售的产业化格局中，极大地发挥着龙头企业的带动作用。

新发地市场经过改造升级后，为北京市民提供了一个更安全可靠、更方便实惠的“菜篮子”“果盘子”，实现了北京90%以上的蔬菜和果品、100%的进口水果由新发地市场供给。

为了让北京市民吃得放心，新发地市场在工商部门的指导下，制定并实行了“双查双验”制度，对运输农产品的车辆在入场时，检查产地证明和检测证明；出场时，检查购买货物和销售凭证。对持有检测证明或产地证明的客户，市场优惠 20% 的入场费。结合日常检验检测，形成了一套完整的农产品质量安全可追溯体系。市场成立了北京市首家跨区县“猪肉产销联合体”，确保肉类产品安全供应。交易的大吞吐和品种大丰富，使新发地市场的农产品价格在北京市一直保持最低水平。市场还大力发展直销配送业务，在市区内开设了便民菜店和大卖场，减少农产品中间流通环节，切实把实惠让给消费者。

就在新发地市场的升级改造工程紧锣密鼓进行时，张玉玺的母亲于 2009 年 5 月 4 日去世，当时他正在山东开会。母亲的去世，让张玉玺无比悲痛。处理完母亲的丧事后，他又投入到紧张的工作之中。

在张玉玺的眼里，新发地市场承担着“服务首都市民、服务首都建设、服务中国‘三农’”的社会职责。作为首都北京及全国规模最大的一个“菜篮子”，新发地承担着首都北京 90% 以上的农产品供应，在稳定北京市民的“菜篮子”供应、维护城市正常运营、繁荣首都城乡经济等方面，发挥着不可替代的作用。

2010 年 1 月 16 日，时任国务院总理温家宝在视察新发地市场时说：“如果连下七天大雪，或遇上大雪封了高速公路的大灾之年，能否保障首都农产品的供应，这是必须考虑的问题。新发地市场要按照保障北京市持续发展的需要，按照满足首都农产品的供应需求，切实做好市场的结构调整和升级改造。”对温家宝的叮嘱，张玉玺一直铭记在心。

此后，新发地市场积极把握北京打造世界城市、实施城南行动计划、加快商业流通现代化进程所带来的加快市场升级改造的战略机遇，全力应对周边交通拥堵、场内设施落后、环境和资源压力过大、流通成本日益提高等各种严峻挑战，按照北京市政府2010年提出的“北京市农业企业要走高端、高效、高辐射之路”的具体要求，确定了“内升外扩”的发展战略。

所谓“内升外扩”，就是对内实施升级改造，对外在全国各地建立农产品供应基地和产地市场。内升就是力争在3至5年内，对市场进行规范化的升级改造，总体上实现“211”目标。即打造提升丰台、立足北京、引领全国、面向世界的两个“区”：一是城南特色物流集聚区，二是首都现代农产品物流示范区；构建一个大市场：国家现代化农产品大市场；建设一个会展中心：国际农产品商贸会展中心。外扩就是在全国各地建立500万亩的农产品供应基地和遍布全国的农产品产地市场。

张玉玺觉得，新发地市场之所以加紧实施升级改造，主要出于四个方面的考虑：

一是北京建设世界城市、提升首都形象的需要；二是保障农产品安全供应、维护首都稳定的需要；三是工业化、城镇化和农业现代化同步推进、加速产业升级的需要；四是引领物流业态创新、改善城市资源环境的需要。

对新发地市场的升级改造，张玉玺完全做到了审时度势、心怀高远，并成竹在胸。

04
头脑清醒，不断强化危机意识

张玉玺认为，作为新发地市场的领头人，最重要的使命就是让市场保持持续发展的良好态势。

张玉玺很喜欢唐代诗人曹松《己亥岁》中的诗句：“凭君莫话封侯事，一将功成万骨枯。”也非常欣赏刘禹锡《酬乐天扬州初逢席上见赠》中的诗句：“沉舟侧畔千帆过，病树前头万木春。”他有时觉得，一个人活着就是美丽的，活着就是最大的成功。他相信，这是幸存者的感慨，也是失意者的追悔。

孟子说：“生于忧患，死于安乐。”在张玉玺看来，为了挖掘和增强新发地市场的发展潜能，新发地人就必须不断增强危机意识。新发地人是否具有危机意识，关系着新发地市场应对环境变化的反应能力。如果新发地人单单满足于过去所取得的成就，就很容易忽视竞争环境的变化，从而丧失求生存、求发展的危机意识。一旦新发地人缺乏危机意识，整个团队创新的意愿就会变得越来越小，变革的能力就会变得越来越差，转换核心竞争力的动力就会变得越来越不足，就越来越可能在竞争的大潮中遭受挫折甚至失败。因此，张玉玺反复强调，新发地人必须时刻拥有危机意识。

海尔集团首席执行官张瑞敏，用33年时间把濒临倒闭的海尔，做成了世界第一。他说："我每天的心情，都是如履薄冰、如临深渊。"他的这种意识，总会催促员工对外界环境变化保持清醒的头脑。30多年来，海尔经历了无数次经济环境、市场格局的剧变，但每一次，海尔在张瑞敏的带领下，都用行动证明海尔能够适应各种剧变，禁得起各种风险考验。

业界知道，华为技术有限公司创始人兼总裁任正非，是一位具有忧患意识的企业家。他有句名言叫作"惶者生存"。他曾在华为创建十周年时说："十年来我天天思考的都是失败，对成功视而不见，也没有什么荣誉感、自豪感，而是危机感。也许正是这样才存活了十年。我们大家要一起来想，怎样才能活下去，也许才能存活得久一些。失败这一天是一定会到来，大家要准备迎接，这是我从不动摇的看法，这是历史规律。"

与许多的经济界大佬一样，张玉玺也是一个充满危机感的企业家。他的危机感，来自他强烈的生存意识。俗话说，哀兵必胜。张玉玺就是凭借着这种自我否定、低调和冷静以及超前意识，带领新发地人在自我完善、自我调整、自我优化中，整合出持续稳定发展的强大动力。

2004年12月5日，在中国农产品市场协会第四次全体理事会上，张玉玺就“关于农贸市场五大危机”这一主题，发表了非常有见地的演讲。他认为，虽说农产品市场不可能取消，但不等于你所在的市场不可能取消。万事万物都有它自身发展的规律。当前，农产品市场也到了发展的一个关键时刻，归纳起来，主要存在着五大发展危机：

“第一大发展危机：随着城市环境整治力度的加大，低档次的市场将不复存在。农产品市场大多设在城市市区。现在，随着这些地区社会发展及城市化进程的推进，低档次市场、露天市场和脏乱差市场就会被撤销。比如：北京市要求对集贸市场用2004至2006年这3年时间，进行集中治理整顿，2007年进行巩固，以便确保2008年顺利举办奥运会。由此来看，全国各地相关的市场进行整治也是大势所趋。

“第二大发展危机：市场投资主体多元化及外省市投资主体的相互渗透，市场的竞争在加强。前十几年办市场，大多属于政府行为，多数是国营集体企业承办。而现在，有个人投资和民营投资这个趋势。这个趋势，在农副产品市场行业不明显，在家具市场、小商品市场和服装市场已经形成一种新的潮流。今后，相信也会慢慢地进入农副产品市场行业中来。同时，来自国内跨地域同行业间的竞争日趋加剧，区域竞争的格局已初露端倪。

“第三大发展危机：外商的进入。对于外商的进入，有些市场有可能会面临着灭顶之灾。首先，我们在资金上根本无法与外商抗衡。举一个例子：中国连锁超市100强相加，2003年的营业额只有1000亿元人民币，但美国沃尔玛一家连锁公司，2003年的营业额就达到2189亿美元。也就是说，中国的100强相加，也不足美国一个公司的1／20。北京市最大的商业集团是王府井商业集团，该集团1992年成立以来，12年累计的营业额，也只有沃尔玛1年营业额的1／97，这是一个非常巨大的差距。现在，世界500强中的商业企业和连锁超市前10强，都已经进入中国内地，并且在全国各地主要消费城区扎下了根，这对我们自己领域的冲击越来越大。同时，在管理软件、管理模式、管理思维上，我们与国外企业相比都有明显的差距。

“第四大发展危机：随着人民生活水平的提高，对购物环境的要求越来越高。据观察来看，现在，我们农副产品的一些零售市场，每年消费者的数量正在逐年下降。为什么？因为现在市场如果没有空调、滚梯等较高档设施，一些年轻人或收入高一点的人，是不会进入这些低档次市场的。

“第五大发展危机：行业的信誉危机、诚信危机。随着人民生活品质日益提高，开始特别关注自己的健康。比如，每周食品质量报告等曝光的问题，时刻都在提示消费者注意食品有没有添加剂或防腐剂超标、蔬菜有没有农药残留等。由此，老百姓甚至发生了食品恐慌。而且，所有质量报告的最后，都建议消费者到大型商场和技术含量高的商场去购买商品，而不要到集贸市场上购买。这种宣传长期下去，会造成集贸市场的信誉危机。我们这个行业，特别是自己所在的市场，不管是“发展是硬道理”，还是“稳定求发展”，归根到底都离不开“诚信”二字。我们要有正确的价值观，要遵从社会的道德规范和商业伦理，始终把“诚信”二字放在突出位置，对农民负责，对消费者负责。没有这一条，什么市场都是不会持久的。没有诚信，萧条乃至关门是必然的结果。”

张玉玺说：“做企业、做商人都很难，就像打仗一样，只要活着就是成功。也就是说，从战场上回来的人，他就是成功的，不管他在战场上表现怎么样。商人也一样，你走上这条路的时候，就应该想到，百分之九十五的人已经倒下了，凭什么你就成为那幸运的百分之五？你要想成为这幸运的百分之五，你就要弄明白那些倒下的人犯了什么样错误，弄明白这些错误，你不要去碰，然后找好未来的规律。应该说，很多企业失败的原因基本上都差不多，只要把这些失败的东西总结好，克服好，你基本就成功了。”

在张玉玺看来，新发地市场不管是交易额、交易量方面，还是保证北京市的农产品供应方面，现在都已经到达天花板、达到顶峰。从大的环境来看，市场在萎缩。而且北京在疏解人口，北京人口在减少，交易额、交易量都在减少，无法再实现新的突破。虽然连续十几年，新发地市场交易额和销量都居于全国同行业榜首，但今后能不能在榜首还不好说。张玉玺说：“30 年之后新发地市场应该如何再往前走，如何跳过天花板，这就需要从另外的角度去考虑发展。如果安于现状，新发地市场就会停滞不前。毫无疑问，外省、市的地区领导都非常支持当地市场的发展，有的甚至还能辐射其他地区。外省、市的市场建好了，可能比新发地规模要大，交易额、交易量也比新发地要大，综合性也强于新发地。而且从北京的角度来讲，要实现再发展，要从精细发展、从食品安全角度来摆布。这个精细发展，就是如何往净菜、半成品菜的角度去发展，去保证老百姓的需求，把低端变高端。虽说农产品没有高低之分，但要从低附加值变成高附加值的角度去保证、去供应。同时，还要加入现代化的手段。要把市场的有些程序变成机械化，如机械化分拣，就会减少人力，进而减少市场的员工。市场发展，吸引人才为第一要务，缺乏人才，市场就很难发展。引进人才要善于抱团取暖，那些变相引进合作伙伴的公司联手合作，你给我干这一块，他帮我开发那一块，所有的人才都实现为我所用。这样，表面上看公司人才一直在减少，但为公司所用的人才越来越多，因为公司都充分地利用外部人才，这跟政府讲的购买服务是一样的。我们完全可以从通过购买服务的角度，去充实公司的人才队伍。再有就是在产地建设分市场、建设农产品基地，想让农民干，先让农民看，用新发地这个响当当的品牌，来带动全国农民走上富裕的道路。”

05
完善市场功能，布局大流通

为了切实搞好新发地市场的升级改造，张玉玺整日琢磨着应该怎样抓好细节问题。他详细研究了国外典型农产品批发市场的交易方式和功能，并将其归纳为东亚、北美和西欧三种模式。

东亚模式的主要特点是：农产品批发市场在鲜活农产品流通中发挥重要作用。在这种模式下，批发市场作为社会公益事业建设，政府统一规划，审批严格。行业协会在批发市场的运行中，扮演着极其重要的角色。有完善健全的批发市场法律法规作保障，实行严格的市场准入制度，高度重视食品安全管理。

北美模式的主要特点是：直销能力强。美国由过去占主导地位的城市终端批发市场流通模式，转变为以产地直销为主导的模式，鲜活农产品由批发市场渠道销售的比例不到 20%，而产地直销比例高达 80%。在此模式下，政府不参与农产品批发市场的建设，市场多由企业或私人投资兴建。政府通过制定法律法规和派出人员，对批发市场进行管理，监管体系健全合理、富有成效。场内交易以大批发商为主，经营规模较大。

西欧模式的主要特点是：批发市场和直销都很发达。既有像荷兰通过阿姆斯特丹的大型批发市场向世界销售花卉的模式，也有像家乐福、麦德龙等连锁超市经营集团建立统一购配中心，与产地实行直挂直销的模式。这种模式的鲜明特点：一是进行规范的全国联合拍卖；二是实行严格的市场准入制度；三是市场由农民或种植公司联合举办。

不同的模式，给张玉玺以不同的启示。当时，北京农产品流通主要面临三大问题：一是外部产地小规模分散生产、信息网络不发达问题。批发市场集聚买卖信息、货物，作为买卖双方谈判场所的传统功能优势使得它现阶段很难被替代。二是市场网络不发达问题。部分超市在一定程度上垄断了市场。尽管减少了交易环节，但也没有换来价格方面的实惠。三是外部货源组织渠道及经验、成本问题。北京虽然大力建设一批社区超市，但批发市场的出货量反而大增。

结合我国国情和北京市的现实条件，张玉玺综合分析了农产品批发市场的交易方式和功能的东亚模式、北美模式和西欧模式的优劣势，认为东亚模式需要很强的政府政策法规及管理配套，北美模式需要大规模的生产及发达的商业网络，而我国仍处在加强政府责任与依靠市场力量之间，因此，西欧模式对新发地市场升级改造具有较强的适用性和操作性。

在充分研究论证的基础上，张玉玺提出了新发地市场在升级改造的过程中，要重点培育和强化四大核心功能：

一是重点培育和强化民生保障功能。通过完善现代物流配送、检验检测、信息服务体系，确保首都农产品市场实现充足安全供应和价格基本稳定，更好地满足首都市民对农产品日益提高的消费需求；整治改造区域整体环境，减缓周边交通压力，营造城市休闲绿地，提升区域品位；推进社区直送便民服务，贴近消费终端，促进市民消费的便利性和价格合理性，打造首都“菜篮子”工程建设的领军企业。

二是重点培育和强化跨区整合功能。通过构建品牌联盟、产销联盟、购销联盟、资本联盟等跨区域产业资源整合方式，在全国范围内建立生产基地，拓展产地市场，构建农牧产品产销一体化格局，打造从种植养殖、加工运输到市场销售的全产业链，形成买全国卖全国的大流通格局，从而推动农业产业化、带动农民增收、解决农民就业、促进区域统筹，成为破解国家“三农”问题的改革探索者。

三是重点培育和强化高端集聚功能。借鉴北京农业总部经济发展的经验，发挥新发地市场的品牌、区位和规模优势，把引进优秀农业总部企业和壮大农业优势产业结合起来，优化产业集群，推动产业结构调整升级。农业总部经济就是众多农业企业将其总部活动在特定地区集中配置，通过自我强化效应而形成的集聚经济形态，是农业产业化的高级或升级形态。在推动产业结构调整升级的基础上，结合农产品信息服务、农业会展服务、农业科技服务、农业金融服务、农业人才服务以及商务服务、文化创意等高端服务业，吸引一批生产性和生活性服务业的国内外涉农总部企业跨区域发展，建设集农产品展贸、配送、综合服务、生态休闲、文化创意于一体的国际高端农产品物流总部集聚区。

四是重点培育和强化国际展贸功能。以国际电子商务中心为支点，发展远期合同交易、远程交易、信用交易、委托交易、电话交易、网上交易等多种形式并存的电子商务业务，配套建立内部电子化交易结算平台；借鉴农博会等会展经济运作模式，吸引国际知名贸易企业入驻，进行品牌推广、产品展示、专利技术推介、经贸洽谈，全力将新发地打造成“农产品的世界，世界的农产品”集散地和永不落幕的农博会。

在张玉玺的带领下，新发地市场遵循“内部升级与外部扩张并举、转移退出与改造升级同步、城市保障与改善民生并重”的原则，从而构筑了一个以销地市场为核心、产地市场为拓展、生产基地为支撑的首都农产品物流发展格局，建立了以全球农副产品基地和销地为节点的首都农产品安全供应链物流体系。

同时，新发地在北京建立了300个便民菜店，在500个小区建立了新发地直通车，极大地方便了社区居民，降低了农产品终端价格。对此，张玉玺说：“现在流行‘农超对接’，而新发地的便民菜店实际就是‘市超对接’，减少中间环节，保证菜价稳定。新发地市场还对菜店进行价格管理，每家店都会有一个价格牌，上面显示新发地价格、北京市平均价格和本店价格。菜店的价格会适当高于新发地价格，但绝对低于北京市的平均价格。”

06
增加设施，调控好市场供应

张玉玺始终以“服务百姓、服务首都、服务三农”为己任，坚持用道德标准和责任担当来建设管理市场，使新发地市场不仅成为带动中国农产品大流通的“绿色航母”，直接或间接带动近百万农民就业，更为首都的经济发展和繁荣稳定做出了巨大的贡献。

2012 年，正在加速推进升级改造工程的新发地市场，全年实现农产品交易量 1300 多万吨，交易额 440 多亿元，每天蔬菜和果品的最低成交量都超过 1.6 万吨。对此，张玉玺很是欣慰地说：“这两个 1.6 万吨，就是北京农产品供应的红绿指示灯。有这两个 1.6 万吨的保障，北京农产品供应就是绿灯。否则，就可能变成黄灯甚至红灯。”

2013 年 10 月，建筑面积为 15 万平方米的新发地国际水产城正式投入使用。为了让新建成的水产城得到充分的利用，新发地市场与海南、福建、浙江舟山以及泰国等海产品主产区签订了供销合同，以保证充足的货源。

同时，新发地市场12万吨冷库项目也在紧锣密鼓地加紧建设。张玉玺说：“12万吨冷库项目建成后，将确保极端天气条件下的农产品供应，并通过储藏手段，对猪肉、牛羊肉的价格进行调节。此外，新发地还将投资50亿元，兴建蔬菜交易楼和环球果品交易中心，达到与北京国际大都市的格局相匹配。”

在张玉玺看来，农副产品生产成本、运输成本以及社区菜市场逐年攀高的租金和菜贩在京生活成本的增加，使得农副产品的价格一路猛涨。而新发地市场兴建12万吨冷库、蔬菜交易楼、果品交易中心等重点项目，就是为了更好地破解蔬菜价格上涨问题。

当时，北京制冷学会的统计数字显示，北京市有冷库容量为68.5万吨。而新发地市场12万吨冷库项目建成投入使用后，北京的冷库容量实际增加了17.5%。12万吨冷库项目的最大作用，是提高了北京农产品供应的调控率。除了在大雪、大雾等极端天气下确保京城供应外，还可以起到平抑水产品和肉品价格的作用。张玉玺说：“该冷库将确保极端天气条件下农产品供应，并能通过储藏对猪肉、牛羊肉的价格进行调节。例如，在猪肉供应充足时，我们在冷库中储存一定量的猪肉。当供应趋紧、价格上扬时，我们再将储存的猪肉输向市场。这样，就可以有效地稳定猪肉价格。”

新发地市场在提高农产品调控率的同时，还非常重视提高叶菜的自给率。张玉玺说：“北京的农产品市场80%需要外埠供应，但油菜、菠菜、茴香等叶菜由于不适合长时间运输，必须要自给。从2014年的情况看，北京叶菜的供应量还不是十分稳定。北京应该开辟叶菜专用种植基地，鼓励菜农种植叶菜，并给予一定补贴。”

从2013年下半年开始，新发地市场开始加速建设“环北京农产品供应圈”，也称“环北京农产品供应护城河”，目的就是在环绕北京的周边农产品主产区，建成一个由销地市场、产地市场、生产基地共同构织的服务北京蔬菜供应的安全保障体系。令张玉玺感到振奋的是，北京市政府参资入股新发地，在资金和政策方面对新发地建设给予了极大支持。北京市政府的这一决策，无疑对发挥新发地的蔬菜流通功能起到了推动作用。

当时，首都北京80%以上的农产品靠外埠来供应，新发地市场每天的农产品来自全国各地，还有来自其他40个国家和地区的进口水果。对此，张玉玺认为，为保证首都农产品供应的安全，必须在提高“三率”上做好文章：“第一，要提高自给率。就是在北京市开辟新的生产基地，尽量提高首都农产品供应的自给率。第二，要提高可控率。就是在北京周边建立固定的生产基地。这样做，可以确保地虽然不是我们自己的，但种出的蔬菜和水果能够供应首都。第三，要提高调控率。为了提高调控率，新发地在全国建了约400万亩供应基地。”

提起农产品供应基地建设，张玉玺曾底气十足地说：“到2012年时，新发地在赤峰、高碑店、亳州、海口、兰考等10个地区先后建立自己的产地市场。每逢冬季，新发地在越南、缅甸以及我国海南省总计种植了几十万亩的西瓜，确保首都市场的冬季西瓜供应。经过多年不懈努力，新发地的基地和产地市场不断得到发展和巩固，全国保障首都农产品供应网络已经形成，并初见成效。”

第六章

服务客户，市场繁荣畅流通

01
市场发展，首先要让客户发财

从地理位置上讲，新发地市场无疑有着得天独厚的优势。但由于建设起步较晚，当初在规模上，与北京的大钟寺市场、岳各庄市场有着明显的差距。每天，看着来往于大钟寺市场和岳各庄市场的一辆辆货车从家门前驶过，张玉玺的心里非常着急。怎么才能让这些货车开进新发地，张玉玺确实动了不少脑筋。他知道，做农产品这一行，无论是卖水果，还是卖菜，都必须有大户的支撑。只要引来大户，就不愁进来小户。他说："冬季，西瓜是新发地的缺口，而夏天，西瓜就不成问题。夏天的西瓜，最旺的时候，市场的存量在800多万公斤，但是冬天的西瓜，市场内却寥寥无几。市场内有好多小客户，要到四道口去运，然后到新发地来卖。从2000年开始，我就研究到底谁是北京冬季运西瓜的大户。后来，我打听清楚了，是舒家的哥七个。他们是佳木斯人，是垄断北京冬天运西瓜的核心大户。经人介绍，我有幸认识了舒老七，他的真实名字叫舒景宝。于是，我就把他请到了新发地。”

经过一番交谈，舒家兄弟很快来到新发地落户。之后，他们不仅是新发地市场西瓜经营的大户，就是整个北京市，他们的反季节西瓜的销售量也是首屈一指。让他们来新发地做生意，张玉玺确实费了一番周折。

张玉玺请舒景宝吃饭，跟他聊天，探讨如何保证新发地冬天市场的西瓜供应。舒景宝说，他确实想进入新发地市场，但搞西瓜有风险，提出进新发地市场需要张玉玺答应他一个条件。张玉玺问什么条件，舒景宝说，你得保证我在新发地市场的核心地段有一个位置。张玉玺听了，毫不犹豫地答应了他提出的条件。为了让舒家兄弟早日进入新发地，张玉玺亲自来到水果市场，在最核心的地段为他们腾出了 23 个车位。

后来，西瓜大户舒景全说：“我在没见张玉玺的面之前，总感觉他这么一个有权力的人不好接触。可我跟他一接触，就感到他这人非常朴实。他这么大的一个经理，骑着一辆自行车亲自来看我的车位，我十分高兴。所以，我在做西瓜代理这方面的客户逐年增加，最高峰每天可以销售 35 车西瓜。”

要想让市场得以发展，首先要做到让客户发财。张玉玺说：“要想把新发地这个市场搞好，必须经过几年乃至十几年的不懈努力。只有经过多年的市场培育，才能培养出一批又一批的百万富翁来。富翁多起来，这才能说明你的市场搞好了。搞市场吸引客户的一条重要经验是：请不来，叫不来，赚钱准来；轰不走，打不走，赔钱准走。”

然而，这么多大客户云集在新发地，手里的货实现快速脱手，最终获利，确实是一件不容易的事情。张玉玺说：“市场一定要商贾云集，想买就能买得着，想卖就能卖得掉。买卖平衡了，市场才能发展。辣椒、茄子这些蔬菜容不得时间，说烂就烂了。每天几十万吨的农产品，如果只靠小商贩和机关单位来完成销售，那是不行的。”

早在2001年，新发地就筹建了一个农产品配送中心，以此来吸引大客户。配送中心建成后，全国各地的配送公司果然蜂拥而至，前来寻求加盟合作。面对大量参差不齐的加盟客户，张玉玺沉着应对。他马上召集新发地市场领导层进行集体研究，决定在配送中心的房租上做文章，实际就是大幅度提高房租的额度，以此来控制加盟客户的数量和质量。

所有的加盟客户确定完后，张玉玺把所有的客户都招集过来，向他们宣布，配送中心的房租由招标时的10万元，降到5万元，一次性让利50%。结果，加盟的客户都感到特别意外，从心里感激张玉玺。2003年，新发地市场一共有大大小小共97家配送公司，其中大户有31家。就是这31家大户，全年就在新发地配送销售蔬菜和水果120万吨，占市场总交易量的近1／4，真正起到了销售主渠道作用。

张玉玺认为，农产品市场不像其他生产企业，有自己的主打产品和拳头产品。新发地市场靠什么树立企业形象？靠什么留住客户？最根本的就靠两个字：服务。什么叫作市场？有买有卖、商贾云集才叫市场。商贾是否云集，是否离去，其内在规律就是“请不来、叫不来，赚钱准来；轰不走、打不走，赔钱准走”。由此，新发地市场一直遵循“让客户发财，求市场发展”的经营理念。

20世纪90年代初，张玉玺刚刚提出“让客户发财，求市场发展”这个经营理念时，许多人听起来都感觉不顺耳，认为张玉玺的提法与社会大潮流背道而驰，普遍对他的说法和做法持怀疑态度，但张玉玺丝毫没有动摇这个理念。他觉得，一个市场能不能搞好，关键要看这个市场有没有人气和商机，能不能对客户有强大的吸引力。对客户来讲，一个市场最大的吸引力，就在于安全、快速、稳妥地赚到钱。新发地市场要想发展壮大，就必须要树立客户至上的观念。农产品市场属于第三产业，是服务行业。而做服务行业要想抓住客户的心，必须要树立起顾客至上的主导观念。张玉玺说：“首先，要认识到客户是决定市场生存与发展的主体。市场的利润，主要来自客户的管理费和租金。从利益上讲，市场与客户是一个相生相依的共同体，‘让客户发财’‘求市场发展’之间也是相辅相成，客户越多，市场的利润也就越大。在新发地，只有客户有需求，市场才会有工作。新发地市场要做到真心实意地尊重客户，全体员工都要时刻牢记是谁给了我们这份工作，是谁给我们发工资，是谁不管寒冬酷暑不远千里来给我们送钱。在新发地市场，最可爱的人就是这些成千上万的客户。爱护客户，就要铭记这么一句哲言：‘当你把周围的人都看成天使的时候，你已经进入了天堂；当你把周围的人都看成魔鬼的时候，你已经下了地狱。’”

张玉玺说：“农产品市场的服务是全方位的，第一个要素是规范服务；第二个要素是情感服务；第三个要素是惊喜服务。如果新发地市场把全方位的服务做好了，市场就会一年迈上一个新台阶。就花费的劳动力代价而言，规范服务要花70%的劳力，情感服务要花20%的劳力，惊喜服务只要花10%的劳力就可以了。农产品批发市场的规范服务，重点体现在对客户的服务设施和服务流程，如市场内的道路、停车场、交易大棚、交易大厅、档口摊位、地磅等设施，还有一些现代化的设施，如电子结算、电视监控、电子显示屏等。规范的服务，涉及客户的吃、住、行等方方面面。客户到市场来的主要目的，是把产品转换成商品，把劳动成果转换成经济，更直白地讲，就是通过市场把自己的农产品变成真金白银，装在兜里拿回家。每一个客户来市场交易的过程，就是我们服务的过程。一次满意的交易活动，就是一次规范的服务流程。”

02
赢得客户，增强市场吸引力

在张玉玺看来，赢得了顾客，也就把握了市场发展的主动权，也就增强了市场的吸引力。他说，在市场的经营管理中，新发地全体员工努力做好三个方面的服务，形成了与广大客户同呼吸共命运的经营管理格局。

一是为客户提供宽敞舒适的经营环境。新发地市场的发展历程，无疑是硬件设施不断升级改造的历程。市场由最初占地 15 亩，到占地 1680 亩；设施由最初用铁丝网围起来的简陋交易设施，到现代化的交易大厅、进口水果专销冷库群、国际物流区、国内一流的检测设备、完备的办公大楼；等等。所有这些，都为客户提供了良好的经营环境。

二是为客户提供安全放心的交易环境。市场治安状况的好与差，与市场发展速度和质量成正比。治安状况越好，市场发展越好；反之，市场的治安状况，就会严重阻碍市场的发展。尤其是作为市场的一把手，只有顶得住来自方方面面的压力，为客户撑起一片安全的天空，客户才能真正在这里安心经营，实现发展壮大的愿望。

三是为客户提供安居乐业的拴心环境。中国有句古话叫作“安居乐业”。意思是只有安居下来，才能实现乐业。为了能够让长年奋战在农产品交易一线的客户及其家人老有所养，幼有所教，贫有所依，难有所助，新发地市场一方面开发了一些房地产，让买得起房的客户就地安家；另一方面投资近亿元，为那些买不起房的客户兴建了1000多套廉租房，给他们建立了经营者乐园。为了满足客户孩子上学的需求，新发地先后在市场周围兴建了4所能同时容纳近千名幼儿的幼儿园，并与有关部门协商，促成新发地小学优先招收新发地市场客户的孩子入学。

随着市场的不断发展壮大，新发地的固定客户已有近万人，流动客户更是在三四万人。这其中，有近200人是来自全国各地的共产党员。由于他们长期在新发地流动经商，无法在原单位或者原地区过稳定的组织生活。了解到这一情况后，张玉玺责成专人向上级党委反映，提出了不能让长期在市场内经商的外地党员成为“流浪党”和“地下党”，应及早给他们找一个真正的“家”的建议。在上级党委的支持下，新发地市场于2006年1月12日率先在全国农产品市场中成立第一个流动党支部，并出台了凡是在新发地市场经商的共产党员，一律减免房租费、摊位费10%的优惠政策，还要求他们一方面亮明身份，凝聚干劲；一方面增强社会责任感，为确保农产品质量安全可靠起到表率作用。同时，新发地市场还成立了职工之家、流动共青团组织、流动妇女之家等组织，丰富了客户的组织生活。

在情感服务方面，新发地市场做了许多实事。一位客户的车不小心翻了，菜撒了一地，市场的员工都主动上前帮着客户捡菜，并说几句暖心窝子的话。每当客户遇到实际困难时，市场员工总能及时出面，帮助客户协调解决，让市场真正成为客户的“靠山”，市场员工真正成为客户的“娘家人”。逢年过节时，市场员工主动给客户送祝福贺卡，发祝福短信。这些，对客户来说都是一种情感投资，而且是一种成本非常低、隐性回报率非常高的投资。新发地员工用他们的真情，感动了客户、赢得了客户，使广大客户能安心经营，经营规模越做越大。

张玉玺积极倡导惊喜服务。他说：“对于客户来说，惊喜服务就是一种意想不到的服务，也是一种令客户内心震撼、刻骨铭心、一辈子都难以忘记的服务。”有的客户病了，市场的领导和员工能够像亲人一样，及时把他送到医院。有的客户急需资金，市场的领导和员工能够毫不犹豫地掏腰包垫付，甚至不考虑客户能不能偿还。深冬的季节，夜间滴水成冰之时，市场里有的客户因穿得太少冷得直打哆嗦，市场的领导和员工就把自己身上的棉衣脱下来，让给客户穿，把温暖送给客户。有的客户遭遇车祸，市场的领导和员工主动出面帮助当事人跑保险，帮助妥善处理善后事宜。

所有这些，都是在客户想不到的情况下做到的，大多出乎客户的意料。这种服务，往往在客户的内心深处留下无尽的感动。正是因为大批的客户被感动，才最终让新发地市场变成了一个大磁场，具有强大的凝聚力和吸引力。

新发地市场的员工，都知道服务要达到一个标准，就是服务成功，而不能服务失败。有回头客的服务就是服务成功，没有回头客的服务就是服务失败。有回头客的市场就是成功的市场，而没有回头客的市场就是失败的市场。

张玉玺说：“全国农产品批发市场这个‘蛋糕’已经形成，市场的发展已从量的发展阶段转向质的阶段发展。市场的竞争，无疑就是客户的竞争，谁能抓住和稳定了客户，谁的市场就能发展。客户是市场的衣食父母，客户决定着市场的兴衰。”

03
“非典”来袭时，体现大担当

张玉玺说：“每一次遇到问题，都并没有现成的解决方案。一切的一切，只能依靠自身的力量去判断、去决策、去着手解决，有时候甚至是一场豪赌。因此，企业家要依靠自身的沉着冷静，再凭借一点点运气，运用平时积累的经验，努力化险为夷，这是最考验创业者胆识的时刻。其实，哪里有什么现成的经验和方法，还不是靠平时积累的经验、受过的挫折来分析处理，从而不重蹈覆辙。”

在平常时期，新发地市场是首都人民的大“菜篮子”、大“果盘子”，在保障市民的供应方面，做出了巨大贡献。在特殊时期和关键时刻，新发地市场又是社会稳定和食品安全的巨大保障。

2003 年 4 月，肆虐的“非典”疫情，给初春的首都北京蒙上了一层厚厚的阴影。受恐慌心理的影响，4 月 23 日下午，北京城出现了市民集中大批量采购生活必需品的现象，造成了物价的急剧上涨。鸡蛋上午价格是1.9元/斤，下午就上涨到了4.0元/斤；白萝卜上午价格是0.5元/斤，下午迅速上涨到了2.8元/斤……土豆、冬瓜、圆白菜等品种，都大幅度涨价。机关团体也参与到大批量采购当中，大有要将市场买空的阵势。一时间，传染病房告急，日用品紧缺，蔬菜供不应求，抢购风愈演愈烈，整个北京城经受着一场空前严峻的考验。

在这个关键时刻，张玉玺倍感自己及新发地市场责任的重大。他针对“非典”肆虐的状况，组织新发地市场全体员工和广大客户紧急行动起来。一方面，针对新发地市场每天3万人的客流量，采取严防严控措施；另一方面，市场作为北京市民的“菜篮子”和“果盘子”，要全力保障农产品供应。张玉玺说：“平常，新发地市场是首都人民的大‘菜篮子’，非常时期更要保障供应，发挥大‘菜篮子’的作用。只有这样，才能无愧于党，无愧于人民，无愧于大‘菜篮子’这一光荣的冠名。”

在那些日子里，张玉玺每天都吃住在新发地市场内，全力以赴地组织货源，并以党性原则向上级组织作出承诺，即使付出生命代价，也要保证首都北京的农产品供应。

为了遏制因抢购风带来的农产品价格迅速上涨势头，张玉玺一方面迅速组织100多家运销大户，号召他们积极通过各自的客户网络多方组织货源；另一方面，向有场地挂钩协议的200多家外埠蔬菜生产基地发出求援信号，果断打破常规，宣布降低50%的市场管理费，并呼吁行业协会组织会员运菜进京。由于及时采取有效的措施，多措并举，使大批无公害农产品从全国各地源源不断地运到北京，仅在30个小时之内，就迅速平息了一场爆发性的市场价格波动，一举稳定了市场，稳定了民心，确保了非常时期首都市民的“菜篮子”供应。

当回忆起那一场防控“非典”战斗，张玉玺感慨万千地说：“其实，我当时所面临的最大压力，是如何保证整个批发市场人员的身体健康。批发市场人流量大，人员来往密集，传染性非常强。这里只要出现一例‘非典’患者甚至是疑似病例，整个市场就会乱了。而市场乱了，首都北京就会面临危机。”

当时，为了防止意外出现，保证市场的正常运转，新发地市场的管理班子分成两套人马轮番值班，所有成员都要坚守岗位，做到‘非典’期间不回家，两套班子之间只打电话，不许见面。这么做的用意在于，万一有一套班子倒下了，还有另一套班子能够带领新发地市场正常运转。张玉玺的脑海里只有一个信念：一定要保证北京市蔬菜和水果的供应。

在那段特殊的时期，张玉玺感到最首要的问题，就是不能在新发地内部造成恐慌。当时，“发烧”一词简直成了恐惧的代名词，对于偌大的一个农产品交易市场来说，要想在相对较长的一段时期内不出现发烧病人，简直是痴人说梦。如果发现发烧的病人不报告，出事时就要承担一切责任。但是，市场不同于别的部门，简单的报告就会造成不必要的恐慌。因为上级一旦接到报告，120救护车就会鸣笛进入市场，人群可能就会“哗”地散了，北京的农产品供应就无法保证了。在这一点上，张玉玺可谓左右为难。但他的脑海里只有一个信念：一定要保证北京市蔬菜和水果的供应。为了保证新发地市场的正常运转，张玉玺一个人扛下了所有的责任和重担。作为一个决策者，作决定很多时候都要面临艰难的处境，但是决策者必须当机立断，正如本·霍洛维茨在《创业维艰》里说的那样："那些看似微不足道的踌躇和犹豫，可能会造成致命的延误，我承担不起任何犹豫不决。"

当时，新发地市场所采取的措施，就是遇事先不报告。为了让客户和顾客有一个安心的买卖环境，张玉玺在新发地市场内建起了隔离区。市场找了一辆专车，雇了专职司机，司机穿上防护服，发现有发烧病人，专人专车立即拉到医院。假如这个人真的被确诊，这个车就马上隔离，用药水泡起来。

为了让客户安心经营下去，新发地市场免除了摊位费、进场费和房费。张玉玺经常找客户交流，鼓励他们坚持下来。

2003 年的 4 月 26 日，张玉玺一大早巡查市场时，发现市场内的车辆少得明显。他来不及多想，就马上叫上相关同事，开车往南驶去。张玉玺一行来到河北省固安县城边时，发现京开路被封，公路上摆着沙袋子，北京的车辆不许出去，外地的车辆也不许进来。看到眼前一辆辆停靠在路边的货运车，张玉玺感觉到了事情的严重性。他马上拨通了北京市政府的电话。北京市政府又立即将此事反映到了国务院。国务院作出指示，交通于当天下午 1 点得到了恢复，许多货运车开进了新发地市场。

在"非典"期间，新发地市场共发现了 11 个"发烧"病人。每发现一个，张玉玺都要面对面地亲自了解情况。所幸的是，由于防控得当，这 11 个人中，没有一个是"非典"病人，也没有一个疑似病人。危难关头，张玉玺把自己的安危早已置之度外，他对生命的理解恰如古人所言："天地赋命，生必有死。""草木春秋，亦枯亦荣。"

顶着巨大的压力，张玉玺认真安排、周密部署，投入大量的人力、物力和财力，用于防治"非典"，使新发地市场这么一个人流量大、来自区域广的大市场，在"非典"期间未出现一例"非典"病人和疑似病人，为整个北京取得防治"非典"战斗的胜利，做出了非常大的贡献。后来，新发地农产品批发市场被评为"首都防治非典型肺炎先进单位"，张玉玺被中共北京市委授予"北京市防治非典型肺炎工作优秀共产党员"荣誉称号。张玉玺在抗击"非典"期间的先进事迹，被制作成专题电视节目在北京电视台播出，引起首都各界的强烈反响。

"祸兮福所倚"。这次防治"非典"战斗，让张玉玺体会良多。虽然事情得到圆满解决，"非典"期间新发地市场很好地保证了首都的农产品供应，但从问题的背后，张玉玺还是意到了危机所在。"非典"疫情就像一条导火索，让他对新发地市场的发展，有了崭新认识和更深层次的思考。张玉玺说："北京农产品供给的自给率为20%，剩余的80%都要依靠全国和世界各地来供应。如果我们没有自己的农产品基地，就总要寻求他人的帮助，这不是可持续发展之路。"

于是，"非典"结束后，张玉玺又开始了一项新的工作——到全国各地考察农产品。如果发现哪一种农产品的品质过硬，他就会在当地建立隶属于新发地的生产基地。张玉玺说："只有这样，我们才能从源头上保障市场的农产品供应，不用再依靠和寻求他人的帮助。”

“非典”结束后，张玉玺跑遍了全国1000多个县市，建立了400多万亩的新发地直属农产品基地。正是这些农产品基地的建立，保证了首都北京在任何时候都不会有“断粮”现象的发生。为此，张玉玺说：“无论是新中国成立60周年大庆，还是2012年北京‘7·21’大雨，还有2015年的‘9·3’大阅兵，新发地市场的农产品供应，都做到了完美无缺，实现了最有力的后勤保障。”

04 方便客户，架起一座畅通的桥梁

2014 年 5 月，在新发地市场创建 26 年周年之际，曾担任过北京市丰台区花乡党委书记的李新民在评价新发地市场和张玉玺时说：“新发地市场和张玉玺本人，在市民的菜篮子和农民的菜园子之间，架起了一道畅通的桥梁。”

经过不懈的努力，张玉玺不仅把新发地市场做成了行业龙头企业，自己也成长为全国知名的农产品流通专家。

在亚洲博鳌论坛 2013 年年会上，张玉玺将新中国的农产品流通历程分为三个阶段。第一个阶段是从 1949 年至 1978 年，这个无论农产品数量还是品种都很稀少的时段，被称为短缺阶段，农产品生产严重供不应求，丰产即丰收。北京人在冬季就吃三种蔬菜：大白菜、土豆和萝卜，种什么就吃什么。第二个阶段是从 1978 年至 2005 年，这一因经济体制改变而带来的蔬菜种植面积大幅提高

和市场大量诞生的阶段，被称为发展阶段，这个阶段是农产品的量的飞跃阶段。在这个阶段，物产极大丰富，产销关系是“总量平衡，丰年有余”。这个阶段有三个特点：把土地分田到户；农民种地不交税了；种植有补贴。当时的农民，什么都种，玉米、小麦，水稻，我都种过。1978 年，《人民日报》发表的一篇文章说：“浙江推广三季水稻：三三进九不如二五一十。”就是说，每年收三茬儿水稻，亩产 300 斤，加起来是 900 斤。不如每年种两茬儿，亩产 500 斤，加起来是 1000 斤。这就是 1978 年我们的产量，但是现在不一样。第三个阶段是从 2005 年到现在，并且还会持续一段时间。因蔬菜种植面积和产量大幅提升，出现了卖出去比种出来还要难的时段，我们称为流通阶段。为什么叫流通阶段，我们突然间发现，农产品丰产不一定丰收，农民勤劳也不一定致富了，关键是卖比种重要得多了，没有种不出来的农产品，只有卖不出去的农产品。有时还会出现“产量越高，收入越低”的困局。中国的农业大学，光讲种植不讲流通。我们有很多的农业专家，但是没有流通专家。2009 年以前，我们历年的中央一号文件从来不讲流通。我认为，不关心流通的农业是不完整的农业。去年中央一号文件和党的十八大报告里都重点讲了农业供给侧改革。农业供给侧改革的目的，其实就是为了解决产能过剩问题。中央一号文件还有一个作用，就是倒逼中国农产品供给的发展，往第四个阶段转变，叫中国农产品“质的飞跃”阶段。

踏着时代变迁的节律一路走来，张玉玺从短缺阶段的旁观者、发展阶段的参与者到成为过剩阶段的引领者，他所经历的一切都充满励志色彩。

当与共和国同龄的张玉玺回顾起新发地所走过的发展历程时，内心百感交集。新发地市场虽然耗尽了他大半生的心血和精力，但他始终无怨无悔。新发地市场当初从“15个人，15亩地，15万元”艰难起步，到后来交易额、交易量一直蝉联全国农产品市场第一名，并实现了“内升外扩，转型升级”的大飞跃，其中的点点滴滴，无不饱含着张玉玺与新发地人的辛勤汗水和聪明智慧。张玉玺相信，只要新发地人继续同舟共济，新发地市场一定会越来越好，成为一个百年老字号市场。

新发地市场的繁荣与发展，不仅带动了周边区域的发展，搞活了首都城乡经济，加速了中国农业产业化进程，更是培育出了一大批完全能够适应市场经济规律的新型农民。通过这些新型农民的示范作用，成功带动了千百万农民走上了发家致富奔小康的道路。

作为新发地市场的董事长和中国农产品市场协会会长，张玉玺不仅一手谋划了一个市场的发展与壮大，更是领航了全国农产品市场的前进与发展。中国农产品市场协会旗下，拥有600多个农产品批发市场会员单位，几乎遍布全国城乡。这么多的农产品市场，一头连着菜园子，一头连着菜篮子；一头服务农民，一头服务市民，为中国农产品流通体系和城乡菜篮子工程建设，做出了巨大的贡献。

2008年，新发地市场在确保农产品供应上先后经受了两次巨大考验。

第一次是2008年年初，我国南方部分省份发生了严重的冰雪灾害。海南、广东、四川、福建、浙江、江苏等地来京的运菜车明显减少，北京市场的蔬菜价格迅速上涨。张玉玺连夜召开会议，提出了“众志成城、抗冻救灾、减免费用、平抑物价、保证供应”的要求，并随即采取有效措施，对进入市场交易的所有车辆免收全部管理费用，及时同其他省市的兄弟市场和生产基地协调联系，调配货源。张玉玺在严寒中拖着病体，亲自到进京要道上查看农产品运输情况，千方百计确保北京农产品供给不脱销、不断档。

第二次是 2008 年 7 月，北京奥运会、残奥会即将开幕之时。张玉玺站在誓言要助力首都成功举办奥运会的高度，充分认识做好农产品市场供应、稳定市场价格的重要性。保障农产品市场供应，是做好奥运筹办工作的重要条件。经过不懈努力，奥运期间，首都农产品市场供应良好、市场稳定，不仅践行了绿色奥运、科技奥运和人文奥运的三大理念，而且实现了“让国际社会满意、让各国运动员满意、让人民群众满意”的最终目标。

针对奥运会期间的农产品供应，新发地市场免收客户的肉、蛋、蔬菜等进场交易费，大力宣传农产品运输车辆进京不受限制的相关规定。市场设立了奥运果品专卖区，有上百种获奖果品上市，并实行 24 小时供应。这些果品，都是由特定的生产基地，在科学严格的质量管理体系下，精心培育而成的，并通过了绿色食品和有机食品认证。

新发地积极从外埠无公害蔬菜生产基地组织货源，动员客户以最快速度，将市场紧缺的蔬菜运往北京。张玉玺亲赴山西、河北等夏菜主产区，多方联系货源。他还率领规模较大的 12 家蔬菜瓜果行业的企业家，专程赶赴甘肃省武威市，签订了数量 1 万余吨、价值近2000万元的蔬菜瓜果供应合同。这些蔬菜瓜果运抵北京后，其中的一部分专供奥运会期间各国的体育健儿。

张玉玺带来领着新发地人，在确保“菜园子”和“菜篮子”之间的畅通中，架起了一道坚不可摧的桥梁。

第七章

农民情结，群众利益至高无上

01
出任书记，是信任更是责任

2004年3月，在新发地村党总支换届选举大会上，张玉玺首次当选为新发地村党总支书记。而在此前的1987年8月、1990年12月、1994年1月、1996年12月、1999年12月，张玉玺连续5次当选为新发地村党总支委员；2001年3月，张玉玺当选为新发地村党总支副书记。

2007年4月，经北京市丰台区委批准，新发地村党总支改建为新发地村党委。当时，新发地村共有党员156名。在同月召开的新发地村党员选举大会上，张玉玺等7人当选为新发地村党委委员，张玉玺任党委书记。2010年1月和2013年1月，张玉玺又连续两次在新发地党委换届选举大会上，当选为新发地村党委委员，并任党委书记。2015年11月，因年龄原因，张玉玺辞去新发地村党委书记职务。

2004年3月至2015年11月，张玉玺在新发地村担任了整整12年党委书记，连任四届。此间，张玉玺一肩挑着新发地农产品批发市场发展的重担，一肩挑着新发地村集体经济发展的重担，兢兢业业、不辞劳苦地工作着，实现了新发地市场与新发地村集体经济的共同发展，相互促进，进而带领广大农民走上共同富裕之路。

在张玉玺看来，广大农民要想走上共同富裕之路，必须有一个好的村级领导班子。判断一个村级领导班子的好与坏，关键看三条标准：第一条，看这个村的集体经济是否逐年上升；第二条，看村民是否安居乐业；第三条，看村干部自身是否走得正、行得端，既干活，又干净。

经过多年的发展和积累，新发地已经成为北京郊区富民强村的典型范例。作为北京城南地区人流、物流、信息流、资金流的中心，新发地村依托新发地农产品批发市场的巨大优势，先后开办了汉龙货运中心、民用建材交易市场、长途客运站、京新酒店等30个经济实体。

集体经济壮大了，村民们的居住环境、生活水平和福利待遇也逐年提高。新发地村兴建了环境优美的海子公园，建成了现代化的新发地小学。

农村最大的事情是就业与养老问题。为了解决村民的就业问题，新发地村成立了“劳动力就业办公室”，专门解决村民的就业问题。张玉玺向村民作出一个承诺：“本村劳动力，不挑不拣10天就业。”2017年，全村2496名劳动力中，有1634名在村办企业上班，占65.5%。同时，村里制定出台了自谋职业鼓励政策：凡是新发地村村民自谋职业的，村里为每人每月补贴300元。后来，这条政策又改为：30岁以下自谋职业的，村里为每人每月补贴500元，而且不影响本人在村里享受的医疗保险和退休养老金的待遇；31岁至40岁自谋职业的，村里为每人每月补贴1000元。40岁以上自谋职业的，村里为每人每月补贴2000元。已经退休的职工，平均每月能拿到近千元的退休金，最高退休金每月1500多元。

同时，新发地村实施的大拆迁、大回迁工程，给新发地村村民送上了最大的福利。新发地村执行的回迁标准是每人63平方米，比北京市规定的标准多出13平方米。村里投资23亿元用于住宅小区建设，现代化的住宅小区在绿色的掩映下独具魅力，村民全部搬进了漂亮舒适的新楼房。

村里经济的蒸蒸日上，确保了村民生活的老有所养，幼有所教，广大村民的生活过得有滋有味。由此，新发地村被北京市丰台区评为了“文明先进村”和“经济十强村”。

张玉玺的又一杰作，就是走进新发地村，到处都是郁郁葱葱的树木。新发地几乎无处不见绿，工作和生活环境得到了改善，而且还为新发地建起了永久的“绿色银行”，给人们种下了致富的希望。

在张玉玺的带领下，新发地村经济收入逐年增长，村民就业率超过95%。天伦锦城小区、期颐百年小区等一栋栋大楼拔地而起，小学、幼儿园、海子公园、绿色有机垃圾处理场等一个个人性化的便民场所相继建成。新发地村的楼高了，路宽了，环境美了，村民都乐了。

从1976年复员返乡以来，张玉玺一直在新发地村工作，自然遇到了许多托关系、走人情的事情，但他在各种诱惑面前，经受住了欲望与灵魂的考验，舍弃了许多爱好甚至改变了平常的生活习惯。由于接触的人比较多，也很复杂，有一些人总想采取各种手段贿赂张玉玺，以求获取一些不正当的利益。但这些人不管采取什么样的非常手段，也丝毫没打动张玉玺。

张玉玺不抽烟，不喝酒，也不打麻将。他觉得，作为一个共产党员特别是领导干部，一言一行、一举一动，都会对周围的人产生很大的影响。领导干部的爱好往往会被一些别有用心的人利用，爱好往往会成为一个人的致命弱点。

张玉玺这一生虽然没有受过高等教育，不会讲深奥的道理，但他认准一个理："发展集体经济是硬道理，提高村民生活水平是最硬的道理。如果当了十几年甚至几十年的村干部，集体经济没有发展，村民生活水平没有提高，就什么道理也没有，就只能说是一个不合格的村干部。"

作为新发地村的党委书记，张玉玺始终坚定这样一个信念："做人一辈子，做官一阵子。"他说："当领导不为人民谋利益、创造财富，不能为群众带来实惠，这个官其实就当得很不称职。在新的环境、新的条件下，作为一名村干部，除了勤勤恳恳地当好人民群众的公仆外，还应增强防腐拒变和抵御外界诱惑的能力。只有始终保持自身的纯洁无瑕，才会赢得群众的信任。"

02
群众的利益必须放在首位

作为一名北京市和丰台区的人大代表，同时又是一名基层村的党委书记，张玉玺在做好本村工作、关注本地区发展和村域建设的同时，还认真履行一名市、区人大代表的神圣职责。1994 年，京开路转成高速路后，随着新发地市场的快速发展，京开路出入口交通拥堵的问题逐年凸显出来。2003 年，张玉玺当选为北京市丰台区人大代表后，积极向市政府反映情况，促成了新发地京开路两侧各开了一个出口。

从 2001 年 3 月到 2007 年 4 月，张玉玺脚踏实地地工作，获得了一项又一项荣誉："全国农村'优秀村官'""中国优秀诚信经营企业家""首届中国农产品市场建设特别功勋人物"；2003 年，被评为北京市"优秀共产党员"；2005 年，继 2000 年之后，第二次被评为北京市"劳动模范"；2007 年，被推选为北京市人大代表。张玉玺说："这些荣誉，对我来说不仅是莫大的鼓舞，同时更是一种鞭策，它时时刻刻提醒着我：为人民、为社会做贡献，是我一生一世义不容辞的责任。"

张玉玺当选北京市人大代表后，通过几年坚持不懈的努力，于2011年促成了京开路新发地路段又增开了两个入口，从而有效地缓解了新发地市场周边的交通拥堵问题。

张玉玺总是提醒自己，要时时刻刻把人民群众的利益放在首位。他常告诫自己，只有心中时时刻刻装着群众，群众才会拥护你，才会相信你。

2007年1月30日，在北京人民大会堂举行的"2006年度中国农村新闻人物"揭晓座谈会上，当选为"年度中国农村新闻人物"的张玉玺深情地表达了自己的"四感"之情，充分体现了张玉玺的朴实情怀和高尚品格。

在农产品批发行业讨生活，确实不是一件容易的事情。那些做农产品运销的农民，常常要承担很大的风险，而最常见的症结就是"丢货"。新发地市场创建初期，很多运销户雇用停放在市场内的运输车帮他们拉货，而且都是事先支付了一笔运输费。但一些不地道的运输车主拿了货主的预付款后，竟在半路把货拉走偷卖掉。由于运输合同不规范，加之地方保护主义严重，很多农民的货即使被中途拉丢了，也根本找不回来。

但这样的事情如果让张玉玺知道了，是非管不可的。2006年年初，一位海南客商雇了某省的一个运输户帮他拉货，结果运费付了，货却被这个运输户拉走私卖了。那位海南客商找到运输户所在的当地政府，可根本没人理睬，急得他满嘴起泡。无奈之下，他便抱着试试看的想法找到了张玉玺的办公室。

张玉玺了解了情况后，立即以中国农产品市场协会会长的名义找到了当地政府。经过多方努力，最终把海南客商的货物钱要了回来。这件事给了张玉玺很大的震撼，他深有感触地说："我国大部分农民都属于弱势群体，只有把他们有效地组织起来，才能更好地维护自己的权益。"

农民是大众的衣食父母，客户是市场的衣食父母，为农民和客户服务，是天经地义的事情。在为农民服务方面，张玉玺并不只限于和市场有关的客户，只要条件允许，他就尽自己最大的能力，为更多的农民谋福利。新发地人都知道，张玉玺爱客户胜过爱他自己。每年家家团圆吃年夜饭的时候，他都在市场挨家挨户地为留在市场的客户送去过年的饺子，而且年年做到如此。他在市场为外地经营者打造了可为上千户经营者居住的专门小区，每户只要出很少的成本租金，就能住上设施齐全的两居室，被大家称为"经营者乐园"。

03 倾力打造百万富翁孵化地

随着新发地市场规模的逐渐壮大，市场的声誉也越来越高。但最让张玉玺感到骄傲的是，新发地市场被誉为“百万富翁的孵化地”。

张玉玺是地地道道的农民出身，种过菜，也卖过菜。他深知农民生活的辛苦，明白农民进入市场的艰难。他知道，在新发地市场经商的客户，几乎都是农民出身。为客户提供周到良好的服务，既是市场自身发展的需要，也是一个企业理应承担的社会责任。通过建立市场来带动千百万农民致富，尤其是成批量地打造百万富翁，是让张玉玺感到无上自豪的事情。

在新发地市场创建之初，张玉玺就确定了“让客户发财，求市场发展”的经营理念。他说：“什么叫市场？商贾云集叫市场。买方卖方都到你这儿来了，这才叫市场。他们为什么来？一定要有凝聚力和吸引力。什么凝聚力？我们总结出，客户请不来、叫不来，赚钱准来；轰不走、赶不走，赔钱准走。我们有一条纪律，就是不放走赔钱客户。市场要想发展，必须有回头客。挣到钱的人，你甭理他，你放心，他还会回来。如果他保守的话，他自己一个人来。如果他不保守的话，他把整村的人都找来。如果他在新发地赔钱了，这会儿他走了，他肯定不是你的回头客。他去外头宣传，说新发地市场不成，一车赔了 2000 元。这比报纸的曝光力度还大。所以，我们绝不许放走赔钱的客户。谁赔钱了，把他叫到办公室来，帮他总结出这次赔钱的原因，再把已经收的管理费退给他，如果方便的话，再请他吃顿便饭。这会儿，你再把他放走，他还是你的回头客。”

新发地从昔日默默无闻的一个小村庄，发展到全国闻名的农产品流通集散地，主要原因就是秉承了“让客户发财，求市场发展”的理念，坚持了“道德经济”的准则，走“滚动发展”的道路。

俗话说：人旺，财就旺。做农产品经营这一行，无论是卖果，还是卖菜，都需要一些大户来支撑，只要引来大户，小户自然不愁。

事实证明，新发地市场的繁荣与发展，不仅带动了周边区域发展，搞活了首都城乡经济，加速了中国农业产业化进程，更重要的是培育出了一大批完全能够适应市场经济规律的新型农民，通过他们的示范作用，带动了千百万中国农民走上了发家致富奔小康的道路。同时，新发地市场也名副其实地成了“百万富翁的孵化地”。张玉玺骄傲地说：“在北京这个地方，百万富翁实在算不上什么。可是，新发地市场的百万富翁，曾经都是蹬着三轮板车卖菜的地地道道的农民，他们能够攒下这样的一份家财，他们的生活，确确实实在这里发生了翻天覆地的变化。”

其实，新发地市场何止有一批百万富翁，那些家产过千万过亿万的富翁也不乏其人。新发地市场的繁荣与发展，不仅培养出了一大批完全能够适应市场经济规律的新型农民，更是通过他们的示范作用，带动了上百万的中国农民走上了发家致富奔小康的道路。

石涛，1968 年 7 月 10 日出生于安徽省临泉县。2004 年从老家带 2000 多元钱来到北京四道口摆摊经营水果，那时骑三轮车打游击，不好干，天天让城管撵得到处跑。2006 年来到北京新发地一区经营水果。2007 年 4 月到 6 月，他加工别人从海南拉回来的杧果，加工了 1 个月，同时也经营夏橙及云南的雪莲果，赚了 1 万元。2007 年 7 月到 10 月，他开始经营新疆无籽葡萄，赚了 10 万元左右。这就是他的第一桶金。

2008 年 2 月，石涛与菏泽的张为民合伙运回海南的青杧果、西瓜，广东的砂糖橘，直接批发，一直合作到 2017 年。2014 年他开始与董士忠、于悦慧等有海外关系的企业家合作从越南潘切火龙果种植基地拉火龙果。越南人不允许中国人去果地买果，只允许看货。因为如果中国人出的价钱高了，他们就失业了。如果中国客商相中，果农就从地里把果子剪下，他们买过来并负责送到石涛在平顺省含顺南县的庆王火龙果加工厂，经过选果分级，选好之后，由洗果机清洗干净，一条流水线下来，工人套上干净的果袋，装筐称重，然后装箱入冷库保鲜，24 小时后，由越南冷柜车运到中国海关报关，进入中国关口货场，转中国冷柜车运往新发地市场。经过多年积累，石涛逐渐树立了自己的品牌——新发地盛达火龙果。14 年来，由于诚信经营，人们也越来越关心养生，积累了大批铁粉客户。从一开始的他给客户打电话卖货到现在客户给他打电话要货，他的客户这么多年买他的货到现在都不看货，有时甚至车没到货已经卖完了。有人说他笨，他说："我认为我把自己的买卖做好，不给市场找麻烦不就行了。"好的人品已经兑换成真金白银。

河北滦平县的柳建旺兄弟俩连续8年搞设施蔬菜生产，将所有的菜都运到新发地市场销售。市场规模逐年扩大，他们兄弟俩的蔬菜生产规模也在逐年扩大，到2008年，他们已成为当地小有名气的种植专业户，存款有好几十万元。在他们的带动下，当地农民积极发展设施蔬菜生产，柳建旺兄弟俩帮助他们销售，农民们的收入每年都有较大幅度的增长。

姜蒜运销大户王保瑞做了十余年的专业批发。他善于研究和分析市场态势，不但看到市场缺什么货，积极地组织货源，而且凭十余年的经营经验，能够预测出市场行情。他每天从山东和秦皇岛运到新发地市场的姜蒜，不但占据了整个北京姜蒜市场80%的份额，而且通过新发地市场中转，销往其他省市。

果品运销大户刘志国的生意更大。一年当中，他几乎有半年时间在外地联系货源，还在新疆阿勒泰地区与当地政府合作建设了几千亩的哈密瓜基地，不仅保障了自己的货源，而且促进了当地农民的增收致富，提高了新发地市场在全国的知名度和社会效益。

做南方菜生意的耿景凤、耿景发、王广等人，为了抵御市场风险，将安徽老家的亲朋好友都带出来，把资金捆绑到一块儿，做一些一般经营户做不了的大事。他们自发组成的农产品运销专业合作组织，成员很快发展到30多人，形成了真正意义上的"利益共享、风险共担”的产业化经营格局。仅王广一家，在海南就帮助 25000 多名农民解决了冬季瓜菜销售难题。而像王广这样的大客户，在新发地市场就有上千家。

曾有人算过一笔账，新发地市场仅蔬菜一项，从 1988 年全年交易量的 6340 吨，增加到 2016 年的 689.14 万吨，是原来 1087 倍。如果按每户 2 亩菜地一年两茬产菜 10 吨计算，仅 2016 年一年，就直接带动了 68.9 万多名农户致富。加上果品、粮油、肉类、水产、禽蛋、副食、调料等农产品，2016 年，新发地市场一年就可带动上百万农户。30 年来，新发地市场无疑已经带动了上千万农民走上发家致富的道路。

04
首要任务，是造福一方百姓

从 1976 年 2 月复员回乡后，张玉玺一直担任村干部。2001 年 3 月，张玉玺当选为新发地村党总支副书记。2004 年 3 月，55 岁的张玉玺当选为新发地村党总支书记。3 年后，新发地村党总支改建党委，张玉玺出任党委书记。从 2004 年 3 月至 2015 年 11 月，张玉玺一肩挑着新发地农产品批发市场，一肩挑着新发地村，肩上的担子一直很沉重。

2015 年 11 月继任新发地村党委书记的张伟说："老书记张玉玺是一个非常勤奋的领导者和带头人。他常说他有三个儿子，除了一对双胞胎儿子外，第三个儿子就是新发地市场。对村里和市场的一些事情，他总能做到亲力亲为。他说，买卖买卖，就是既会买，也会卖。为此，他曾经到山东去，亲自采购了一车菜回来，到新发地市场上去卖。紧接着，他又在新发地市场批发了一车菜，亲自到北京市里去卖。他选人用人，注重以德为先，注重培养年轻人。他非常看重人的品行。他力排众议，招聘使用大学生。他总是善于深入基层，早晨从来不睡懒觉，骑着一辆自行车，在村里和市场上转，与村民、客户和业者聊天，用聊天的方式了解情况，解决问题。他对家属和亲戚要求非常严。曾经有一位他的亲属因为多喝了一点酒，把人给打了。他得知这一情况后，非常严肃地批评了那位亲属，并自掏腰包，请那位被打的人吃饭，当面让那位亲属给被打的人赔礼道歉。他非常关心下属，他给中层干部量体重，对肥胖的人，力主锻炼减肥，并提出：每减1斤体重，奖励100元。对标准体重的人，一次性奖励1000元。他说，身体是革命的本钱，必须保持一个好身体。对于身体发胖，他一直实行比较严格的禁令。”

算起来，张玉玺在新发地工作了40多年。40多年来，他始终坚定着他做一个“廉洁奉公、执政为民”的好干部的决心。不管村里谁家有个大事小情的，只要他知道了，就一定要主动上门表达关切和祝愿。尤其是谁家有了困难，他更是千方百计帮助解决。40多年来，张玉玺在村民的心目中树立了极高的威望。

随着村集体经济的不断壮大，新发地的村容村貌发生了翻天覆地的变化。一条条宽阔的道路迅速铺平修通，一座座漂亮的住宅楼相继拔地而起，村民们都住进了新楼房。

可直到2008年，张玉玺家才搬进面积有125平方米的新楼房。他经常这样告诫自己：平常在村里多骑自行车，少穿名牌服装，家里房屋不要装修得太豪华，要管好自己的直系亲属，平常工作要注意自己的一言一行。张玉玺管辖着全村30多家企业，自己爱人却一直在一个小旅店里做一些洗衣物等杂活。村里人都知道，他对自己直系亲属的要求是特别严格的。

要想当一名好书记，首要任务就是富一方百姓，这一直是张玉玺心中的操守。强村富民，新发地村确实做得令人称道。作为北京市城南地区人流、物流、信息流、资金流的中心，新发地村利用新发地市场的特殊优势，先后开办了汉龙货运中心、民用建材交易市场、长途客运站、京新酒店等30个经济实体，逐渐发展壮大了村集体经济。新发地市场的发展壮大，有效地带动了其他产业的发展壮大，构筑了新型农产品营销体系，真正实现了张玉玺当初设想的“建一个市场，活一片经济，富一方百姓”的目标。

到2018年，每天都有7000多辆载重为25吨的大货车，源源不断地把蔬菜和水果等农产品从全国各地运输到新发地市场，再由3万多辆小型车辆，把这些农产品转运到北京市内的8个二级市场和其他大大小小的市场。看到这样的情景，张玉玺深知自己肩上扛着的，不仅是新发地的一个市场，也不仅是一个新发地的村庄，而是整个北京市90%以上的农产品供应。而反过来，正是因为担负着北京市大“菜篮子”、大“果盘子”的重任，新发地市场才得到了快速健康发展，新发地村的集体经济才得到了快速发展壮大。集体经济壮大了，新发地村村民们的居住环境、生活水平和福利待遇也逐年得到了提高。村民都住进了新楼房，实现了老有所养、少有所教，日子过得有滋有味。

新发地村的一位村民曾在一个公共场合充满激情地朗诵了这样一段文字：“盛世风华，应该有一首歌，高昂地唱出张玉玺30年含辛茹苦、奋斗不息的艰难历程；应该有一首诗，倾情地抒发出张玉玺30年初心不改、一往无前的创业激情；应该有一部书，完美地书写出张玉玺30年无私奉献、与时俱进的人生境界。”这位村民所表达的，恰恰是新发地所有村民的心声。

新发地村百姓的心里都有一杆秤，称着张玉玺的人生价值；也都有一本账，记着张玉玺的奋斗足迹。昔日贫穷落后、人们生活困苦的新发地，已经变成了经济发达、花团锦簇、百姓安居乐业的新发地，面对这些成绩，张玉玺一直表现得很平淡，他只是觉得自己做了一名党员领导干部应该做的。

05
鞠躬尽瘁，刻在村民心中的丰碑

在新发地村，许多村民都是这样评价张玉玺的：“他是一个鞠躬尽瘁的好书记。他思想上尊重群众，感情上贴近群众，行动上深入群众，福利上想着群众，是一个有理想、有思想、有作为、有魅力的优秀党委书记。”

张玉玺的大儿媳方小园在评价自己的公公时说：“我是2006年5月与张月琛结婚的。在家里，公公属于那种不太善于表达的人，平时话语不多，但他在工作时，却显得精力非常旺盛。在张家，婆婆主内，公公主外，两个人的分工似乎非常明确，也总是珠联璧合。公公总有一种令人仰慕的大家长风范，给家里人以力量。我刚开始时，确实对公公有些不理解。他已经那么大岁数了，还在为新发地市场、为新发地村不停地奔波操劳。后来我一想，新发地市场是他一手创建起来的，没有他，就没有新发地市场的今天。对市场的经营和管理，他总是放心不下。他已经是一把年纪的人了，本该从繁忙的岗位上退到二线，把事情交给年轻人去做，自己在幕后享享清福，不必再奔波劳碌。可是，不管是新发地市场，还是新发地村，都有许多事情需要他拿主意，定方向，他肩上的担子是非常重的，确实不能清闲下来。于是，我不仅理解了公公，也从心里更加敬仰公公。”

新发地村现任党委书记张伟说：“老书记教育我们班子成员尤其是我这个继任者必须做到亲民、爱民。他从党委书记的岗位上退下来以后，一旦有外出考察或参加重要会议的机会，回来后便以汇报的方式向两委班子成员通报，以此来凝聚、支持、鼓励和带动大家。村两委的工作实在是太过繁重，党建工作要做好，村务工作要做好，工作量实在太大。作为党委书记，一些工作往往都是直接面对村民，村民也经常登门到他的家里去找他。同时，新发地市场还要发展，村办企业也要发展。村里和市场的接待任务非常繁重，有国内客人，也有国际客人。村两委干部，一旦忙起来，几乎没有节假日，班子成员常常是周六开会。张玉玺这位老书记，星期日从没休息过。”

新发地市场常务副总经理顾兆学说：“张玉玺是新发地人的信仰，是新发地人的定心丸。许多业界人士知道，有的企业高薪也留不住人，而新发地的工资并不高，却能留住一茬一茬的人，关键在于新发地内部总是正气盛，邪气衰。新发地市场员工都能够一起成长，一块儿发展，做到同甘苦、共患难，市场实现了凝聚心智，凝聚力量，凝聚文化。员工们既干事业，又爱事业，对事业都有着崇高的信仰，并拥有一种点绿成金的情怀。张玉玺是一位德高望重的长者，和蔼可亲的领导，爱才如命的企业家，雷厉风行的将军，善于学习的儒商。他是一位非常有执行力的领导者和企业家。我觉得，企业的发展关键在执行。一个好的想法，好的计划，只有很好地监督落实，才会成功。而张玉玺就是一个善于抓监督落实的人。”

2008年9月27日，第八届全国“村长”论坛在北京市昌平区北七家镇郑各庄村开幕。全国“村长”论坛创立于2000年，是由中国村社发展促进会、《中国村讯》杂志社与农民日报社以及举办地党委、政府共同举办的，成为中国农村基层干部相互交流沟通的全国性平台。论坛是以全国66万个行政村、500万名“村官”为主体的年度最高盛事，被称为“中国‘村长’的奥林匹克”。

第八届全国“村长”论坛，约有700名代表参加。在这次论坛上，张玉玺作为“中国杰出‘村官’”的代表，接受了表彰。论坛还为吴仁宝、郭凤莲、王乐义、张玉玺等50名中国最有影响力的知名“村官”建立了雕塑墙，这一创新，在社会上产生了非常积极的反响。

张玉玺作为一名农村基层干部，无疑是贯彻落实党的农村政策的具体组织者和实施者，在推进农村改革发展中承担着繁重艰巨的任务，发挥着不可替代的作用。要当好“村官”，就必须进一步加强学习，不断增强推动农村科学发展、带领农民学习加快致富的本领；就必须进一步发扬首创精神，当好农村改革发展的带头人；就必须进一步强化民主法制意识，坚持依法办事、依靠群众做事；就必须进一步增强群众观念，成为广大农民群众的贴心人。

张玉玺自2004年3月担任村党委书记以来，带领村党委一班人积极进取，勇于开拓，深入学习国家有关惠农政策，为新发地村制定了合理、规范、科学的中长期发展规划。在张玉玺的团结带领下，新发地村逐步创建农产品市场、汉龙货运中心、京南汽车城、长途客运站、京新酒店等30个经济实体，形成了多元化发展的产业格局，一举成为全国闻名的富裕村。

随着新发地市场的蓬勃发展，村集体经济的不断壮大，新发地村的变化也日新月异，一条条宽阔的马路相继修通，一栋栋漂亮的楼房拔地而起，被誉为“小西湖”的新发地公园、村民活动中心、学校、经营者乐园、村民公寓等一批配套设施相继投入使用，造福于村民。

新发地已经成为京郊大地一颗璀璨的明珠，成为中国新农村建设一个典型的缩影。这里的人们可爱、勤劳、真诚，这里的生活安康、富足、和谐。

有一种丰碑年代愈久愈放光芒，有一种丰碑历经风雨永不磨灭，张玉玺就是在孜孜以求、生生不息地镌刻着一座丰碑。这一座丰碑，不是镌刻在纸上，也不是镌刻在石头上，而是镌刻在人们的心中。

第八章

理论思考，遵循规律重实践

01
密切关注农产品批发市场发展现状

作为农产品现货集中交易场所，农产品批发市场集商流、物流、信息流于一体，成为农产品流通的重要平台，也是解决农产品销售的重要渠道。农产品批发市场不仅可以推动农业产业化进程，而且对国计民生具有不可低估的拉动作用。

在张玉玺看来，我国农产品批发市场发展总的来看还是比较滞后的，不能完全满足农产品现代流通的需要，与建设社会主义新农村和构建和谐社会的要求还有很大差距，发展过程中存在的问题相对来说还比较突出。具体表现在：一是基础设施差，装备水平低，交易设施落后，服务功能不足，大部分存在着“脏乱差、小散弱”的现象。农产品批发市场是时代的产物，反映了改革开放初期的发展成果。但时至今日，大多数农产品批发市场的硬件设施，还停留在 20 世纪 90 年代的水平，与城市建设、消费需求和“互联网 +”

的迅速发展不相适应，与国家倡导的培育壮大新产业、新业态相去甚远，难以满足市场对高品质产品和服务供给的需求，因此，转型升级是深化农业供给侧结构性改革的当务之急。二是经营管理模式粗放，秩序欠规范，功能不健全。“小生产”与“大市场”的矛盾依然突出。绝大多数农产品批发市场仍以传统的“对手交易”为主，市场占地多、车辆多、人流多，交易效率低下；管理手段落后，规模化种植生产基地的品牌蔬果产品，进场占比较低，散户蔬果产品进场占比较大。农村多元化生产的无序及农产品流通设施供给的滞后，导致果蔬、猪肉等大宗农产品产量和价格经常波动，使农产品结构性短缺与结构性过剩交替出现。三是恶性竞争日趋严重。新建市场准入门槛较低，个别城市甚至出现想建市场就建市场，想怎么建就怎么建的怪现象，突出表现为零距离建市场，花高价买客户，搞不正当竞争；四是产销矛盾突出。用市场信息调控和指导农民种植的力度和可信度远远不够，导致我国年年出现农产品销售难等问题；五是安全系统、信息系统、检验检测体系不健全。

张玉玺说：“‘三农’的核心是农民增收，将农民辛辛苦苦种出来的农产品，在市场上换回‘真金白银’，再装进农民的腰包里，农民才算增收。当今时代的中国农业，没有种不出来的农产品，只有卖不出去的农产品。所以，关注‘三农’，一定要关注流通、关注销售、关注市场。”

而世界上一些发达国家和地区的发展经验表明，尽管超级市场、统一配送、订单农业的快速发展会对农产品批发市场的经销规模产生一些影响，但农产品批发市场具有巨大的生命力。日本蔬菜、水果、水产三类产品通过批发市场流通比例，仍分别达80%、60%、70%；韩国约50%的农产品仍经由批发市场流通。根据全国城市农贸中心联合会调查显示，目前，我国有4500多家农产品批发市场、农产品经农产品批发市场的批发商和配送中心，向全国2.5万多家城乡农贸市场和6000多家生鲜食品超市辐射，构成庞大的农产品流通体系。农产品通过批发市场流通的比例超过70%，在部分大、中城市这一比例超过80%。在我国农产品进出口贸易中，经由农产品批发市场贸易额每年约为200亿元，占我国农产品贸易总额的60%左右。正因为农产品批发市场在促进农产品流通中的重要地位，发达国家都采取必要措施加以规范和扶持，并健全批发市场法律法规。他们以法律形式，将农产品批发市场列为重要公益性事业，投资建设亦由政府主导，并给予土地税收等方面的支持，帮助建立完善的市场配套功能。如法国的瀚吉斯市场，除正常的贸易成交外，还为农产品的储藏、加工、运输提供后勤保障，市场清运中心可以每天24小时为易腐产品提供清运服务；市场建有年处理废弃物能力达12万吨的焚化厂，有运输机构100多家，银行信用保险机构20余家，饭店28家。另有政府及社会有关部门，如公安、海关、消防、铁路、邮局等机构进驻场内，提供现场服务，整个市场就像一个小城市，各种服务设施和机构都很完备。荷兰花卉拍卖市场具有从交易到海关报关、航空运输一条龙服务的完整功能，成交后，鲜花可以保证在24小时内运到世界各地，专业运输公司、海关等机构都在拍卖市场发货中心设有办公室。而且，发达国家都有组织化程度很高的行业协会，协会是由农户自愿联合组织起来的群众经济组织，是一个拥有强大经济实力、遍及全国的民办官助经济团体。

为了更好地解决中国农产品批发市场发展的诸多瓶颈问题，张玉玺自觉自己的责任重大。他经过深入的调查研究，于2009年给时任国务院总理温家宝写了一封题为“不关注流通的农业是一个不完整的农业”的信函，受到温家宝的高度重视，并对此作出了重要批示。2010年中央一号文件的第11条，对张玉玺的提议进行了专门的回应：“健全农产品市场体系，统筹制定全国农产品批发市场布局规划，支持重点农产品批发市场建设和升级改造，落实农产品批发市场用地等扶持政策，发展农产品大市场大流通。”这一回应，充分体现了党中央、国务院对听民生、解民意的高度重视。

随着2010年中央一号文件的出台，中国农产品批发市场建设实现了由量变到质变的飞跃。业内专家指出，就中国农产品批发市场建设而言，有关部门应该整合力量，科学统筹，积极落实中央一号文件精神，尽快对全国农产品批发市场的建设、管理、收费等事项，以法律的形式成文，进而规范全国农产品批发市场的发展，做到有法可依。真正实现农产品批发市场的高标准规划、高起点设计、高质量建设，并把农产品批发市场发展为一项惠及“三农”的主要民心工程，更好地服务“三农”、造福人民。

在谈到新发地市场在确保首都农产品安全和稳定供应、如何进一步加快市场设施改造、实现产业转型升级这一问题时，张玉玺指出，深化农业供给侧结构性改革，农产品流通是短板，农产品批发市场转型升级是关键。农产品批发市场一头联结着城市居民的“菜篮子”，一头联结着农民的菜园子，既是搞活流通、促进城乡经济发展的桥梁和纽带，也是服务城市民生的“菜篮子”和“果盘子”。长期以来，农产品批发市场在保障城镇供应和平抑物价等方面，无疑起到了重要的“储备库”和“稳定器”作用。

张玉玺指出，迄今为止，中国农产品批发市场产业发展还较为粗放，信息化、标准化、品牌化程度不够，效率低、成本高，与现代经济社会发展的诉求和需求不相适应，农产品批发市场加快转型升级的必要性与重要性不言而喻。转型升级，就意味着要瘦身减荷、化解矛盾、补齐短板，进一步提高农产品流通的质量和效率。切实解决“三农”问题、有效促进农民增收，只有将自己生产出来的农产品卖出好价钱，农民才能真正富裕起来。而单靠政府一味地补贴，不能完全起到“治病固本”的作用。农产品批发市场建设迫切需要国家立法和统一科学规划，不能再只求数量、不讲质量。

02
发挥“五大作用”，促农产品流通

创建于1988年5月的新发地市场，经过30多年的规范管理、滚动发展，逐步成为农业部、内贸局定点的国家级批发市场，首都人民的大“菜篮子”、大“果盘子”，中国北方地区重要的农产品集散地。

张玉玺说，新发地市场在农业产业化经营发展中，充分发挥了场所、引导、协调、杠杆、中介五大作用，全力搞活市场流通，帮助农民实现增收。

一是发挥场所作用。新发地市场刚刚成立时，只是一个拥有十几间简易库房、围着铁丝网的简陋的小型农贸市场。与国家投巨资一次到位建起的大型豪华商场、超市、批发市场等商业场所相比，无法相提并论。但30年多来，新发地市场坚持自力更生、滚动发展的原则，年年把部分收入转为建设投入，年年扩大场地，年年增加设施，已经发展成为占地面积1680亩的大型农产品批发市场，形成了以蔬菜为龙头，以水果为骨干的八大类农产品交易格局。建场之初，新发地市场基本上是夜间交易凌晨批发，后来逐步形成凌晨、早晨和下午3个交易高峰期的24小时营业。

二是发挥引导作用。新发地市场刚刚建立时，习惯在“马路市场”进行交易的菜农和菜贩都不愿意进场交易。市场工作人员因此做了大量工作，用最优惠的政策引导他们进场交易。起初，进场交易的基本都是本地区以及附近地区的菜农，后来，北京郊区的大兴区、河北省固安县的菜农进来了；河北省廊坊市以及天津市和山东省的菜农、果农进来了；河北省张家口市和围场县及内蒙古自治区、山西省的菜农、果农进来了……市场渐渐兴旺起来，还形成一支运销专业户队伍，产生了许多运销大户。30年来，新发地市场的农产品已经辐射全国30多个省、市、自治区。新发地还根据产地信息，奔赴各地和产地市场联系，引导农民和贩运专业户来场交易。他们赴山东联系蔬菜、西瓜，赴湖北、湖南联系柑橘，赴海南联系冬季精品瓜果菜，等等，都收到了显著的营销引导效果。不仅如此，新发地还积极引导农民进行深加工，不仅促进了内销，还促进了出口。

三是发挥协调作用。在工作人员的共同努力下，早在1998年，新发地市场的蔬菜交易量就超过了北京市交易量的50%，有力地解决了北京市民的吃菜难问题，也有力地解决了一些地区农民卖菜难问题。河北省张家口地区的康保县、张北县、沽源县和承德地区的围场县，所生产的秋季大白菜通过新发地市场，中转运销到上海、浙江、深圳等地。2000年，河北省康保县遭受严重旱灾，180万吨大白菜经过新发地市场中转销往南方，有力地解决了当地菜农的燃眉之急。海南省热带精品特细菜及瓜果大量进入新发地市场，有力地调剂了北京市民冬季菜的品种。每年六七月间，山东、河北等地的西瓜经新发地市场销往东北三省和张家口等地；八九月间，东北三省和张家口地区的西瓜又进入新发地市场进行销售，及时填补了京郊、山东、河北西瓜淡季的空白。这样一来一去，既丰富了市民的菜篮子、果盘子，也搞活了北方地区瓜果菜的流通。

四是发挥杠杆作用。到过新发地市场的人都知道，这里每天的农产品交易都极其繁忙，各种运输车辆频繁出入，一派买卖兴隆的景象。为做好各项服务，发挥市场杠杆作用，新发地市场着重做好以下四个方面的工作：其一，通过两部信息咨询电话，将市场采价员提供的品种、价格、数量、产地等信息，24小时向客户和农民提供，连除夕之夜也照样有人值班，帮助客户分析行情，计算从产地运输到新发地市场进行交易能否赚钱。其二，通过计算机，将新发地市场网站与农业部及北京市有关部门的网站联网，将信息及时传送到全国各地。其三，通过新闻媒体刊载或播映新发地市场行情，进行更为广泛的传播。其四，通过北京市新闻出版局批准的内部资料《北京新发地》，进一步加大信息传递，及时发布市场价格、上市量、品种、质量、产地等信息，在市场交易中起到杠杆作用。

五是发挥中介作用。农产品批发市场，本身就是为联结农村生产和城市消费架起的一座桥梁，具有明显的“红娘”作用。市场业务部门、信息中心、农产品产销协会、菜果帮销队等机构，都在农产品产销中，发挥着越来越重要的中介作用。为更好地发挥中介桥梁作用，早在2001年，新发地就建起了较为现代化的种业市场、1500吨的冷藏保鲜库，并完成了电子监控中心一期工程，与华联超市联合建成了占地18亩的菜果加工、配送中心等。

03
融入京津冀协同发展格局

在国家推进京津冀协同发展的大背景下，新发地农产品批发市场通过实施“内升外扩”策略，将原本老式的农贸市场升级改造成以交易中心、展示中心为主的新型农产品批发市场。

北京是一个拥有2000多万人口的大都市，全市农产品市场供应量的90%以上来自全国各地。2010年3月1日，“2010年世界城市建设国际论坛”在北京隆重举行，参会的中外嘉宾就“发展中国家崛起的大趋势与北京建设世界城市的机遇和挑战”等主题，展开了热烈的讨论，北京建设世界城市的话题，成为世界媒体关注的焦点。这次会议，意味着开放的北京从首善之区建设，到加快实施人文北京、科技北京、绿色北京发展战略后，将以崭新的姿态，着眼建设世界城市，以更高标准，推动首都经济社会又好又快发展。

国以民为本，民以食为天，食以安为先。农产品安全供应，是项涉及民生的重要工程。农产品安全供应与城市的安全稳定、和谐发展，无疑是息息相关的。而我国农产品的安全供应，90%要依托于农产品批发市场。尤其是首都北京，建设世界城市，必须要有安全充足的农产品供应作为一项重要保障，必须具有与之相匹配的现代化的农产品批发市场。

北京作为我国的首都，有着数千年的厚重历史和灿烂文明，是全国的政治、文化、经济中心和国际交流中心，无论是和谐社会的首善之区建设，还是人文北京、科技北京、绿色北京发展战略的实施，都引领了中国城市发展的潮流。尤其是着眼建设世界城市的高端形态，对首都各项事业的发展更是提出了更高的要求。其中，与首都人民生活息息相关的农产品批发市场建设必然日臻完善，尽全力服务城市建设。这是满足城市需求和稳定的重要基础，是提高人们生活质量和生活水平的根本保证。

北京建设成为世界城市的同时，必将推进北京农产品批发市场的国际化程度，而批发市场也为城市在农产品领域提供更为完善的服务，二者之间相辅相成，相得益彰。张玉玺认为，在此背景下，作为北京较大的农产品批发市场，既要制定本地发展、跨地区发展战略，也要制订长远角度的跨国发展计划。只有不断地加大发展力度、搞好全面建设、提高服务水平，才能更好地服务于未来的北京和其他区域。北京作为全国的政治、文化、经济中心，尤其在提出建设世界城市的前提下，应建设全国农产品批发市场示范点，进而更好地服务“三农”和满足城市发展需求，实现一举多得。

张玉玺说：“北京着眼建设世界城市的高端形态，为新发地市场的发展带来了空前的机遇，同时也带来了巨大的挑战。新发地市场必须加快升级改造，在全国范围内带来样板效应。要通过市场规范高效的管理、优美宽松的环境，完善周到的服务，最终将新发地市场打造成类似长城、故宫等享有盛誉的首都名片，并以此为契机告诉世界人民中国的农产品质量是安全的。同时以此为抓手和切入点，积极推进北京打造世界城市的步伐。”

为了保障首都北京的农产品供应，新发地与客户联起手来，在全国先后建立了300多万亩的生产基地和10个农产品产地市场。

2014年，当京津冀协同发展上升为国家战略时，三省市持续推进下活“三地一盘棋”。2016年6月，国家发改委、农业部等国家六部委联合制定了《京津冀农产品流通体系创新行动方案》，提出用3年左右的时间，基本建立畅通高效的京津冀农产品流通网络体系，培育壮大一批具有较强竞争力的龙头示范企业。

在这方面，张玉玺非常富有远见。早在2010年4月，新发地市场就与位于北京西南80公里的河北省高碑店市签约了高碑店新发地项目，提前契合了京津冀协同发展战略。该项目于2013年5月开工建设，2015年10月项目一期开业运营。作为新发地全国最大的分市场，高碑店新发地成为新发地北京“大本营”的供应基地及承接平台，在很大程度上增强了“大本营”的调控功能，避免了农产品价格的大起大落。

2017年6月，新发地市场牵手河北省沧州市盐山县，盐山新发地项目建设被提上日程。同年11月1日，盐山新发地分市场建设正式奠基。盐山新发地占地面积700亩，建筑面积为55万平方米，总投资15亿元。项目包括农副产品批发交易区、冷链物流区、仓储加工区、商业服务区、配套住宅区五大板块，将补齐盐山县农产品流通短板，推动京津冀地区农产品流通现代化进程。

随后，新发地市场又全面介入河北省保定工农路市场。业内专家指出，从社会责任的角度讲，新发地市场介入保定工农路市场，就是为了大力弘扬新发地敢于担当、勇于逐梦的正能量，打造当地农产品流通枢纽，发挥更大范围、更广区域、更深层次的服务功能和民生功能。而从商业价值的角度讲，保定市有着超过千万人口的消费圈，注定保定工农路市场有着广阔的发展前景。

新发地市场与保定工农路市场展开密切合作，在河北省的“版图”上将形成东有盐山市场、西有高碑店市场、南有保定市场的“金三角”格局，从而有效地确保了新发地市场能够保障首都90%以上的农产品供应。

新发地市场流通部部长刘通说：“新发地市场蔬菜的供应，河北省一马当先，供应量超过了新发地市场交易量的20%。春季时邯郸的菠菜、芹菜，秋季时唐山的白菜、萝卜，一年四季廊坊的茴香、香菜等河北省不同的小品种蔬菜，分别领跑新发地市场。但到了冬季，又有不少河北省的商户从新发地市场拉菜入冀。”

为确保北京市场的农产品供应，巩固农产品产地源头“最先一公里”，新发地市场在河北省投资建设了28个标准化生产基地，总面积达到150万亩。在天津积极拓展葡萄等种植基地，开展猪肉供应场场挂钩。加强与天津港口合作，开通进口农产品进京通道。

在保障首都农产品供应体系建设上，新发地市场依托河北分市场，将优势资源深度整合，以流通模式创新为核心，推动京津冀农产品一、二、三产业融合，构建低成本、高效率、惠民生的新型农产品流通体系，实现从生产基地到消费终端全产业链的精准对接。

声誉越大，品牌越响，承担的责任也越大，新发地市场必须更好地融入京津冀协同发展的“三地一盘棋”之中。张玉玺经常在农产品资源丰富的河北地区穿梭，或是把关产品源头，或是对接产品销售，或是传道授业。

为了在京津冀协同发展中发挥更大的作用，新发地市场充分利用北京新发地国际会展中心推介河北以及全国各地的农产品。新发地市场宣传部部长詹家宝说：“最多的时候，每年新发地会展中心所承担的会议要在上百场，张玉玺董事长若在北京，必定参加推介会，而且还要亲自讲解产地农产品的优势，他很乐意为各地农产品推介代言。”

新发地市场一头联系农民，一头联系市民，充分发挥着农产品流通的主渠道作用，成为助力农业提质增效、农民增收的重要载体。张玉玺表示，在融入京津冀协同发展的进程中，新发地市场将运用新思维、新技术、新业态，进一步做精、做细、做强农产品流通大文章。新发地市场作为国家农产品一级批发市场，在均衡供应、稳定物价方面有着义不容辞的责任，是保障首都日常生活的“稳定器”，是应对不时之需的战略“储备库”，是保障首都农产品供应和食品安全的“护城河”。

04
践行“四减六强”，服务首都功能定位

从“有啥就吃啥”到“想吃啥有啥”，在首都消费者餐桌日益丰富的背后，离不开新发地市场稳定而强大的供应能力。在消费升级的大背景下，已经走过 30 年历程的新发地市场，2018 年再度实施市场改造工程，建设综合性的地上三层、地下三层的农产品市场，将其打造成集观光、旅游功能于一身的花园式购物中心，更稳、更实地托起北京城的“菜篮子”和“果盘子”。

新发地市场建立 30 多年来，不断进行自我变革和自我升级，确保为北京消费者提供更为优质的农产品。2018 年新发地再度启动升级改造工程时，张玉玺说，新发地市场现有土地 1680 亩，其中 670 亩将用于建设综合性的地上三层、地下三层的农产品市场，包括冷链交易区、果品交易区和蔬菜交易区，车辆可以直接开到各层装卸货。而余下的 1010 亩土地将规划为绿地，进行植被改造。

绿化工程完工后，将形成多品种花草树木交相辉映的美丽景观，新发地市场也必将焕然一新，成为集观光、旅游功能于一身的花园式购物中心。

关于未来新发地市场的交易模式，张玉玺指出，新发地将借鉴韩国市场的交易模式，从各地来的蔬菜瓜果进入市场后，首先进入农产品包装市场，进行农产品的二次检测，并包装成为各自的品牌后，再统一拉到市场进行交易，分流到二级市场。除了市场设施的升级改造外，新发地还将继续增加北京市便民蔬菜直通车，扩大社区便民菜店的覆盖面积，有效减少城市内的游商，切实解决市民买菜难、买菜贵的问题，并拓展“互联网 +”模式及 B2B、B2C、O2O 等定点配送业务。

为构筑首都农产品安全稳定供应的“护城河”，推进市场业务稳步向生产源头和零售终端同步延伸，新发地在全国农产品主产区投资建设了 10 家分市场、300 多万亩生产基地，在北京市区内建立了 300 多家便民菜店、1000 多辆便民直通车，对平抑市场物价、方便社区居民基本生活所需、保障首都农产品的安全稳定供应，均发挥了极其重要的作用。

2018 年，经过整整 30 年的建设发展，新发地市场已成为中国规模最大的专业农产品批发市场、农业产业化国家重点龙头企业、农业部定点鲜活农产品中心批发市场，彰显了新发地市场不可替代的行业地位，在世界同类市场中享有很高的知名度和影响力。

有了新发地市场的足够保障，北京市的农产品供应就会是绿灯，否则，就会变成黄灯甚至红灯。

新发地不仅直接影响着北京市民的基本日常所需，也影响着一大批在市场内经营客户的发展。新发地市场拥有年交易额过亿元以上的客户就达 32 家，年交易额过千万元的客户有 1000 多家，市场形成了以蔬菜、果品批发为龙头，肉类、粮油、水产、调料等十大类农副产品齐头并进的综合批发交易格局。

30 多年来，张玉玺长期致力于农产品流通事业的蓬勃发展，取得了突出的成就。2016 年 3 月，张玉玺作为中国农产品流通领域的资深专家和行业领袖，应邀出席了中国人民政治协商会议第十二届全国委员会第四次会议，再次参与共商国是。

到 2018 年，新发地已在河北、内蒙古、山西、山东、湖北等全国各地建有 10 个分市场。这些分市场虽然都各自承担着不同的功能，但目的只有一个，就是为了保障首都安全稳定的农产品供应。

新发地市场在“内升外扩”战略的指引下，进行全面的提档升级改造，实现了以国际化标准，为八方客商提供农产品交易、流通、加工、检测、展示、展销、直销等全方位的服务，逐步成为中国农产品的代名词，新发地市场农产品的价格指数，也成为引领中国农产品市场价格的风向标和晴雨表。

2016 年以来，按照首都城市功能定位及国际一流和谐宜居之都的要求，新发地市场提出要在“十三五”期间，努力实现“四减六强”的发展目标。

“四减”是：其一，通过统筹规划、集约改造提升，实现市场占用土地资源减量，由目前的占地 1680 亩减至 1000 亩以内；其二，通过扶大、扶优、扶强、扶品牌的措施，实现客户减量，由目前的场内5000多家客户减至3000家以内；其三，通过北京周边的河北、山东等地建设分市场，转移北京市场农产品初加工业务，推广净菜进城，实现垃圾减量，由目前的日出垃圾约150吨减至70吨以内；其四，通过向周边分市场疏解转移区域集散交易业务，压缩北京市场零售业务，提高统一集配能力，实现交通减量。

“六强”是：其一，产地货源组织能力增强。外埠分市场由目前的12家增加到15家，签约生产基地由目前的300万亩增加到500万亩。其二，社区居民服务能力增强。直营社区零售终端的新发地蔬菜零售网点，由目前的500家增加到800家，辐射约4000家小区、500万人口，提高供应保障能力。其三，价格形成引导能力增强。积极创造条件，探索增加委托交易、现场拍卖等交易模式，电子交易中心的年交易额，由目前的8.5亿元增加到70亿元。其四，农产品储备能力增强。保鲜库及低温库容由目前的2.5万吨增加到13万吨，承担政府冬季应急储备能力进一步提高。其五，食品安全保障能力增强。提高市场检验检测中心利用效率，检验检测抽查率由现有的不足8%，提高到95%以上。其六，低碳降耗环保能力增强。通过引进现代化冷库设施、电动汽车配送和太阳能利用新技术，降低能源消耗，更换5500辆新能源车，减少二氧化碳排放187550吨，减少碳氢化合物排放25080吨，减少氮氧化物排放34386吨。

05
营销自信淡定看待电商发展

2010年以来，仿佛一夜之间，农产品电商就像雨后春笋一般成长起来。2013年，我国农产品电商全年交易额首次突破500亿元，2014年全年交易额首次突破1000亿元，2016年前年交易额首次突破2000亿元，2017年全年交易额首次突破3000亿元，2018年竟然一跃达到了惊人的5000亿元，农产品电商发展势头极其迅猛。

就怎样看待农产品电商的快速增长这一问题，张玉玺有着自己独特的看法。他认为，农产品的特殊性，决定了农产品电商暂时只能是一个有机的补充融合体。他说，相对于我国整个农产品批发市场而言，农产品电商销售还是一个零头。2013年，我国农产品市场的交易额为4万亿元，而电商的交易额仅有500亿元，相对而言还是个小数目。即使到了2018年，我国农产品市场的交易额超过10万亿元，而电商的交易额是5000亿元，差距还是悬殊。另外，农产品的易腐性和价格低廉性这两个特殊因素，直接导致消费者不可能大量在网上购买蔬菜水果，也不可能在一个时间段内就买齐几个月的消费量。所以，农产品不会像服装等商品那样很快就被电商所占领。

2013年11月8日，新发地市场与京东商城正式达成战略合作，新发地京东官方旗舰店宣布同时上线。这是新发地农产品批发市场首次与电商巨头合作，首都市民可以通过电商，更加方便地选购精品果蔬、干货干果、海鲜特产、特色礼品等农副产品以及智利蓝莓、美国红提等来自46个国家的优质进口果品。

紧接着，新发地又在当当网等各大网站先后开设了自己的网店。通过几年的运营，新发地市场的电商销售形成“两个60%”：一是消费者购买的农产品中有60%是干果，而大葱、大白菜、菜花等生鲜蔬菜线下消费还是主流；二是有60%的农产品是被25岁以下的女性买走了，她们是伴随着互联网长大的一代，接受新生事物较快，图个方便省事。在交易额方面，新发地市场旗舰店在京东商城一个星期只有25万元的交易额，而新发地市场平均每天的交易额达到2.96亿元。

未来20年内，农产品电商会越来越多，但占交易额的比重不会很大，只会成为线下的补充，并与线下达成一种融合状态。

面对电商，张玉玺的思路是，在互联网上建立一个新发地品牌，实现自己独立发展。农产品电商并不难做，难的是保鲜和物流配送，而在保鲜和物流配送上，新发地市场都有不可比拟的优势。因此，张玉玺对独立做电商充满信心。

农产品电商出现之后，电商们都在不遗余力地加强与产地的对接，以减少中间环节，力图改变农产品出现的那种“买贵”“卖贱”现象，并尝试利用互联网思维，将其推向市场。例如，联想、恒大等知名企业进军农产品行业，以及像本来生活网打造的脐橙，都是活生生的案例。与此同时，家乐福、沃尔玛、物美等超市，也在不遗余力地做着农超对接工作。

在电商迅猛发展的背景下，应该怎样看待农产品批发市场的作用呢？张玉玺指出，理论上农超对接非常好，连接两头直线距离最短，而经过市场就拐了弯。但实际情况并非如此。例如北京这样的大都市，农产品都需要靠其他地区输入。而超市对农产品的需求，一方面种类多，另一方面每个品种要的量又少，如果直接和农民对接，他不可能把农民种植的 1 万亩大白菜都要了，最多每天也就要 500 斤。要量这么少，农民根本无法单独进行配送。

张玉玺对农超对接做过认真调研。在特大城市，例如北京、上海、广州、深圳等，由于是输入型城市，实际上农超对接只占当地农产品交易的 5% 至 9%。因为本地产的农产品量很小，在淡季需要靠其他地区供应。如冬天海南运到北京一车蔬菜，且不说车子能不能进超市，单说这么大的量，哪个超市敢要？只能给市场，因为市场有集散功能，有消化这些蔬菜的能力。而人口在 50 万以下的城市，农超对接更不现实。当地都是农民直接开着自家的车在城市卖，还需要农超对接吗？而人口在 500 万左右的城市，农超对接起到了一定的作用，但占当地农产品交易额的比例还没超过 20%。

目前我国农产品批发市场的规模在 4500 家左右，这一数字，已经保持了很多年。虽然每年会倒闭关停100家左右，但也会新诞生100家左右，总体数字并没有大的变化。这说明，农产品批发市场的市场需求就这么大了。例如北京就形成了“一个大型、八个中等”的农产品批发市场网络，格局已经稳定。

当前，由于传统农产品批发市场交易模式落后、管理制度过时、经营设施简陋等因素的存在，影响了农产品批发市场的发展，但大家的心里都希望农产品批发市场能快速地做大做强。事实上，做大市场并不等于做强市场。新发地虽然供应北京市场80%以上的蔬菜和90%以上的水果，但这并不能说明新发地已经很强了。在硬件方面，新发地市场逐步在改变，例如建造蔬菜交易楼、果品展示中心等，但硬件提升需要一个过程。

关于交易模式的改变与国情有关。农产品生产那边都是小规模生产，而让流通环节实现现代化很难。除非中国的农产品形成了规模化生产和品牌效益，才会为流通环节实现现代化创造条件，但这需要很长时间。2010年，新发地就投资派人去研究电商，张玉玺自己也一直在研究，但他知道它不能马上就把传统的交易方式改变，这是中国国情所决定的。

06
“四个着眼”，立足培植龙头企业

2017年4月，张玉玺在接受《中国商界》杂志记者采访时说：“积极培植农业产业化龙头企业，充分发挥农业产业化龙头企业的带头引领作用，是做好农产品流通服务、破解‘三农’问题的最有力举措。新发地市场创建近30年来，在全国建立起10个产地分市场、400多万亩农产品生产基地，直接和间接地带动了全国各地1000多万农民走上致富奔小康的道路。”而在新形势下，怎样才能更好地推进农业产业化龙头企业带动农村一、二、三产业的融合发展，全力推进农产品流通服务，推动我国新型城镇化与新农村建设的双轮驱动，最终全面实现小康社会，是一个值得认真思考的问题。

在接受采访中，张玉玺着重解释了着眼运用、着眼优化、着眼发挥、着眼扶持等“四个着眼”的相关内容。

一要着眼运用我国农业产业化龙头企业资本集成优势，大力推动农业专业化、规模化、集约化生产。

长期以来，农业基础设施相对薄弱、农业企业科技创新能力不足、农业产业体系不健全成为制约我国现代农业发展的主要因素。国家每年投入改造农村水利等基础设施的经费像胡椒面，撒向四面八方，不能精准性地解决一些地方农业根本上的问题，比如老少边穷及西部地区农村落后的基础设施条件就是一大难题。但如果能发挥我国农业产业化龙头企业资本集成优势，让龙头农业企业在与地方合作中，有针对性地对一个地区、一个产业的农业基础设施投入，不仅可以节省大量国家财政投入，还能解决很多地方的当务之急。另外，农业产业化龙头企业在与地方合作中，能够建立起自己的高标准原料生产基地，有利于推进一个地区、一个产业的农业专业化、规模化、集约化生产，提高一个地方农业综合经济能力。

2010年，新发地市场在海南琼海、东方、乐东、陵水、三亚等市县投资1600多万元，建设常年蔬果基地20多万亩，以“公司+合作社+农户+基地”“技术+市场”等多种形式，带动琼海市官塘泰来西瓜农民专业合作社、万宁丰凯种养专业合作社等100多家农民专业合作社及2万多户农户共建蔬果基地。2012年，又在琼海大路镇投资上亿元建设“供京”农产品冷链物流中心。近年来，新发地每年在海南生产、收购、保鲜、加工、运销海南瓜果菜30多万吨，带动海南省100多家农民专业合作社及几万农户走上了致富之路，有力地彰显了新发地市场作为国家农业产业化龙头企业的农业专业化、规模化、集约化生产引领作用。

二要着眼优化农业产业化龙头企业资源配置，大力推动县域经济一、二、三产业融合发展。

我国农村贫穷地区落后的原因，主要在于工业化和城镇化水平太低，差距过大。由于这些地区的工业化和城镇化水平低下，传统农业向现代工业转变的进程艰难而缓慢，再加上人口居住相对分散，二、三产业就业门路少，导致县域经济发展滞后，特别是农民的收入水平相对较低，严重影响了农民奔小康的步伐。实践证明，发展县域经济、推进城镇化建设，是解决当前我国“三农”问题的重要突破口。各地的实践表明，有龙头企业带动和主导产业支撑的县域经济和城镇化建设，基本都实现了产业兴旺、就业增加，经济充满活力，社会事业得到蓬勃发展。

海南省琼海市大路镇10年前还是一个农业大镇、财政穷镇。在新发地海南现代农业发展公司这一龙头企业的带头引领下，该镇出现了翻天覆地的变化，率先完成了城镇化进程。新发地海南现代农业发展公司实施的农产品加工、规模化种植等项目，不仅带动了该镇几万户农民实现了土地流转，走上农业集约化、规模化、品牌化道路，而且快速推动了该镇经济社会发展，为促进农业现代化和农村城镇化做出了应有的贡献。

我国农业产业化龙头企业通过产业示范基地建设，围绕农产品精深加工，能够带动包装、储藏、运输、信息、金融等一、二、三产业的同步发展，有利于形成产、加、销一条龙产业链的有机结合，形成我国农村特别是落后地区的一、二、三产业融合发展的新格局，为县域经济发展带来新的活力，增加农村就业岗位，吸纳农村人口加快向小城镇集中，从而带动文化、教育、卫生等公共事业的全面发展，加快推进我国农村城镇化的进程。

三要着眼发挥农业产业化龙头企业带动和主导产业支撑，加快实现脱贫攻坚目标。

我国地域辽阔，地理自然条件差异很大，由于许多贫困农村交通闭塞、信息不畅、生产技术和手段落后、生态环境恶化、资源贫乏、资本短缺等客观条件，造成了大量的相对集中的贫困区和贫困人口。同时，由于我国对农村特困户实行纯生活救济的扶贫方法，又使得一些农村贫困户滋长了依赖思想，形成一种需要长期“输血扶贫”现象。

要变“输血扶贫”为“造血扶贫”，实现精准扶贫，必须鼓励和支持农业产业化重点龙头企业利用成熟的经验、完善的模式、先进的技术，与贫困村、贫困户紧密合作。应充分发挥产业扶贫的政策优势，将贫困村、贫困户的产业扶贫资金入股经营，引导农业产业化龙头企业为贫困村、贫困户保底分红，促进助农增收，形成“造血扶贫”新格局，从根本上实现农村贫困人口的真正脱贫。只有这样，才能真正实现脱贫攻坚目标。

四要着眼扶持农业产业化龙头企业更好地进入农产品流通领域，努力实现效益最大化。

近年来，农产品物价虽然上涨很快，但农民却未能实现收入增长。其中的原因是多方面的，但农产品物流发展不完善是重要因素之一。在我国农产品物流领域，还没有建立与之相适应的现代物流体系，传统、封闭的自产自销型物流模式，导致农产品附加值低，农民增产不增收。以农产品批发市场为例，由于农产品在流通过程中流通主体多，形成层层批发商的模式，增加了农产品到达消费者手中的中间环节，导致商品的价格在流通中逐渐抬高，压低了农民的利润空间，而且最终的消费者还必须认可较高的农产品价格。由此来看，中间商成了这一过程中真正的最大获利者，农民并没有获得最大的收益。

农民增产不增收的主要原因，是农产品物流信息化程度低，各物流企业之间缺乏系统整合，各自为战，加上物流技术、运输方式方面的落后，让农业产业化龙头企业难以扩大规模，经济效益低下。国家应进一步落实鲜活农产品运输“绿色通道”政策，完善“绿色通道”适用品种范围，降低农产品物流成本。同时，出台相关政策，支持铁道、交通运输等部门，优先安排农业产业化龙头企业大宗农产品的运输。应鼓励和扶持农业产业化龙头企业改善农产品加工、贮藏、运输和配送等冷链设施与设备。应支持有条件的国家级和省级农业产业化龙头企业，进入重要农产品流通行业，实现效益的最大化。

9

第九章

强化品牌，精心打造不懈怠

01
农产品必须倾力打造品牌

在新发地市场30多年的发展历程中，不同的发展阶段都有不同的企业口号，来引导市场的发展方向。

2017年，张玉玺提出了新发地的口号：守法是底线，品牌是关键，文化是灵魂，发展靠奉献。这20个字当中，“品牌是关键”指出了新发地今后几年的发展方向。张玉玺不止一次在公开场合表示，“品牌化”不但是未来新发地转型的方向，也是中国农业未来发展的唯一出路。品牌是关键，必须要研究品牌。品牌就是“烙印”，是在消费者心目中某类产品的“代表形象”。消费者提起某类产品时，就会马上想到其“代表形象”。如“好空调格力造”，就是在树立品牌形象。

农产品只有“品牌化”，才能提高附加值。中国的农产品存在品牌信誉度低、产品附加值低等问题。张玉玺认为，发展农业，没有放心产品什么都是一纸空谈。但有了放心产品，而不能形成标准化也不能提高附加值。张玉玺说："我们都在讲食品安全，但如果没有品牌，食品安全就是一句空话。因为没有品牌，就很难实现可追溯，很难监管。农产品生产最应该引起重视的，就是地理标志品牌，比如'烟台苹果''京华火腿''五常大米'等，地理标志很快就能把产品的名气打出来。我国有2000多个地理标志保护产品，超过世界其他国家的总和，其中，有95%以上都是农副产品。这些产品在国内国际市场中很受欢迎，是我国农业'走出去'的拳头产品。"

张玉玺到上海自贸区考察时，发现上海每天都有十几架货机专门运送中国人在世界各国买来的品牌货物。他说："为什么大家都在看品牌、买'品牌'？因为品牌是不作假的承诺，品牌是社会责任的体现。中国是出口大国，也是农产品的产销大国，但却是一个品牌小国。我们出口的品牌，90%以上是靠贴标的，不贴标就卖不出去。"

新发地市场要求进场的农产品都要有"产地证明"和"检测证明"，其目的一方面是为了搞好食品安全，另一方面就是为了树立农产品品牌形象。张玉玺说："今后，新发地市场将要求进场的农产品都要有'品牌证明'。搞品牌确实很难，如果不难，还用反复强调打造什么品牌吗？打造品牌，是属于英雄造时势。没有柳传志，哪来的联想？没有郎平，哪来的中国女排？没有徐柱，哪来的悠乐果？没有潘孝海，哪来的鹏程万达？因此，打造品牌必须得先有人，有人才能打造品牌。"

品牌是企业的核心竞争力，能够大幅度提升产品的附加值。一种猪肉，你用原始的方法销售，即使仅卖每公斤14元，消费者也不见得一定要买你的。而打造品牌后，即使卖到每公斤40元，消费者也会抢着购买。算一算，有品牌比没品牌每公斤多挣了26元，这就是品牌的附加值。2013年，褚橙作为励志橙卖火了，很多人都买不到货。褚橙卖的不是橙子，而是故事。褚时健70岁时因烟草大落，80岁时又借橙子东山再起。所以说，中国农产品不是没有出路，而是缺乏思路，不是农产品质量差，而是品牌差。打品牌第一靠实力，第二靠信心，第三靠智慧。只有这样，才能把我们的品牌搞好。大家一定要智慧、要勇敢、要抓住机遇。如果真想做大做强品牌，还要包容、自律、不忘初心。

对新发地市场的客户，张玉玺反复强调说："我们的品牌就是'新发地'，'新发地'本身就是品牌。你们也得研究自己的品牌，可以跟新发地并肩前行、互相助推。"

张玉玺对于品牌的深刻认知，也使"新发地"成为了首都的一张名片。

早在2009年，在美国纽约发布的中国最有品牌价值的100个企业中，"新发地"就榜上有名，名列中国最有品牌价值企业第81位，名列北京市最有品牌价值第16位，品牌价值达19.05亿元，新发地市场被誉为最有发展潜质的朝阳企业。

中国的农产品在流通方面主要面临着两方面的问题：一是好的产品卖不出好价钱。究其原因，还是农产品的品牌性较弱，市场上总有以次充好的情况发生。比如，新发地的水果有270个品种，每个品种又可以分为好多品类，假冒伪劣商品太多，坏的要跻身好的品牌。再比如，真正的五常大米年产量才100多吨，但市场上"中国五常大米”的年产量超过1000吨，其中90%是东北大米假冒的。但作为农产品从业者来讲，东北大米也很好，只是没有五常大米宣传得好。二是食品安全得不到彻底解决。目前，解决食品安全的办法，是食药局进入市场，农产品要有“产地证明”和“检测证明”才能进入新发地市场，缺少任何一项，都会追其根源，合格后才能进行销售。政府的介入，从一定程度上解决了食品安全的问题，但永远达不到百分之百，主要原因还是农产品没有品牌。农产品的品牌代表实力、代表质量、代表种植者的品德。质量是企业的生命，农产品有姓有名了即相当于有了品牌，名和姓缺一不可。

仅就水果种植行业来看，很多是散户种植，没有形成统一的规模化种植。每家果农都使用自己的一套种植方法，种出来的果子质量参差不齐。有些果农凭借经验种植，不懂得防范自然灾害，完全是靠天吃饭，遇到极端天气，果子就受挫。有些果农即使种得好，但没有形成自己的品牌，照样也只能是进入低端市场。农产品没有品牌和非标性，是目前阻碍农产品电商发展的主要原因。供给侧改革，就是提倡中国农产品品牌爆发。生态、质量、品牌，将是中国农产品发展的方向。

农产品品牌化需要做很多事情，比如土地规模化、产品标准化以及宣传推广。而对于农民而言，中国农业的发展方向，首先是土地一定要规模化，有规模以后才能讲品牌。品牌是有标准的，比如说佳沛奇异果的大小和维生素C含量、果重和果围等，都是有标准的。其次是宣传要抓住消费者的心理，并能讲好中国故事，比如褚橙的故事。

02
树立品牌大王，提高农产品质量

在新发地市场召开的2016年度工作总结表彰大会上，共有30名客户荣获了“特殊贡献者”称号并得到表彰。这些客户，大部分都是新发地市场的各类农产品“大王”，他们的共同特点就是业务做得大，有自己的品牌。同时，在2014年度首次推出新发地单品经营“十大王”的基础上，再次推出了2015年度新发地农产品“单品经营大王”，数量达到81个。张玉玺在会上说；“我们都在讲食品安全，如果没有品牌，食品安全就是一句空话，没有品牌就很难实现可追溯，很难监管。”

新发地市场2015年所推选出81个农产品“单品经营大王”，与新发地市场一起联手进行基地建设，把各地的名优农产品带到北京市场。新发地市场在对这些“大王”进行扶优、扶大、扶强的过程中，不仅对它们进行广泛宣传，还在金融、政策等方面给予重点扶持。同时，新发地市场还支持客户学习先进管理模式、互联网知识，学习如何打造、宣传推广品牌，从而把品牌做大做强，实现市场客户由“千军万马”变成“精兵强将”。

2019 年 1 月 31 日，新发地市场“2018 年度文明经营户暨第三批单品经营大王表彰大会”在新发地国际会展中心举行，678 名商户受到表彰。其中，8 人获得“有特殊贡献的文明经营户”称号，570 人获得“文明经营户”称号，100 人获得“第三批单品经营大王”称号。新发地市场本着“扶大、扶强、扶优、扶品牌”的原则，催生了数以千计守诚信、重品质、塑品牌的大商户，年交易额超亿元的有 168 家，他们成为农产品批发行业名副其实的“王”者。文明尚德铸造就了一支农产品皮批发市场的铁军。正是这样一个群体，保证了首都餐桌一年四季果菜飘香。

广大消费者越来越关注食品安全。近年来，新发地鼓励客户提档升级，改变简单的搬运工模式，从源头做起，在外埠建立自己的种植基地，打出自己的产品品牌，实现从生产种植到加工、包装、运输，再到批发市场进行配送、销售的一条龙、全产业链发展，实现对农产品品质和质量安全的管控。

在张玉玺的倡导和引领下，新发地客户所拥有的自有品牌不断增加。他们自建基地，发展自有品牌，实现对农产品品质和质量安全的管控。如“土豆大王”余功成，在全国各地建立了标准化种植基地 4000 亩，推出了“成功土豆”这个自有品牌。香蕉批发大户与菲律宾穆萨马特农场合作，推出“英利达”进口香蕉这个自有品牌，带动十多户香蕉批发大户相继与农场达成合作意向，进口香蕉月销售量达到1000吨。水果经营客户徐柱将自己经营的所有水果全部冠以“悠乐果”商标，年销售额达5000万元。“实赣派”赣南脐橙、“陕陕的红心”延川苹果、海蜇大王岳德峰的“德峰”海蜇、“大葱大王”毛永习的“永习”大葱、“樱桃大王”刘文坡的“润福园”樱桃等一系列品牌农产品都在新发地热销不衰。

提起新发地市场的“品牌大王”，张玉玺总是情不自禁地把微笑挂在脸上。

“樱桃大王”刘文坡2003年来到新发地，主营大樱桃，兼营甘肃花牛苹果、赣南脐橙等水果品类。他所经营的水果，全部冠以“润福园”品牌。他一直秉承着品质第一、顾客至上的原则，诚信经营，竭诚地为首都市民提供优质新鲜的水果，并成为永辉、京客隆、美特好等大型连锁超市的长期供货商。刘文坡在辽宁、河北两省建有800亩的大樱桃种植基地。其中，辽宁省绥中县大樱桃基地位于辽宁省绥中县范家乡，投资达500万元，占地面积160亩，建大棚22座，植入10年生大樱桃美早树1166棵，成为绥中县首个温室大樱桃示范区。刘文坡种植出来的大棚大樱桃，含有丰富的枸橼酸、酒石酸、胡萝卜素、维生素C、铁、钙、磷等对人体有益的成分。每年从2月份开始上市销售，一直销售到7月份。

“石榴大王”郑德厚经营鲜桃、草莓、苹果等很多时令果蔬，而石榴一项就占其中的70%。2015年，郑德厚的石榴年销售额首次突破2亿元。在经营过程时，郑得厚总是琢磨着怎样才能让果品卖出一个好价钱。他除了自己卖蔬菜水果外，还热衷于把各个产地的农民召集到一起，帮助他们走进新发地，带领他们直接销售自己种出来的农产品，经郑德厚帮助过的产地农户已有100多户。郑德厚说，新发地市场的学习机会多、客户关系好、治安状况稳、领导业务熟、发展空间大。2010年，郑德厚与新发地“西瓜大王”潘孝海合作，投资改造了5600多平方米的新疆大厅，建立了核桃、大枣等新疆特产营销平台。

“大葱大王”毛勇习是一个“80后”的农村女子，10年前，她两手空空、负债累累地来到新发地。10年后，毛勇习一跃成为“全国文明诚信经营户”、新发地市场的“大葱大王”。毛勇习19岁结婚，20岁生子，随后因丈夫突患重病而身陷窘境。为了给丈夫治病，毛勇习不仅花光了积蓄，还欠了4万多元外债。无奈之下，22岁的毛勇习带着患病的丈夫，毅然来到了新发地寻求谋生之路。起初，由于丈夫身体不便，夫妻二人只能靠替别人剥大葱、打零工来维持生计，后来逐渐走上了批发蔬菜的致富之路。毛勇习不仅拥有了以自己名字注册的公司和大葱品牌，并在福建、河南、山东、河北建立了3000多亩大葱种植基地。

“猕猴桃大王”徐柱是“悠乐果”品牌的创始人，担任悠乐果（北京）科技发展股份有限公司董事长。悠乐果公司集种植、批发、销售于一体，总部设在北京新发地农产品市场，1万余亩的生态种植基地遍布陕西、浙江、新疆、广东、四川、云南等地，并在越南和泰国建立了进口水果直供基地，并拥有3万吨的保鲜冷库。悠乐果公司还在猕猴桃主产地陕西省周至县及武功县，分别建立了1000亩和2000多亩的猕猴桃示范园，园内实行24小时实时监控，确保从产地到销地的质量安全。2018年，“悠乐果”年销售总额达

11.6亿元，年销售总量达8万吨。其中，猕猴桃单品的年销售额度突破1.5亿元，年销量达1.2万吨。

03
把创品牌当成最大的政治

“创品牌是市场经济当中最大的政治。”这句话是张玉玺说的，也是新发地市场的理论核心，是新发地人的思想基石。

品牌作为市场经济的产物，往往是一个国家经济实力的象征。过去，外国列强依靠坚船利炮来侵略我们，来掠夺我们的财富。而当今，外国人依靠“牌子”来侵蚀国民的思想，占领我们的经济领域，取得了他们用坚船利炮所达不到的效果。在这场看不见流血、没有硝烟，实则更残酷、更复杂的全球化的商战中，谁能够创出品牌，谁能够夺取市场，谁就是政治上的最终胜利者。

正是基于这种考量，张玉玺提出了“创品牌是市场经济当中最大的政治”的核心观点，并把创品牌、创利润作为政治工作的最终目标，创造性地把政治工作运用到经济建设上来。他说：创品牌就是最好的爱企业、爱岗位，创品牌还是最好的爱国家、爱民族。一个企业能创出中国人自己的品牌，就是最大的爱国主义。品牌是市场经济中的“原子弹”，必须从这样的高度来认识品牌，来发展品牌，来壮大品牌，否则，我们就会在国际商战中败下阵来。

新发地创建30多年来，从无到有，从小到大，由弱到强，不仅成为带动中国农产品大流通的超级“绿色航母”，而且间接带动近百万名农民就业，为服务首都百姓、繁荣首都经济、维护首都稳定、促进“三农”增收、解决农民就业做出了突出贡献。新发地市场的发展优势和发展潜能，是中国其他任何一个农产品批发市场都无法比拟的。

在张玉玺的心里，认为中国农业农产品存在的最大问题，依然是缺少品牌的问题。怎样切实解决这一问题，张玉玺倡导必须从四个方面抓起：

一是讲好品牌的中国故事，提高农产品品牌附加值。品牌是农产品的核心竞争力，能够大幅度提高农产品附加值，不能只停留在售卖原材料阶段，要深度开发，让消费者一眼看出品牌。

二是以品牌企业为龙头，带动形成我国农产品的规模化和标准化。品牌企业在国际上具有影响力、竞争力和话语权。农产品可以立足于地方特色，建立自己的品牌之路，一方面增加地标性品牌的知名度，另一方面可实现“地域品牌＋企业品牌”双品牌构架。

三是建立产品分销平台，注重人才的培养。建设各地农产品特色小镇，借助政府的支持和自身体系聚合力，与当地千家小卖家共谋发展，为小卖家提供专业的培训服务，对上游货源进行统一的整合和并提供采购标准。

四是建立农产品的安全机制，维护中国农产品的国际形象。随着人们消费观念由原来的吃得饱，转变为吃得好，品牌的品质越来越重要，而农产品的品质要素在于安全。批发市场作为这些品牌农产品集散地，更应该做好品质保障工作。

在 2016 年 6 月召开的第四届京交会 2016 生态中国国际推介高峰会上，新发地获得“2016‘生态中国’十大优选品牌”荣誉。

到 2018 年，新发地市场在全国建立了 16 个产地市场和 400 多万亩生产基地，将质量把控关口前移。积极帮助有品牌、有信誉的客户做大做强，支持他们扩大在产地的种植面积，引导产地走标准化、品牌化道路。张玉玺说：“我们将依托市场为平台，集产地、市场、超市为源头，为首都市民打造一个生活体验超市，不仅在食品安全上让消费者放心，还要丰富首都市民餐桌和提高人们生活质量。”新发地珍品荟生活超市的商品类别涵盖水果、蔬菜、米面、粮油等市民日常生活所需。依托强大的生鲜产品供货商资源，新发地市场发力生鲜超市后，与同类超市相比，拥有 10% 至 20% 的价格优势。张玉玺头脑清醒地说：“今后，中国农产品发展大趋势，必将是‘规模化 + 品牌化’的发展模式。”

随着首都国际化大都市建设的推进和京津冀一体化战略的实施，新发地制定了“内升外扩”的市场业态转型发展战略。新发地市场正在对经营业态进行全面提档升级，同步将产业链条向生产和零售两个领域延伸，建设以新发地为半径的北京农产品供应圈，提升现有农产品存储量，打造全国农产品流通的新名片。

在非首都功能疏解大背景之下，新发地走出了自己的疏解之路，最终走上“品牌化”的道路。新发地的水果有 270 个品种，每一个品种又可以分为好多品类。消费者越来越关注食品安全，新发地鼓励客户提档升级，改变简单的搬运工模式，从源头做起，在外埠建立自己的种植基地，打出自己的产品品牌，实现从生产种植到加工、包装、运输，再到批发市场进行配送、销售的一条龙、全产业链发展。

04
品牌推广，要既有文化又有标准

2018 年，新发地市场的再一次升级转型已经全面启动，蔬菜综合交易楼正紧锣密鼓加紧建设，一个与首都相匹配的现代化农产品交易市场呼之欲出。升级转型完成后，新发地市场将焕然一新，成为集观光、旅游功能于一体的花园式购物中心。张玉玺表示，新发地市场将持续推进产品、包装的标准化和品牌化。在产地将包装标准化后，减少再包装成本，同时也为相应的城市垃圾减量。大力实施“扶大、扶优、扶强、扶品牌”战略，重点扶持 3000 户各品类客户，扩大他们在产地的种植面积，引导产地走标准化、品牌化道路，切实保障首都农产品供应。

一直都致力于农产品行业的发展以及品牌推广的张玉玺，在谈及中国农业未来的发展时说，农业作为国民经济的重要组成部分，在中国历来被认为是安天下、稳民心、谋发展的基础性、战略性产业。在世界贸易体系中，中国作为农产品生产大国和消费大国，对国际市场有着巨大影响。近年来，虽然中国农业已经迈入了发展的快车道，但农业改革仍是一块硬骨头，必须要有新突破。由于农业科技投入不足、产品质量把关不严等因素，中国部分农产品受到挤压，而进口的同类农产品虽然价格高昂，却受到人们的普遍欢迎。究其原因，就是人家的产品有品牌。

在一次专家会议上，张玉玺作了一个观点鲜明的发言，强调创品牌必须做到既要有文化，又要有标准，同时做好品牌宣传。

他说："虽然我们是农业生产大国，但却是品牌弱国。提到中国农业品牌，我们先说两句话。第一，万家茶企不抵一家立顿，这是前几年新华社的一个报告。中国的 7 万家茶厂产值，抵不过英国的一个立顿。什么原因呢？中国每年产茶 120 万吨，但仅出口 30 万吨。虽然产茶面积世界第一，但立顿的茶叶每年的产值高达 30 亿美元。什么意思呢？我们中国茶企研究的大多是茶叶的制作，而立顿生产的是成品，靠的是大流通，搞的是工业化。立顿研究的是喝茶，研究的是茶壶，正好是一产、二产、三产融合了。

"'五常大米甲天下，天下大米假五常'，反映了农业大国强农业、强国转型面临的困境，也是我们今后发展品牌农业要着力解决的问题。品牌代表着一个实力，品牌代表着品质和质量，品牌代表着诚信。我觉得，中国的农产品品牌，最好是以地域标志命名，这样才最有生命力。大家都知道西湖龙井茶、阳澄湖大闸蟹、洛川苹果、五常大米、南丰蜜橘，凡是以地理标志命名的，我认为生命力最强。

“品牌要有文化。好的品牌必须要有好的文化。有文化没品牌，难以突破；有品牌没文化，难以长久。什么原因呢？有品牌没文化就是缺乏一种文化架构，就容易犯作假、掺假、弄虚作假的错误。单有品牌而没有自己本身的文化就不行。我讲品牌，讲中国的漫长历史。我想起了元朝，元朝最有生命力的就是品牌。元朝最大的品牌就是快马、弯刀。成吉思汗不仅征服了中国，还征服了欧亚大陆，使元朝成为历史上版图最大的帝国。但是，蒙古人长期的游牧生活，本身就缺乏行政管理、组织建树，民族文化相当薄弱。元朝之所以不能够长久，就在于它没有文化。我又想起一个朝代，就是秦朝。秦始皇依靠武力打下江山，实现六国统一，真的不容易。但是，他犯了一个错误，就是焚书坑儒。他没打好品牌，没研究文化，因此，没有文化的品牌不可能长久。

“中国传统文化重视的是仁义礼智信，其中的信就是诚信。诚信是企业的金字招牌，是经营者的良心，只有讲诚信才能赢天下。一个诚字道尽了企业发展的内涵，说明品牌和文化的重要。诚就得真心、不欺骗、不隐瞒。我去过日本，日本有一个老头做寿司，不管外面排了多少人的队，他都是一丝不苟地去做。寿司是日本传统美食之一。主要材料是用寿司醋调味过的维持在人体体温的饭块，再加上鱼肉、海鲜、蔬菜或鸡蛋等做配料，其味道鲜美，很受日本民众的喜爱。所以，我们有了品牌，但如果没有文化，如果没有诚信，做什么事情都不可能长久。

“品牌还要有标准。新西兰奇异果就是猕猴桃，猕猴桃就产自中国。猕猴桃是谁起的名字？明朝的李时珍在采药时，发现一种野生的果子，长得很小，长着白毛，味道偏酸。猕猴特别爱吃，所以就命名叫‘猕猴桃’。100多年前，新西兰的一个修女来到中国传道，来到湖北，临走时带回了两棵猕猴桃树苗。这样猕猴桃就传到了新西兰。经过多年的培育，猕猴桃在新西兰产量大增，当地人民根据奇异鸟的形状与猕猴桃的形状相似，将其更名为‘奇异果’。我们都知道，佳沛集团将新西兰奇异果打出了品牌。我们到新西兰佳沛工场参观过两次，发现佳沛奇异果有自己的标准。奇异果讲果围，太粗了不好，太细了也不好；讲重量，太大、太小都不成；讲酸甜比，太酸、太甜都不行；讲维生素C含量；讲硬度。都合格了，才叫佳沛奇异果，才能装进佳沛奇异果的箱子；没有达标的，不能打这个品牌到市场上销售。而不合格的，只能放到市场随便卖。所以，品牌推广，第一个要有文化，第二个要有标准。

“品牌得做好宣传。当今的农产品供大于求，消费者的选择性很多。我们说‘好山好水出好果，出了好果还要好吆喝’，现在农产品是‘酒香还怕巷子深’，你们说假五常大米特别多，那五常大米为什么出名啊？我觉得就是它拍了一个好的宣传片。五常大米在新发地办了一场推介会，正好赶上中央1台拍摄《舌尖上的中国》，播了两次之后，就火了，宣传片拍的很简单：春天在蓝天白云下播种，夏天的稻田里游着小鱼儿和蝌蚪，稻穗上蜘蛛在结着网，还有蜻蜓在上面飞翔，一群麻雀在吃稻谷。它告诉了消费者，我们这儿的大米是安全的，我们没使用农药，也没使用化肥，我们的大米是安全的。这话没有直接说出来，如果打农药了，蜘蛛还能织网吗？小鱼还能活吗？这都是在暗示消费者。有了品牌，有了文化，你还要宣传好品牌，一定要抓住消费者的心理去宣传。

“宣传品牌，要讲好中国故事，这个特别重要。我讲一个中国农产品的品牌故事。前段时间，我去了贵州。贵州有个湄潭县，湄潭县有个茅坝乡，出产一种米叫“茅坝贡米”。关于这个米，它有两个故事，一个故事是：在明朝嘉靖年间，这里出了一个县官，明朝规定‘八百里不为官’，他在山东泰安的肥城当知县。当时，他带了十斗米，献给嘉靖皇帝，嘉靖尝完以后，感觉松软清香、特别好吃，就把这种米定为贡米，世称‘茅坝贡米’。另一个故事是：在抗日战争时期，浙江大学为避战乱西迁贵州湄潭。当时浙江大学的校长竺可桢在尝到茅坝大米后，觉得特别好，就提笔写了四个大字：‘黔中之宝’。有了这两个故事之后，有个叫王建明的就和贵州大学合作，就把这个大米品牌开发出来了。现在这 2500 亩的产地，亩产为 600 斤。产量不高，但质量很好。那么，这么好的米卖多少钱 1 斤呢，一级米 368 元，二级米 268 元，最次的米 168 元，这样就全卖完了。你说农民能不挣钱吗？但我认为，这米不一定比东北大米好吃，因为明朝时期还没有东北大米呢。它能卖这么好的价格，就是讲好了这两个故事。所以要研究，讲好农产品的品牌故事。”

10

第十章

人才至上，选人用人为根本

01
选贤能之才，造就腾达企业

张玉玺认为，当今社会，企业的竞争就是人才的竞争。企业真正需要的是三种人才：一是实用型人才，在本职岗位上不可或缺。比如做饭店生意，如果请不来好厨师，这个饭店最终就好不到哪里去。张玉玺说，有一天他在花乡吃饭，觉得饭店跟以前大不一样，人也多了，饭菜也好了。后来才知道，饭店请来了新厨师，这就叫实用人才。实用型人才普遍很缺，像修脚工这种有一技之长的人才。二是行业中的领军人才。如阿里巴巴的马云、联想的柳传志等，他们无疑是这个行业中的领军人才。新发地有几个行业是不错的：一个是餐饮业，一是个市场。三是区域性人才。如北京丰台区草桥实业总经理王茂春、北京韩建集团有限公司党委书记兼董事长田雄等。他们在区域方面能够做别人做不了的事，是在政治、经济、民主、和谐发展等方面都做得非常好。在市场竞争中，人才资源已经实实在在地成为一种资本，而且是企业的第一资本。

新发地市场所需的人才，一直大力提倡从企业内部培养，积极探索适应新发地市场发展需求的人才培养和使用模式，让人才用得好，留得住。当今的大学生，有相当一部分总是梦想着自己的工作应该是舒服的、体面的、轻松的、少干的、多拿的，这样的人，即使再有知识，企业也难以驾驭。企业尤其需要“开口能讲话、来客能接待、业务能处理、有事能摆平”的这类复合型人才，而这类人才，企业必须要立足实际，自己培养，宁可培养时间花得长一点，培养成本投得大一点。

1979 年 12 月出生的顾兆学，虽然还未满 40 周岁，却已经是新发地农产品批发市场的常务副总经理，掌管着新发地市场的诸多事务，顾兆学能获得这样一个职位，完全是张玉玺慧眼识珠、知人善任的结果。可以说，没有张玉玺，就没有顾兆学的用武之地。

1997 年腊月二十六，年仅 18 岁的顾兆学刚刚高中毕业时，就告别了甘肃省武威市古浪县谷丰乡王府村自己的老家，进入新发地市场，成为一名保安员。当时，国家推行高校招生收费并轨制。也就是说，学生上学要自己缴纳部分培养费用，毕业生大多数人实行自主择业。由此来说，高校的学费开始增加。

在这样的背景下，顾兆学作为应届高中毕业生没能考上大学，当他得知北京市丰台保安公司招收 4000 名保安员的消息后，马上报了名。也许就是这个决定，彻底改变了顾兆学的命运。

当时，他每月的工资为 228 元。他在新发地市场的岗位站了 14 天后，保安公司在每个大队考试录用内勤和秘书各一人。考试的内容很简单，写“我爱中华”这4个字，谁写得好就用谁。由于顾兆学打小喜欢书法，曾经练习过书法。就在一年前1996年的腊月二十四，顾兆学把自己所写的200副春联，拿到市场上去卖，很快被抢购一空，一共卖了189元。回到家里一算账，去掉相关费用，净赚了100多元。于是，顾兆学凭借深厚的书法功底，成功考取了15大队的秘书一职。

顾兆学既喜欢书法，更喜欢文学，曾经常写一些诗歌、散文之类的文学作品。成为保安公司的秘书后，他一边做好本职工作，一边利用业余时间写一些新闻报道稿件，实现了本职工作与业余爱好两不误、两促进。他从秘书做起，到副班长、班长、副中队长、中队长，直到副大队长，职位不断升迁，工资也从280元涨到498元。

1998年年末，顾兆学写新闻报道的事，被新发地市场总经理张玉玺知道了。于是，真心喜爱人才的张玉玺，开始关注着顾兆学的动向。经过一年多的观察，2000年1月，张玉玺把顾兆学叫到自己的办公室，长谈了一个多小时。张玉玺与顾兆学约定：一年后，顾兆学在保安公司工作的合同期满时，到新发地市场工作。

2001年2月，当顾兆学的合同期满时，张玉玺如期把他请来，又进行了一次长谈。就这样，顾兆学抱着换一个环境、换一个行业的想法，在张玉玺的感召下，来到了新发地市场，正式成为新发地市场的一名员工。当时，顾兆学每月的工资标准是500元。

进入新发地后，刚开始，张玉玺就默默地培养顾兆学。有一次，新发地市场召开“打黑除恶公开处理现场会”，张玉玺找来了年轻的顾兆学和另两位新发地的老人同时写稿子。结果，顾兆学的600

字讲话稿一气呵成。对此，张玉玺赞叹地说：“年轻，有活力，文章写得嘎嘣脆。”

顾兆学首先做市场的档案管理员。他从头学习，从头做起，把市场的档案室管理得井井有条，许多单位都来新发地学习企业档案管理的经验。进入市场管理层以来，他深知自己缺少大学那种系统的理论学习，便一边努力工作，一边努力充电，白天忙公事，夜里忙读书。能参加的短训班、有机会听的讲座，都没落过。超负荷是痛苦的也是甜蜜的，西装革履的下面，他流的是犁地老农的汗滴子。对此，张玉玺感到自己没有看错人，对顾兆学所取得的成绩非常满意。顾兆学本来是个外地人，但张玉玺感觉他是一个难得的人才，便力排众议，不断地给他机会，不断地重用他。

从此，顾兆学在新发地干起工作来便一发不可收拾。他很快就先后担任总经理助理、新发地市场宣传部部长。到 2005 年，年仅 26 岁的顾兆学被提拔为新发地市场副总经理，主管对外联络工作，同时，先后兼任水果市场经理、蔬菜市场经理。2 年后的 2007 年，顾兆学出任新发地市场常务副总经理，而且一直是任劳任怨。

在短短 5 年的时间里，他曾为新发地市场争取了 5000 多万元的资金，每一笔资金的背后，几乎都浸透着他辛勤的汗水。顾兆学无疑是一个有心人，把国家各相关部委的网站信息全部下载下来，做成了一部《政策项目汇编》。每当有新的政策发布时，顾兆学就加班加点地赶制出可行性研究报告，并主动跑相关部门去争取资金。而到政府招标开始，别人的报告还在酝酿中，新发地市场翔实的分析报告早就已经交上去了。新发地市场所获得的万吨冷库、大型监控器、信息系统、检测系统以及市场硬件建设的贷款贴息等项目，都是在顾兆学的主动争取下拿到手的。他的名字，频繁地出现在各大媒体上，一举成为业内资深人士。

新发地这么大的市场，三教九流，卧虎藏龙，每天都不知会有多少事情需要调解、处理。顾兆学几乎熟悉所有的客户，市场里千头万绪的事，靠的就是那张婆婆嘴、那双飞毛腿。顾兆学说："我能取得今天这样的成就，能为新发地的发展做出一些贡献，主要得益于张玉玺董事长的信任和提携。对于张玉玺，我一直怀着'吃水不忘挖井人'的感情。"

刚任常务副总经理的这个职位时，顾兆学曾受到许多质疑。有人说："不就是个臭保安吗？牛哄哄的干什么？还不是沾了董事长的光？"面对质疑，顾兆学在张玉玺的支持下，选择的是主动沟通，并效仿董事长的做法，对于那些日常有过积怨的人，一旦他们的家里有啥红白喜事，顾兆学都主动表达心意。逢年过节时，顾兆学会在短信里主动地发一个祝福……山沟沟里长大的顾兆学明白，比大海更广阔的是心胸。就这样，顾兆学不仅赢得了张玉玺的信任，也赢得了新发地市场员工和广大客户的信赖和好评。

在张玉玺的眼里，什么叫人才？就是别人认为很正常的事情，能够坚持干下去，而且干出成绩来，这就是人才。

张玉玺的用人之道，就是抓两头，带中间。"抓两头"就是：一头，当出现本地人干不了的事情时，必须选用好外地人。如企业上市、资本运作、资产整合、现代企业管理等事情。另一头，当出现本地人不愿意干的事情时，必须选用好外地人。如保安、保洁、看门值班等事情。这两种情形之外，张玉玺有时也会顶着压力，力排众议，坚决使用外地人。“带中间”就是：带好做后勤管理、综合治理、地摊、交通秩序、收费等事情的本地人。

张玉玺选人用人不唯书，不唯上，只唯实。在张玉玺看来，使用一个人，能不能为新发地市场带来新发展、新变化，就是最大的考核标准。

在张玉玺的眼里，人才是企业的第一资本。市场的竞争，说到底就是人才的竞争。随着科技的不断进步，市场竞争越来越激烈，企业对人才素质的要求也越来越高，市场经济的竞争，最终体现在人才的角逐上。企业创新管理的一个重要趋势，就是从对物的管理转到对人的管理。人既是管理的手段，又是管理的内容；既是管理的对象和客体，又是管理的主体和动力。现代企业管理的创新，科学管理体制的创立，归根到底，要靠一大批人才来实现。因此，人才永远是企业最宝贵的资产。而招聘正确的人，是企业获得优秀人才的第一步。企业的人力资源工作者，不是为某个职位而招聘人，而是为整个企业在招聘人才。所以，人才的价值观非常重要。

张玉玺说：“人才是企业的第一资源，是企业发展最重要的资源和主要推动力。哪个企业吸收并聚集了优秀人才，就获得了竞争的主动权，就会在激烈的科技和经济竞争中立于不败之地。”

02
以德为先，忠诚胜于能力

人才在市场经济竞争的大潮中，发挥着极其重要的作用，而人才的利用，关键要看他的忠诚度。只有忠诚的人才，才能与企业投资者和管理者同心协力，为企业的发展尽心竭力。用好人才，就等于驾驭好了一个企业。人才是现代企业最根本、最具战略性的资源和最核心的竞争要素，企业只有依靠贤能之才，才能更好地生存与发展。

在选人用人这个问题上，张玉玺提出，以德为先，忠诚胜于能力。选择人才，应以德为本，而不能按照资历顺序来进行。打破资格限制，不拘一格地大胆招聘选用人才，这样才能让真正的人才归于自己，才能将人才的效用发挥到最大，进而有利于企业的发展。

能力很重要，可有一样东西比能力更重要，那就是人品。人品，是一个人真正的最高学历，是一个人能力施展的基础，是当今社会稀缺而珍贵的品质标签。人品和能力，如同一个人的左手和右手，单有能力，没有人品，人将残缺不全。人品决定态度，态度决定行为，行为决定着结果。人品意义深远，没有人会愿意信任、重用一个人品欠佳的员工。好人品已成为现代人职业晋升的敬业标杆与成功人生的坚实根基。张玉玺身边的秘书叫童伟，1985 年 2 月 27 日出生于湖北省南漳县，2005 年考入北京工商大学艺术学院，2009 年毕业后就到新发地市场工作。11 年来，董伟将最美好的青春都献给了新发地这片热土。

在一些场合讲话时，张玉玺总喜欢列举一些引进和使用人才成败得失的案子。

20 世纪 90 年代初，“小霸王”中英文电脑学习机刚投入市场时，红得发紫，人们想买还得托关系。应该说，这时候的“小霸王”电器品牌，已经在汹涌澎湃的市场经济大潮中成为一个佼佼者、成功者。可几年之后，一个新崛起的品牌“步步高”逐渐击败了许多同行的“老大哥”，一路高歌，迈入了中国电器行业的排头兵行列。而此时“小霸王”却效益低迷，市场份额不断地流失，最终宣告破产。什么原因？原来是“小霸王”的技术骨干丢下“小霸王”，成为“步步高”的负责人。这个骨干是一个事业心强、具有较强管理能力和很高技术水平的能人，但却因为与“小霸王”企业负责人产生分歧和隔阂，而选择了离开。“小霸王”的由兴到衰，“步步高”的由小到大，这中间的过程就是人才的力量。

众所周知的河南双汇集团，起家以火腿肠出名。火腿肠为什么出名？是因为双汇的肉比别的企业产出的肉好吃。收购来的猪进入双汇，一定会受到善待，绝没有踢打，在屠宰前还会给猪洗澡，放点轻松的音乐，如《喜洋洋》之类的曲子。这样做的目的，就是不让猪的情绪有大的变化，避免产生毒素，这样生产出来的肉制品，会更卫生。这种善待猪的科学方法，是双汇人才的成果，被业界纷纷效仿。但双汇发展辉煌时，其核心人才也被对手死死地盯住。2004 年年初，双汇一个高管被北京千喜鹤集团以高薪和丰厚待遇挖走，引起双汇高层的大震动，从而也在一定程度上影响了企业的效益。而北京千喜鹤却挺起腰杆和双汇叫板肉类市场。后来，千喜鹤与双汇在市场的份额上几乎平分秋色。

北京的“五星”啤酒于 1915 年建厂。1959 年，周恩来总理指定“五星”啤酒为国宴用酒。1995 年以前，“五星”啤酒几乎垄断了北京市 80% 的市场份额。而现在的“燕京”啤酒在 1980 年时，还是一个名不见经传的小型乡镇作坊企业。90 年代末，“以人为本”的“燕京”挖走了“五星”啤酒的一名主管技术的骨干厂长。此后“燕京”迅速发展，而“五星”开始每况愈下。两个啤酒企业的市场占有率很快平分天下。“五星”看到自己丢失了京城啤酒市场的龙头宝座，慌了手脚，就犯了一个致命的错误。他们为了增加市场的占有量，采取贴标的方式，将一些小厂家的啤酒厂收购并贴上“五星”标签。由于质量无法控制，“五星”啤酒便很快失信于消费者，最终倒闭。而“燕京”啤酒则恰恰相反，一跃成为全国啤酒行业的龙头老大。

张玉玺认为，人才在市场经济竞争中的作用真是太重要了。人才能救活一个企业，也能毁灭一个企业。用好人才，就等于驾驭好了一个企业。人才是现代企业最根本、最具战略性的资源和最核心的竞争要素，企业只有依靠贤能之才，才能更好地生存与发展。

在选人用人这个问题上，张玉玺提出，忠诚胜于能力。“忠诚胜于能力”是美国海军陆战队200多年来最重要的作战箴言，也是世界500强企业选人、用人、育人、用人、留人的重要标准。忠诚是一种品德，更是一种能力，而且是其他所有能力的统帅与核心。一个人的策划能力、组织能力、技术能力、沟通能力、解决问题的能力等，只有通过忠诚这个核心，才能体现它们的价值。缺乏忠诚，其他的能力就失去了用武之地。而且忠诚还是一种责任，就是愿与企业同命运、共荣辱，视企业的生命为自己的生命。所以，一个企业选拔人才，首先要看他是否是一个忠诚事业、敢于担当的人。

张玉玺深有感触地说，选到了人才，还关系到怎么用好人才。人才的数学公式不是“1 + 1 = 2”的关系，相反，可能会变成“1 + 1 < 1”的关系。这是一种人才叠加而能力削弱的现象。但还有一种人才现象是“螃蟹现象”。钓过螃蟹的人都知道，篓中放了一群螃蟹，不必盖上篾篓盖子，因为只要有一只螃蟹想往上爬，其他螃蟹便会纷纷攀附在它身上，结果是把它拉下来，最后没有一只能够出去的。企业里经常就有这样的人，嫉妒别人的成就与杰出表现，天天想办法破坏与打压，如果不予去除，久而久之，企业组织里就会剩下一群互相牵制、毫无生命活力的“人才螃蟹”。所以，拿破仑说：“两个元帅当家，不如一个元帅做主。”

在张玉玺看来，新发地市场作为一个半公益性的企业，要保持可持续发展的后劲，就必须在人才机制、激励机制、竞争机制等方面进行改革。要把目光放到“人才与市场效益息息相关”的角度，排除一切干扰，跳出和打破地域、亲属、血源、关系源的圈子，不拘一格降人才，真心实意重人才，想方设法激励人才，合情合理使用人才，让各类优秀人才脱颖而出。

作为一个企业的掌舵人，张玉玺每天都要考虑怎样才能使用好每一个员工，力求做到知人善任，人尽其才。

03 知人善任，做到用人不疑

对于一个企业来说，选人用人，重在用人，切实把人才资源当成企业的第一资本。作为一个企业的掌舵人，张玉玺每天都要考虑怎样才能使用好每一个员工，企业里还有没有“沧海遗珠”。他力求做到知人善任，人尽其才。正如管理学大师、著名学者彼得·德鲁克所说：管理者的任务不是去改变人，而在于运用每一个人的才干。

张玉玺说：“有了人才，还要会管理。管理的本质是为了提高效率，而管理的最高境界是不用管理。要达到这个境界，管理者就得学会激发被管理者进行自我管理。而自我管理的前提是，管理者能够挖掘出每个部属的长处，让个人充分发挥特长，凝聚共同的愿景和一致的努力方向，以建立团队合作、调和个人目标和共同福祉为原则，并为他们立下近期与远期的目标，让他们更上一层楼。然后，再针对每个人的优势和弱点，定下对策，使他们在发挥自己长处的同时，不至于受到自己弱点的牵制。”

同时，张玉玺总是对人才和员工倍加关心，倍加体贴，让他们在企业里感受到温暖，最终形成企业的凝聚力与战斗力。他说：“选拔人才要不看文凭看能力，要不拘一格降人才，看有没有真才实学，能不能胜任工作。选拔的人才不搞终身制，实行能上能下。对某些小问题下去的人，也不能搞一棍子打死，要观其后效，给予重新改过的机会。”

经常去新发地市场批发果蔬的采购商都知道，新发地市场有农产品销售“十大王”，有农产品销售100个“单品大王”，有数百名“特殊贡献者”，有上千名“文明经营户”，还有一大批“先进工作者”，等等。在张玉玺的心目中，这些人都是新发地市场的特殊人才、宝贵资源、最大财富，新发地市场必须要使用好、尊重好、保护好。张玉玺说，新发地市场能够发展成为首都市民的大“菜篮子”、大“果盘子”，与市场上上下下的诚信经营、共同努力是分不开的。因此，为市场发展做出突出贡献的“十大王”“单品大王”“特殊贡献者”“文明经营户”以及“先进工作者”，新发地市场就要进行大张旗鼓的表彰奖励。2000年以来，新发地市场一直都在评选表彰“文明经营户”，一年也没间断过，成为新发地市场的一贯制度。

2019年1月31日，新发地市场“2018年度文明经营户暨第三批单品经营大王表彰大会”在新发地国际会展中心举行。在受到表彰的8名“特殊贡献者”当中，有“香瓜大王”张宗志。2017年，张宗志受新发地市场委派到兰考进行精准扶贫。经考察研究后，建设了2万亩蜜瓜标准化种植示范园和育苗基地。在他的带动下，2018年，兰考蜜瓜种植户增收超过1亿元。因此，张宗志得到了当地人民的认可，还当选为开封市人大代表，为兰考县农业的持续发展建言献策。有着“杧果大王”之称的李建英，是北京新发地的元老级商户，在市场摸爬滚打30年，开辟出了一片新天地。在经营杧果老本行的基础上，2016年他开始接触菲律宾香蕉。一年后，他与菲律宾穆萨马特农场达成战略合作意向，将农场的香蕉园纳入新发地境外标准化种植基地，推出自有品牌“英利达”。从香蕉的育苗、生长、采收到加工装箱，每个环节层层把关，让北京的消费者吃得安全、营养、健康。到2019年，将有超过7万吨菲律宾香蕉装进首都市民的“果盘子”。“圣女果大户”刘佳伟2018年的销售额再创新高，超过3亿元。他在华北、华中、西北、西南等地区建设了1万亩的圣女果和西红柿种植基地，种源、管理、包装、销售全部实现统一，实现了种植集约化、机械化、科技化，而且借助物联网大数据云平台，打造了国内领先的智能化种植模式。“寿光蔬菜大王”周明哲在北京新发地奋斗了20个年头，主要以批发山东蔬菜和南方蔬菜为主，同时也为部队、学校、超市、酒店、机关食堂配送农产品，每年销售青椒、豆角、番茄、黄瓜等十多个品种的蔬菜共3万多吨。周明哲曾参与完成了党的十八大、全国“两会”等重大会议期间农产品供应任务。值得一提的是，2013年1月29日，周明哲作为行业代表向总理汇报过有关蔬菜价格的问题。

这仅仅是北京新发地市场100名“单品经营大王”的一个缩影。目前，新发地市场的很多农产品都已走上了品牌之路，“大王们”

实现了从最初摆摊设点、提篮叫卖到超市专柜、品牌经营的转变，产品越来越走俏。

新发地市场表彰的“特殊贡献者”，都有几个共同点：一是经营业务做得大，成交量大，成交额高；二是多年来一直积极配合市场工作，在各个方面都起到了带头引领作用；三是在建基地、做宣传、打品牌等方面表现突出，成绩优异，成果丰硕。张玉玺说：“我们现在总是讲食品安全，如果没有品牌，食品安全就是一句空话。所以，新发地市场鼓励客户从源头做起，建自己的种植基地，打自己的产品品牌。客户自己出来为产品代言，这也是一种诚信，更是我国优质农产品的发展趋势。”

在张玉玺看来，客户就是新发地市场的人才和宝贝，必须要使用好、维护好、保护好。在新发地市场的全面提档升级过程中，客户阵营将由原来的“千军万马”转变为“精兵强将”。“精兵强将”首先要有自己的种植基地，能够从源头把控产品质量，能够从生产种植到加工、包装、运输，再到批发市场进行配送、销售，实现一条龙，实现全产业链。再就是要学习先进的管理模式、学习互联网知识、学习如何打造品牌、学习怎样宣传推广，从而把农产品经营业务做大做强。张玉玺说：“有句话叫作‘物竞天择，适者生存’，在当前北京市非首都功能疏解的关键时期，我们要快速提升形象、提高效率、增强实力，努力拓展企业的生存空间，为首都优质、安全农产品的供应贡献力量。”

在张玉玺的眼里，新发地市场的数百名“先进工作者”都是最可爱的宝贵人才，他们都为北京市民的“菜篮子”“果盘子”建设做出了突出的贡献。“先进工作者”徐超丽长期担任新发地市场收费组的组长，由于市场客户的修养参差不齐，在收费时什么样的人都能遇上。做这项工作，如果没有点策略，是很容易激化矛盾的。徐超丽爱岗敬业，切实把“爱场、尊商、诚信、创新”的市场精神，创造性地落实到实际工作中，既圆满地完成了工作任务，也赢得了客户的理解和支持。

新发地市场常务副总经理顾兆学说，在用人方面，张玉玺一直强调要做到“三要”：一要勤奋，勤能生巧，勤能补拙；二要有忠诚，忠诚领导，忠诚事业；三要有接受新事物的能力，不因循守旧，不老守田园。

04
培养责任心，勇于担当能够担当

新发地市场的人都知道，张玉玺选人的根本标准，就是德才兼备，以德为先。只有德才兼备的人，才会对事业有责任心，对社会、对单位、对家庭有担当精神。

物以类聚，人以群分。选人的目的，是要找到一些志向相合、品格相吸、兴趣相近、脾气相投的人一起共事，一起干成事。张玉玺之所以坚持用以德为先的标准选人，与他自身的品格密不可分。

当今，中国正处于一个社会转型期，拜金主义、享乐主义、极端个人主义都在不同程度地腐蚀着人们的思想。而张玉玺却始终做到出淤泥而不染，严以律己，艰苦朴素，以良好的工作和生活作风，恪守自己为农民、为百姓办实事的人生信条。他不抽烟，不喝酒，不打麻将，只会认认真真、脚踏实地地工作，只图默默无闻、尽心竭力地奉献。他说："做人要爱祖国，要孝敬父母。如果一个人连这两点都做不到，那他对朋友也不可能有真正的友谊。一个不孝敬父母的人，新发地市场绝不会重用。”

新发地市场能发展到今天这个地步，成为首都市民的大“菜篮子”、大“果盘子”，人才因素无疑起了决定性的作用。毛主席的话说得特别好：“政治路线确定之后，干部就是决定的因素。”张玉玺觉得，无论是机关，还是企业，“一把手”的作用特别重要。他说：“我当兵的时候，有一次去长江。那时候，还没搞三峡工程，长江水位还没上涨。长江三峡有个夔门，就是瞿塘峡，长江流到这里，突然就变窄了，成为一条沟了，水流特别急，而且两边是悬崖峭壁。在这里行船，关键看舵手。如果说舵手不能很好地掌握方向，就会撞到悬崖峭壁，酿成粉身碎骨的悲剧。自古以来，这样的事情时有发生。但是，过了夔门后，长江航道就几乎是一马平川了，行船就容易掌舵了。所以，在夔门这一段，关键靠舵手。舵手就是一种责任，就是一种担当。一个企业、一个村也是一样，‘一把手’的责任心和担当精神特别重要。”

在新发地市场，所有的工作人员和客户，对于自己所管辖的业务来说，都是“一把手”，都必须具有相应的责任心和担当精神。而那些新发地市场的“十大王”“单品大王”和“文明经营户”，更是新发地市场所依赖的“一把手”和舵手。

闫杰是北京新发地山西农产品商城、北京金源润德商贸有限公司的总经理，1995 年起开始自己创办公司，先搞工程，后来涉猎商场、房地产、健身等多个领域。

2015 年年底，闫杰来到新发地，随即对山西农产品商城（也称山西厅）进行了升级改造，主要经营山西名特优农产品。刚开始，由于对农业不够了解，商城经营不太好。后来，在张玉玺的支持和帮助下，他拓展经营思路，对商城进行重新定位，重新规划，并开通了商城的正门，不仅在名优农产品经营上下功夫，还积极引进配送企业，为山西农业做好服务，为山西农业企业和北京新发地市场经营户牵线搭桥，解决了山西部分农产品的销售问题，给农民带来直接的收益。为此，许多人高兴地说："走进新发地，吃遍全世界；走进山西厅，晋品最称心。"现在，山西农产品商城立足新发地，以传播山西品牌产品文化、关注山西农产品流通、推动山西绿色农产品走进新发地为己任，助力山西农产品走向全国。现在，已经打入新发地的山西农产品包括冠云平遥牛肉、荣欣堂太谷饼、亮晶晶平定砂锅、沁州黄小米、野山坡沙棘汁、古灯醋业、天之润枣业、三馨食品、阳之源醋业、长治壶关特产、塞北广灵特产、忻州汇丰杂粮、隰州黄小米等200多个品牌。

在自己做大生意的同时，闫杰还积极响应张玉玺的扶贫号召。2018年4月，山西农产品商城与新发地经营大户，在国家级贫困县山西阳高建立了北京新发地蔬菜种植基地，带领阳高农民脱贫致富。新发地市场赵士刚等5位蔬菜"单品大王"商户共同投资，成立了农业公司，在阳高县建立了设施蔬菜基地，与当地建档立卡贫困户合作，引进新品种，种植西红柿、黄瓜、茄子、辣椒、西葫芦等蔬菜。公司建立初期，发展设施蔬菜面积500亩，带动周边乡镇贫困户发展种植面积1000亩，带动建档立卡贫困户家庭720户。在带领阳高农民脱贫致富的同时，公司还创造了"阳鲜生"绿色蔬菜品牌。“阳鲜生”绿色蔬菜进入新发地市场后，其优良的品质很快被采购商认可。

在提起新发地市场的“海蜇大王”岳德峰时，张玉玺几乎是喜形于色。他说：“岳德峰不是一个普通的商人，而是一个有责任心的商人。他不光对他的海蜇事业有责任心，而且对新发地市场的发展也表现出一种强烈的责任心。在新发地市场，他所经营的海蜇是独一无二的，他的人品也是这样。他不自私，有大局观。这样的商人，新发地市场需要，北京市民需要，国家也需要。”由此可见，在新发地市场，岳德峰算得上是张玉玺心目中的“红人”。

岳德峰做生意时，常常念叨着张玉玺说过的话，“经营生意要文明诚信，日夜兼程。只有这样，理想才能变成现实”。

岳德峰 1969 年出生在辽宁兴城，现担任北京德峰跃进商贸有限公司董事长、山东沾化隆旺水产品有限公司董事长。从小在海边长大的他，对大海有着深厚的感情，十几岁就开始经营海产品生意。起初，凭借地理优势，岳德峰用自家的渔船，沿海打捞海蜇到当地市场售卖。没过多久，他就将眼光投向了消费层次更高的北京市场。岳德峰说：“海蜇含有非常丰富的不饱和脂肪酸，而且又如此好吃，我相信在北京市场一定也可以卖得很好。”于是，刚刚年满 20 周岁的他，拎着 2 桶海蜇，独自踏上了开往北京的列车。天道酬勤，岳德峰就这样拎着海蜇往返于老家和首都之间。没过多久，就叩开了北京市场的大门，海蜇生意越来越好，渐渐有了一些稳定的客户。由于北方的海蜇大都在每年的 7 月份至 10 月份进行打捞，因此，上半年很容易出现断货现象。于是，岳德峰便决定拓宽进货渠道，去南方的沿海城市探寻产地。他将第一站选在了广东。他说："由于广东那边对海蜇的叫法与北方不一样，寻找起来可费了不少劲，但当我看到那一筐筐的海蜇后，我的心终于踏实了。"

如今，岳德峰在辽宁、江苏、山东、河北、广东、广西以及海南都有合作产地。从每年的1月份开始，他陆续将这些产地的海蜇收购并转运到北京新发地农产品市场自己的储货区。岳德峰说："海蜇在常温下可以储存1年之久，因此我每年都会第一时间在新发地市场储备大量的货，以保障首都各大饭店的海蜇供应。"值得一提的是，岳德峰除了从国内进货，每年也会从越南、印度尼西亚、马来西亚、巴基斯坦等国进口海蜇。岳德峰回忆说："记得1996年，我第一次去越南考察市场就被当地海蜇的超低价格震惊了。5年时间，我赚到了人生的第一桶金。当我用麻袋装着80万元现金踏上回国的行程时，我甚至连眼都不敢合一下，要知道，那时候这些钱对于我来说就是天文数字。"

岳德峰表示，很多亚洲国家的海蜇质量非常高，价格却十分低廉，现在的进出口贸易又十分便利，借着新发地市场这个大平台，公司的生意也越做越大。本着对市场大户"扶大、扶优、扶强"的政策，新发地市场专门为他设立了一块海蜇批发区域以供储货。目前，岳德峰的海蜇年销量超过6000吨，年销售额超过1亿元，成为新发地市场名副其实的"海蜇大王"。谈及对成功的感悟，岳德峰说："作为新发地市场树立的'海蜇大王'，不仅要对发展自己的海蜇事业怀有责任心，更要对新发地市场的发展怀有事业心。大河有水小河满，新发地市场发展我才受益。这一点，我会牢牢地铭记在心。”

“柚子大王”陈德青也是一位在新发地市场成长起来的有责任心的商人。他说：“如果说人生如棋，新发地市场就是能让我精准落子的那张棋盘，我深爱这个市场。”

陈德青出身于商人世家，现在担任北京奇帆柚宝商贸有限公司董事长，是拥有400多名员工的企业老总。他从小就跟随父亲在老家浙江玉环经营文旦柚生意。受父辈影响，他很早就形成了非常敏锐的市场洞察力。1995年，一个偶然的机会，陈德青与福建蜜柚正式结缘。这也是他在农批之路上走对的第一步棋。

2000年，陈德青正式加入北京新发地市场，这也是他在农批之路上走得最为精准的又一步棋。从简陋的独立包装，到精致的纸箱整装，从一年卖几十车柚子，到一年卖近千车柚子，陈德青在新发地市场将蜜柚批发生意，做到了质与量的双重蜕变，真真正正地将“奇帆蜜柚”送进了千家万户。

2014年，陈德青向新发地市场申请一块700多平方米的土地，董事长张玉玺很爽快地答应了他的请求，并让人为他专门建造了办公室和储货区。陈德青说：“虽然我的成功离不开诚信二字，但没有新发地市场这么好的平台以及张玉玺董事长的支持，我绝对无法将公司发展到如今的规模。”

2017年，陈德青的奇帆柚宝公司柚子的年销量达3万吨，销售总额超过1.5亿元。在广东梅州的松口镇，陈德青建起了800亩蜜柚种植基地以及2000平方米的库房；在四川成都和福建平和，分别组建了1200亩和1500亩的种植合作社、分别兴建了6000

平方米和8000平方米的库房。他统一标准，如重量、大小，誓做中国良心产品。吃着陈德青的柚子，就是放心的柚子。

为了切实培养客户搞好经营的责任心，从2000年开始，新发地市场年年要评选表彰“文明经营户”，对客户进行扶大、扶优，并鼓励客户打品牌。张玉玺表示，从2018年开始，新发地市场将评选表彰“劳动模范”，相比于“文明经营户”来说，“劳动模范”的评选将更加严格。如果客户连续5次被评为新发地市场的“劳动模范”，就将终身是新发地市场的“劳动模范”。张玉玺说：“新发地市场会拿出一系列的优惠政策鼓励客户，让他们做大、做强，与新发地市场实现共同发展。”

2017年以来，新发地市场的广大客户紧紧围绕“守法是底线，品牌是关键，文化是灵魂，发展靠奉献”的经营总基调，努力拓展经营，繁荣稳定市场。广大客户面对复杂多变的经济环境和形势，正视现实，迎难而上，在做大做强自身经营的同时，以强烈的责任感，挺起中国农产品的“脊梁”，为市场的繁荣与稳定立下汗马功劳，成为市场持续发展的中流砥柱和重要支撑。

11

第十一章

做强连锁，龙头引领谋发展

01
责任担当，挺起中国农产品脊梁

企业的发展，不应只作为个人和家庭聚集财富的途径，还要成为改变老百姓生活状况的渠道。在张玉玺的个人字典里，对“发展”一词有着一种特别的阐释：“发展，就是要把挣来的钱花出去。”当然，不是把挣来的钱花在吃喝玩乐、挥霍浪费上，而是花在设备更新、技术改革、规模扩大、造福社会等方面，花在更多地履行社会责任、促进公益事业发展等方面。

每一个企业家的一生，都要承担家庭、企业、社会和国家等多种责任。尤其是社会责任的履行，集合政府、民众、企业员工及外部经销商等各方力量，与企业本身结成命运共同体，转化为促进企业进一步发展壮大的强大力量。

1996 年，美国一家企业的董事长，曾执意要聘请张玉玺出任他们企业总经理，并承诺先给他企业 30% 的股份和每月 3 万美元的薪酬，年终还有效益分成。但张玉玺不为所动，婉言谢绝。他说：“我是中国人，我得为我的祖国干事业。”

张玉玺在一次演讲时说：“真正的企业家，首先应该是一个政治家，他应该有自己的思想、理论和观点，而且能把它贯穿到企业的经营之中。商战中，企业家不能没有精神，不能不要精神，这个精神，就是民族精神。精神是一个人、一个企业、一个国家、一个民族的灵魂，精神的丧失，会直接导致企业随波逐流，没有明确的发展目标和方向。世界上什么矛盾都可以解决，唯有民族矛盾不能解决。发展经济不能忘记政治。当今世界，没有谁会放弃国家利益和民族利益，这是一个不争的事实。我们不能再继续用市场换技术，用资源换外汇，用优惠政策换政绩，用廉价劳动力换投资，用土地换GDP。”张玉玺的明确观点，赢得了民族的尊严，也赢得了对手的敬佩。

在市场经济条件下，张玉玺提出了一个“新三民主义”，就是：振奋民族精神，创造民族品牌，培育民族企业家队伍。他说：“在这个星球上，无论经济如何一体化，民族利益永远是一个国家不可放弃的底线。”“民族企业家首先要爱国，要有民族气节，要有强烈的民族责任感。民族企业家就像战场上的将军、元帅一样，在商战中代表民族的利益去打胜仗。”“我始终相信，中国人站着不比外国人矮，躺着不比外国人短，外国人能做到的事情，中国人也一样能做到，还会做得更好。中国人要有民族自信心和自豪感，要敢于向外国人说‘不’。”

在2017年的全国“两会”上，“农业供给侧改革”成为一个热词。

张玉玺建议，中国农业的根本出路在于规模化，中国现在需要做的是，及早把小农种植组织起来，建立产销对接机制，把利益链条拉长，做品牌农业，实现利益最大化，让农民充分享受农业产业化带来的应得利益。

张玉玺把中国农业分为三个阶段：第一个阶段，从1949年至1978年，称为“短缺时代”。在这个阶段，农产品生产严重供不应求，丰产即丰收。第二个阶段，从1978年至2005年，称为“发展时代”。在这个阶段，物产极大丰富，产销关系是“总量平衡，丰年有余”。第三个阶段，从2005年至今，称为“流通阶段”。在这个阶段，卖比种更重要，没有种不出来的，只有卖不出去的，丰产不一定丰收，有时还会出现“产量越高，收入越低”的困局。

中国农业陷入了一个怪圈。农民务农不赚钱，每亩地年均纯收入300元至400元，远远低于进城务工的收入。而国家对农产品的补贴已经到达天花板，收购价高于市场价。中国大宗农产品价格已经全面高于国际市场价格，导致进口农产品挤压国产农产品，国产农产品无销路，农民收入更低。要破解这个怪圈，农业规模化是根本出路。张玉玺说，农业改革比钢铁生产改革还要难，因为农民的生产是盲目的，农民不知道该种什么，不该种什么。中国农业发展的状况是小生产对大流通。中国农民搞生产是一窝蜂的状态，盲目跟风种植。2017年2月，曾经发生了云南莜麦菜滞销、上千吨蔬菜烂在地里的事件，其中一个主要原因，就是农民盲目跟从，种植面积大增，导致产量过剩。中国农业的发展，需要市场经济中的计划经济。农业实现规模化后，农村合作组织可以根据市场形势，合理计划每年的种植面积，形成产销对接链条，切实解决滞销问题。

新发地市场走过30多年的风雨路程，一直在为中国农产品的发展探索新路径。科技越来越发达，世界变化越来越快，作为新发地掌舵人的张玉玺一天都不敢落下，每天都要学习新知识。张玉玺表示，现在人们已经远离了硝烟与炮火，国家也迎来了千载难逢的繁荣昌盛。作为一个农民企业家，应该时时刻刻怀有一种责任心，用责任挺起中国农产品的“脊梁”。

02
代言冬交会，力推海南农产品进京

1998年开始举办的中国（海南）国际热带农产品冬季交易会，已成为海南农业对外开放的重要窗口，成为推进农产品产销对接、扩大农产品贸易的重要平台，成为全国冬季独具特色的农业会展品牌。

海南冬交会，就是为了扩大市场影响力，推介国内外名优、特色农产品，洽谈贸易订单和加强合作交流，把海南特色农产品推上市场、推上国际。

从2010年开始，海南冬交会有了自己的形象代言人。这个形象代言人，就是北京新发地村党委书记、新发地市场董事长、中国农产品市场协会会长张玉玺。

2010年12月6日，当张玉玺捧起海南冬交会形象代言人的牌匾时，他非常高兴地说："新发地市场经销海南瓜果菜多年，每年我都来海南多次，对海南农民有着深厚的感情。今后，新发地市场不仅要卖好海南瓜果菜，确保销量每年增幅超过10%，同时，还要利用一切机会，宣传推介好海南瓜果菜。”

2013年3月8日，新发地市场与海南省人民政府联合举行了京琼农业合作签约暨海南品牌瓜果菜供京产销联盟成立仪式，标志着海南的品牌农产品可直销北京。

张玉玺认为，海南是全国重要的冬季瓜菜、热带作物、热带水果、天然橡胶、南繁育种、海洋渔业、畜牧业重点生产基地，在保障全国人民“菜篮子”产品供应方面发挥了重要作用。新发地市场与海南省合作签约、成立产销联盟，是保障和丰富北方地区尤其是首都北京冬季“菜篮子”“果盘子”供应的具体行动，对提升海南优质绿色农产品品牌、增加农民收入必将起到积极的推进作用。

在合作签约暨联盟成立仪式上，来自海南的枫木苦瓜、南山寿果、千禧圣女果、牛奶莲雾、乐东万钟香蕉、舒欣佛手瓜、榕籽文昌鸡、海岛和牛、福山咖啡等460余个名特优农产品竞相亮相，实行直销配送方式经营，减少了中间环节，创新了市场营销方式，提高了海南农产品在北京的销售量。

仪式上，北京市农委与海南省农业厅签订了《海南品牌瓜果菜供京产销合作框架协议》，搭建北京企业到海南投资蔬菜基地建设的服务平台，引导和鼓励北京企业在海南合作建立瓜果菜供京生产基地，积极推动北京大型餐饮企业、连锁超市、机关团体与海南生产基地的有效对接，提高海南品牌瓜果菜供京保障能力。建立海南品牌瓜果菜生产与北京市场需求对接信息共享机制，加强海南供京瓜果菜的质量安全溯源管理，建立质量安全监管联动协作机制，增强海南品牌瓜果菜市场竞争力，提高首都冬季市场瓜果菜供应水平。

这次活动，北京市与海南省共有100家农业龙头企业自愿加入海南品牌瓜果菜供京产销联盟，并向广大消费者郑重承诺：积极推行标准化生产，建立完整生产档案，坚决不使用禁、限用农业投入品，建立质量安全自检体系、完善的市场准入管理制度和进货检查验收台账，确保上市瓜果菜质量安全。同时，建立直供配送生产基地，实行直销配送、物流仓储、电子结算等，实现互利共赢。

仪式上，海南品牌农产品（北京）直销配送中心揭牌。张玉玺说，建立直销配送中心，有利于提升海南优质农产品的品牌影响力。拥有100家京琼龙头企业的两地产销联盟的建立，有利于形成市场倒逼农产品标准化生产的机制，实现双方互利共赢。

张玉玺成为海南冬交会的形象代言人后，有力地助推了海南瓜果菜品质的提高，海南冬季瓜果菜影响力不断上升，成为冬季国内消费的主打产品。

2018年5月，海南省农业厅联合东方市、昌江黎族自治县等杧果主产区的杧果生产经营企业和专业合作社，组团奔赴新发地市场开拓杧果销路。5月27日，促销团与新发地市场签订了2.36万吨杧果订单，交易额达9440万元。

海南是我国最适宜杧果种植的地区之一，也是杧果种植面积最大的省份，种植面积占全国种植总面积的40%。海南杧果具有上市时间早、收获时间长、果型品质优良等特点。2018年，海南省杧果种植面积超过80万亩，品种包括台农、金煌、红金龙、象牙、红玉等，产量可达60万吨。

新发地市场是海南冬季瓜菜和热带水果主要的批发集散地之一，每年可销售超过90万吨的海南热带水果。签约仪式上，海南省杧果生产企业和专业合作社共与新发地市场的杧果销售企业签订5个杧果订单。

这次促销，加强了新发地市场与海南杧果产销对接。签约过程中，新发地市场的水果经销企业对海南杧果产业提出了要稳定果品品质、促进生产标准化等意见，海南的生产经营企业也了解到市场需求的变化，决心以市场需求倒逼种植、包装、加工等环节的标准化、品牌化发展。

03
深化合作，打通南北菜绿色通道

2010年12月，伴随着张玉玺成为海南冬交会的形象代言人，海南新发地现代农业发展有限公司宣布成立。该公司注册资金1000万元，以“发展绿色农业，打造健康生活”为宗旨，专注于海南热带高效农业和现代休闲农业开发经营。

海南新发地公司成立后，主要实施三大项目：

一是在海口市龙泉镇建设蔬果产业园。这一项目位于海口市龙华区龙泉镇，总投资1660万元，规划总面积10000亩，其中核心区2000亩，带动区域面积8000亩，涉及龙泉、新坡、遵潭、龙塘4个镇14个村委会30个自然村，人口约9600人。这一项目，由海南新发地现代农业发展有限公司负责建设，是集蔬果研究、种植生产、种植示范、蔬果产品加工、农业观光、交易市场及产业扶持于一体的农业产业化示范项目。园区主要建设规划：现代化设施大棚占地面积 700 亩；露地高效无公害蔬果种植面积 1100 亩；高标准集约化育苗中心占地面积 5 亩；农业科技综合服务区占地面积 50 亩。项目的主要发展目标是：建设海南现代、科技、生态、示范型蔬果产业基地 10000 亩，年生产无公害蔬菜 35000 吨。其中，年供应海口市常年瓜菜 5000 吨，年供应北京新发地市场冬季瓜菜 30000 吨，带动农户年增收 9000 万元、企业年增收 4000 万元；保障海口市常年蔬果供应，努力打造新发地“呀哥硒”富硒蔬果品牌，向北京及周边省市供应海南冬季瓜菜；把海南绿色、生态农产品推向国内、国际市场；推动海口市“十二五”热带农业基地建设，加强农业一体化、标准化、信息化和农民知识化，带动农民增收，促进海口市城乡经济健康、协调、可持续发展。

二是在琼海市大路镇建设海南新发地供京农产品冷链物流中心。这一项目占地 48 亩，建设总投入 2960 万元，主要建设内容为 3000 吨冷库、流通追溯系统、检验检测系统、北京销区门店建设及相关配套设施、设备等。这一项目从 2012 年 7 月开工建设，于当年 12 月建成投产。冷库运行至 2013 年 5 月，实现预冷保鲜运销海南冬季瓜菜 32000 吨。至 2014 年 2 月，预冷保鲜库完成预冷保鲜海南冬季瓜菜 23700 吨，预冷保鲜服务约 12500 吨，公司生产、收购预冷保鲜加工运销 11200 吨，公司平均每天有 7 车到 9 车次冬季瓜菜运出岛外，瓜菜主要销往北京市场进行批发和进入北京社区便民连锁店。这一项目直接解决就业 300 多人，间接带动就业 3500 多人。

三是海南新发地琼海大路镇石桥洋现代化“供京”蔬果生产基

地。在大路镇石桥洋开发建设常年瓜菜基地300亩；在大路地区通过“公司+合作社+农户”带动建设5600亩，自有合作社2家，带动合作社3家，带动农户2200余户。2015年年末，农民户亩平均收入已达5000元。2016年，这个基地共带动农户平均增收2万多元。客商在当地投资合作生产，扩大当地农户就业增收。瓜菜种植大户张宜刚每年在大路镇投资冬季瓜菜种植500亩，带动农户种植2000亩。基地在周边市县设立了30多个收购点，使周边农户的生产销售有了可靠的保障，有力促进了农户生产冬季瓜菜的积极性。

为加强海南冬季瓜菜供京对接合作，确保春节和全国“两会”期间北京市场的安全稳定供应，2014年1月23日，由海南省农业厅和新发地市场共同组织运销商在海南新发地供京农产品冷链物流中心，举行了海南冬季瓜菜供京启动仪式及对接交流会。

当时，海南已经成为全国冬季瓜果菜生产和供应基地，瓜果菜种植面积达580万亩，年产量700多万吨，产品畅销全国170多个大、中城市市场。每年海南冬季瓜果菜在北京的供应量超过150万吨，包括尖椒、圆椒、架豆、豇豆、黄瓜、冬瓜、小西红柿、西瓜、菠萝、杧果、莲雾等在内的共80多个品种。其中，新发地市场销售的海南瓜果菜近100万吨，占供京总量的70%以上。

张玉玺说：“2010年以来，新发地市场与海南建立了紧密的合作关系，双方相互投资，建立产销大联盟。海南省农业厅在新发地市场设有海南驻北京农产品流通办事处，专门负责海南农产品在北京及华北地区的运销服务工作。同时，在海南省设立了海南品牌农产品直销配送中心，向北京直供优质特色的品牌农产品，满足北京高端市场的需求。北京新发地市场在海南建设了15个瓜果菜生产基地，5家供京农产品冷链物流市场和12处定点冷藏仓储市场，带动辐射供京瓜菜基地建设20多万亩，并在新发地市场设立了海南蔬菜交易专区、特色水果“海南厅”等，为提高海南瓜果菜在北京市场的占有率，丰富首都市民的冬季“菜篮子”和“果盘子”做出了积极的贡献。”

在2015年海南冬交会期间，海南省农林渔牧收获订单4019份，价值394亿元，成为历届冬交会之最。同时，冬交会实现招商引资84.51亿元，线上交易76亿元，现场成交8100多万元。这次冬交会，以“热带特色、高效品牌、互联互通”为宣传主题，共设34个展馆展区，总面积达8万平方米，展品丰富多彩，涵盖了国内外各种各样的特色农产品。

04
助力运城，扩大晋地农产品销售圈

运城市位于山西省的西南部，是山西省的传统农业区，也是山西省煤炭资源最少的城市。

2010 年 8 月 16 日，新发地市场与运城市人民政府举行了山西运城地理农产联合进京战略合作签约仪式，共同签订了《战略合作意向书》和《战略合作框架协议书》。

在签约仪式上，进京亮相展销的运城市地理农产品包括运城小麦胚芽、有机面粉、芮城酱菜、垣曲蜂蜜、稷山麻花、永济芦笋、平陆百合、万荣苹果、维之王山楂系列产品等 9 大类、150 多个品种。

运城地理农产商务大厅董事长唐红芳说："美国前总统奥巴马在访问中国期间，所点的第一道蔬菜就是'清炒白芦笋'，而原材料白芦笋就是运城永济的地理标志农产品。借此契机，永济芦笋一举进入上海市场。"

张玉玺在签约仪式上说："运城市作为山西省农业生产的主产区，与新发地市场强强联手后，就等于抓住了'三农'的核心。因为'三农'的核心是农民增收，将农民辛辛苦苦种出来的农产品，在市场上换回'真金白银'，装进农民自个儿的兜里，农民才算增收。当今中国农业，没有种不出来的农产品，只有卖不出去的农产品。所以，关注'三农'一定要关注流通，关注销售，关注市场。今天，一头抓生产，一头闯市场，把生产、运输、销售三条珠子有机串联起来，形成一条完整的产业链条，既打开了运城优质农产品品牌在北京市场的销路，又有效促进了当地农业增效和农民增收，具有特殊而深远的意义。"

农业、农村、农民问题是关系国计民生的根本性问题。此次签约中，最大的受益地区就是作为全国首家优质苹果生产基地的临猗县。临猗县按照运城市"一区五带"大运城建设布局，结合种植产业实际，把果品产业作为解决"三农"问题、增加农民收入、致力脱贫攻坚的重要抓手，以发展现代果业为突破，以打造黄河金三角果品出口的主产区、主阵地为目标，不断推进果业供给侧结构性改革。为进一步增加优质果品的有效供给，补齐服务短板，全面实现果业提质增效，节本增收和扩大出口，2017 年 11 月 26 日至 28 日，山西运城苹果品牌行暨临猗县第六届果品文化节在新发地成功举办，进一步叫响了"中华果都、运城临猗"这一品牌，向更多的消费者和经销商展示了果业大县的种植优势和资源魅力。

临猗位于山西省西南部，独特的地理条件、气候特点和水利设施的融合互动，奠定了临猗果业无可比拟的生产基础。全县拥有苹果、枣、梨、樱桃、葡萄、桃等十多种水果，基本上涵盖了北方的水果种类，成为“北方水果主题公园”。其中，生产出的苹果个大、汁多、甜脆、爽口。生产出的鲜枣果面光、甜味浓、口感好，是全国的鲜食枣生产基地。此外，临猗江石榴、葡萄、樱桃、李子、桃、甜柿等水果栽植面积达20万亩，无论是口感、外形、甜度、维生素含量都独具特色，深受消费者的欢迎和喜爱。每年从春天到冬天，草莓、樱桃、鲜桃、葡萄、冬枣、酥梨、石榴、苹果等各类新鲜水果接连上市，加上现代化的贮藏设备和先进的保鲜技术，实现了“一年四季有鲜果，首尾相连不断茬儿”的供给链条。

临猗果业大规模发展，始于20世纪80年代，历经30多年，临猗果业在种植、贮藏、销售三大环节，随科技发展不停地变革，始终是群众增收致富的龙头产业。在果业生产中，临猗综合运用了果树间伐、铺反光膜、生物杀虫、果园种草、蜜蜂授粉、摘叶转果六大技术集成和现代物联网技术等，逐步实现了管理科学化、标准化、精细化，生产出的有机苹果个大、色艳、汁多、甜脆。良好的果品品质，让临猗苹果在全国各地市场的占有率和销量不断增加。“万保”“万腾”“老吴”等苹果品牌，都荣获了山西省著名商标，“万保”苹果获国际金奖，“万腾”苹果获得出口认证，直接出口美国、澳大利亚、俄罗斯和东南亚多国。

2017年，临猗水果又新增“三品一标”（无公害农产品、绿色食品、有机农产品和农产品地理标志）认证5个，新增认证面积4.5万亩；新增国家质检总局良好农业规范认证1000亩，出口认证面积达到3万亩；苹果、枣通过了美国、南非的出口检疫认证，年出口水果超过4万吨。在种植上，临猗果树经历了乔化密植要产量、推广间伐减密度、矮砧栽培要效益三个阶段。现在，全县间伐果园已达30万亩，矮砧栽培面积已达5万余亩。在贮藏上，临猗的果品经历了地窖原始方法冷藏、地窖简易制冷贮藏、地上砖库冷藏、预制装配化冷库贮藏、恒温冷库贮藏和恒温气调冷藏等几个阶段。现在，临猗已修建恒温冷库200多座，贮果量达9.4万吨。在果品销售上，临猗经历了地头客来、经纪人引领、农超对接和电商销售等多个阶段。现在，临猗已成立果业专业合作社1023个，其中，通过农超对接、电商等方式销售果品的合作社已达956个。

在为期3天的山西运城苹果品牌行暨临猗县第六届果品文化节上，通过大规模、高密度、现代化的推介手段和新发地市场平台，让临猗县的百万亩林果香飘京津冀城市圈。借着新发地市场这个巨大的平台，临猗的百万亩林果将更多更快地走进京津冀城市圈，进一步扩大晋地农产品的销售市场。

05
坚守 30 多年，为农产品流通打先锋

新发地市场创建 30 多年来，始终秉承“让客户发财，求市场发展”的宗旨，以“服务首都市民、服务首都发展、服务中国‘三农’”为己任，坚持用道德和责任做好农产品安全供应，讲良心，守诚信，为百姓，一举承担了首都北京 90% 以上的农产品供应。

有一组非同寻常的数字：1988 年，新发地市场全年交易量 6340 吨；2008 年，新发地市场全年交易量突破 780 万吨，交易额高达 260 亿元；2018 年，新发地市场全年交易量为 1689 万吨，总交易额为 1080 亿元；2019 年再创新高，全年总交易量 1749 万吨，总交易额达 1319 亿元。

2008 年，新发地市场为当地村民提供了 1200 多个就业岗位；2018 年，新发地市场已经带动了 20 多万名京外农民就业，催生了数千名百万富翁和千万富翁，一年带动近 300 万户农户致富。在

张玉玺身边工作过的人说：“张玉玺30年如一日，从来没有星期天和节假日，一直都在工作，一直都在兢兢业业为新发地市场的客户服务。”

鉴于张玉玺及新发地市场在中国农产品市场中发挥的重要作用，2002年6月，张玉玺被推选为中国农产品市场协会会长。中国农产品市场协会由600多个会员组成，是“中国农产品的脊梁”的组织和维护者。

在张玉玺的领导下，中国农产品市场协会时刻把引导农产品产销、增加农民收入、保障市场供应作为义不容辞的责任和义务，努力当好政府部门的参谋与助手，帮助、督促农产品市场贯彻国家的方针政策，及时向政府部门反映市场发展中遇到的困难和问题，并进行调查研究，提出有关政策建议和意见。

针对社会上“三乱”现象猖獗，张玉玺带领协会相关成员多方呼吁和极力奔走。最终，公安部对此专门下发文件，责令全国交警部门对农产品运输“不准卸车、不准罚款、不准扣留”，再次为鲜活农产品运输绿色通道畅通提供保障。针对国家工商部门向市场征收管理费制度，张玉玺提议以市场协会的名义，专门向政府部门反映市场减免管理费的愿望和要求，得到国务院领导的高度重视。2005年，北京市率先决定，停止对农贸市场征收管理费。

2006年7月，交通部等国家七部委联合下发文件，明确要求完善全国鲜活农产品绿色通道网络，实现省际互通。业界人士知道，这是张玉玺与中国农产品市场协会相关领导一起极力奔走、多方呼吁的结果。张玉玺还带领业界同人走出国门，开展国际交流，促进国际合作，在构造全球农产品贸易链、实现全球农产品大流通等方面，发挥了积极作用。

2019年1月31日，新发地市场“2018年度文明经营户暨第三批单品经营大王表彰大会”在新发地国际会展中心举行。长期以来，北京新发地始终按照“让政府放心，让市民安心，让种植者小康，让消费者健康”的发展思路，秉持“以德治场、文明经营”的理念，以“诚信、团结、实干、创新”的企业精神，运用新思维、新技术、新业态，做精、做细、做强农产品流通大文章。

而作为新发地市场的董事长，张玉玺在讲话中表示：“表彰是一种激励手段，旨在给文明加油，为诚信助力。通过树立典型，示范引导，促使强者更强，弱者谋变，形成强大的农产品流通合力，切实保障首都农产品安全稳定供应，为首都人民造福，给全国种植者造富。新发地市场将一如既往地支持商户的发展。现阶段，市场正着力提档升级、精准扶贫、‘一带一路’沿线农产品国际贸易等方面持续下功夫，抢抓机遇，加快自身建设、规划布局北京新发地市场农产品全球种植供应基地，在更大范围、更广领域、更深层次上做好农产品国际流通事业，为实现人民对美好生活的向往努力奋斗。”

为掌握产地情况，给客户采购把脉，张玉玺跑遍了全国近千个农业基地县。他时常告诫客户，北京是国际知名的大都市，食品安全容不得半点马虎，要选取优质安全的农产品供应北京市场。在经营中，要坚守文明诚信，只有这样，才能契合市场发展的宗旨。对此，广大客户宣称，通过与其他农批市场比较，新发地市场的学习机会更多、客户关系更好、治安状况更稳、管理者业务更熟。

经过 30 多年的发展，新发地市场已经成为典型的农批人砥砺前行、勇于逐梦的乐土。新发地人在平凡的岗位上诠释着诚信文明、乐于奉献的精神，传递着农批行业生生不息的正能量。所有这些，与张玉玺的言传身教是分不开的，新发地人发自内心地说：“董事长永远行走在农产品流通的路上。”

作为中国农批行业的领航人，70 多岁的张玉玺，什么时候才不再为农批事业操劳？对此，张玉玺宣称：“目前，还没有确切的时间表。在我有精力、干得动的时候，要尽量多走走、多看看，因为农批路上有不同的风景。你若是农批人，在北方的凛冽寒冬里，依旧能嗅到南方瓜果的馥郁之香。”

12

第十二章

企业文化，倾力塑造丰内涵

01
不忘初心，传承好民族传统文化

在张玉玺的心目中，传承弘扬中华民族的传统文化，是企业的一种责任，更是企业家的一种责任。他在一次演讲中，讲了一个这样的故事：一个亲戚的孩子从美国读书回来说，他在美国的第一次考试，就是将自己的父母、祖父母、外祖父母的姓名和信息，尽可能全地填写在一幅很形象的图画上。那张图画是一棵大树，有着粗大的树根、粗大的树干，上边是枝繁叶茂。所填写的姓名越多、信息越多，所得的分数就越高。

在这个故事的启发下，张玉玺如法炮制，发了一个表，组织村党委委员、村委会委员和新发地市场干部，共同填写自己父母、祖父母、外祖父母的姓名和信息。结果，得出这样一组数据：知道父母姓名的占100%，知道父母出生年月的占80%；知道自己爷爷、奶奶姓名的占80%，知道爷爷、奶奶出生年月的只占16%。再往上，知道的就微乎其微了。

对此，张玉玺非常感慨地说："只有200年历史的美国，对自己的历史、自己的祖辈那么重视，成为上学第一课所考试的内容，而我们中国是一个有着泱泱5000年历史的文明古国，本来有许许多多需要传承的文明和美德，却忽略了这方面的教育。现在，有许多年轻人对祖辈的人、祖辈的事不感兴趣，而感兴趣的却是电脑、游戏、麦当劳、名牌服装等。那些由我们祖祖辈辈一代又一代流传下来的优良传统和民族文化，渐渐地被遗忘、遗失。比如，现在的大学生已经不会写钢笔字，更谈不上写毛笔字。"

一些传统节日的文化内涵渐渐淡化，许多文化传统也在淡出人们的视线。张玉玺说："记得我小时候，每到过年村里就会鞭炮声四起，村当街也会挤满了人。有敲锣的，有打鼓的，有吹喇叭的，有踩高跷扭秧歌的，有耍龙的，村子里好不热闹。小孩子穿着棉袄在街上你追我赶的，不时地放着鞭炮。老人们聚成一堆聊天儿，年轻小伙儿、俊俏姑娘则给人们表演节目。到了清明节，人们总会来到已经故去的亲人坟冢，添一点新土，插上纸剪的招魂幡表达自己的哀思。到了端午节时，要煮鸡蛋、煮大蒜、包粽子。到了中秋节，一家老小坐在院子里，举头望明月，低头吃月饼，真是人间一大乐事。可现在，一些'洋节'来袭，西方的情人节代替了我们传统的七夕节。'洋节'风靡日盛，而传统节日却逐渐被人们淡忘，以至于人们守在电视机旁看春晚时，许多人都会感慨地说：'怎么一点年味儿都没有了？'现在，扭秧歌、敲大鼓等民族文化习俗正在挥手向我们告别。清明节，人们忘记了在自家门前插一枝嫩柳，而仅仅去坟前扫扫墓而已。端午节，已经没有谁会安分地在家包粽子。中秋月圆之夜，已经没有谁会和家人们惬意地坐在院子里吃着月饼，抬头赏月。

“列宁曾经说：‘历史是爱国主义的源泉。忘记历史，就意味着背叛。’我们中华民族有着 5000 年悠久的历史，是不应该被忘记的。在 5000 年的历史长河中，我们的祖先给我们留下了源远流长、博大精深的中华文化，从经史子集到典章文物，从秦砖汉瓦到深冢古墓里的青铜瓷器，从洞天福地的名胜古迹到烟雨寺庙的悠远钟声，无不让我们每一个中华儿女感受到历史给我们留下的文化基因。也正是我们中华文化厚德载物的滋润，以及世世代代志士仁人的薪火相传，才使我们中华民族一脉相承、生生不息、日渐强大，巍然屹立于世界之林。然而，从晚清的懦弱无能开始，日寇的入侵，‘文革’的浩劫，使我们的传统文化经历了一场世纪性的浩劫，传统文化传承几近断裂。今天，我们的物质文明有了飞速的发展，然而，由于人文的缺失，世人谈吐粗俗、人心浮躁、痞性日涨、道德危浅，连维系社会的最基本的道德规范比如诚信，都成了问题。

“中华民族的优秀传统文化正慢慢被人们所淡忘，传统佳节日益冷清，应该引起社会的广泛关注。尤其要教育孩子牢记祖辈的历史，不忘祖辈传承下来的优良传统文化。填写祖辈的名字，寓意绝不是一个名字和出生日期那么简单，而是祖祖辈辈血脉相连，中华民族历史一脉传承，是一种智慧和文明的传播，是一种精神的升华和心灵的洗礼。优秀的传统文化是我们老祖先留给我们的无形财富，传统文化蕴含着中华优良的文化因子，是中华民族优秀的劳动成果和智慧的结晶。在当今开放的世界里，我们要在吸收外来文化的同时，大力弘扬华夏5000年的优秀传统文化。只有这样，世界才会健康地朝多元化方向发展，才能更加充满生机和活力。”

在新发地，张玉玺一直倡导每一个人都要为弘扬中华民族传统文化做出努力。中华民族优秀的传统文化不仅属于中华民族，更属于这个世界。要尽全力把我国优秀传统文化发扬光大，让世界变得更加炫彩多姿。

新发地市场常务副总经理顾兆学说：“张玉玺有剪报的习惯，并粘贴、装订成册。他把那些有关历史变迁文章的剪报，命名为‘斗转星移’；把那些杂文类文章的剪报，命名为‘异彩纷呈’；把那些理论式文章的剪报，命名为‘朴素哲理’；把那些经济类文章的剪报，命名为‘为了大地的丰收’。他喜欢把自己的摄影作品汇集成册：把在西藏拍的照片，命名为‘走进西藏’；把在河南大地拍的照片，命名为‘踏上中原’；把在黑龙江拍的照片，命名为‘站在太阳岛上’；等等。”

顾兆学还讲了这样一件事：“2004年的正月初一，张玉玺骑着一辆自行车，风尘仆仆地从家里赶到了单位，正好我也因事来单位。张玉玺兴致勃勃地对我说：‘刚才我在家看报纸时，看到了一篇《领导干部要慎独》这篇文章，写得真是太好了！我就把它剪了下来，赶紧贴在办公室的集报册里。’”

02
努力让“三个一切”深入人心

新发地创建30多年来，一直坚守“一切为了客户、为了客户的一切、为了一切客户”的服务理念。张玉玺说，这“三个一切”，既是新发地市场工作的出发点，也是新发地市场工作的落脚点。“三个一切”的核心就是为客户服务，全心全意为客户服务，是新发地市场一种特殊的企业文化。

在张玉玺看来，新发地市场不像其他生产企业那样，有着自己的主打产品，或者拳头产品。新发地是流通服务型的企业，拥有客户是企业谋求发展的根本。那么，新发地市场靠什么来树立自己企业的形象？靠什么来留住自己的客户？张玉玺说：“最根本的，就是靠‘服务’这两个字。”

一个市场能不能搞好，关键是要看市场有没有人气和商机，市场能不能对商户有强大的吸引力。对客户来讲，一个市场最大的吸引力，就在于安全、快速、稳妥地赚到钱。

新发地要想发展壮大，就必须树立“客户至上”的观念。张玉玺非常欣赏海尔首席执行官张瑞敏曾经说过一段话：“判断我们企业干部错误的大小，就看这个企业离市场的远近。离市场越远，我们的错误就越大；离市场越近，我们的错误就越少。”张玉玺认为，农产品市场属于第三产业，是服务行业，要想抓住客户的心，就要树立“顾客至上”的主导观念。

首先，要认识到客户是决定市场的生存、发展和命运的主体。新发地市场的利润，主要来自客户的管理费和租金。从利益上讲，市场与客户是一个相生相依的共同体，只有让客户发财，才能求得市场的发展。市场内的客户越多，新发地市场的利润空间也越大。

其次，要认识到客户有需求，新发地市场才有工作。客户是新发地市场的衣食父母，必须真心实意地尊重客户。著名相声大师侯宝林在临终时，对他的徒弟们说了这样一句话：“要永远尊重我们的观众，因为观众是我们的衣食父母。”新发地市场的所有员工，都必须时常想一想，是谁给了我们一份工作？是谁发给我们工资？是谁不管寒冬酷暑不远千里来给我们送钱？20世纪50年代，著名作家魏巍在通讯散文《谁是最可爱的人》一文中，描写了在抗美援朝时，那些保家卫国的普通战士的感人事迹，那些普通战士，就是当时最可爱的人。而在新发地市场，这些兢兢业业、奔波劳碌的客户，就是我们的最可爱的人。

爱护新发地市场所有的客户，往往取决于一个良好的心态。张玉玺说：“作为新发地人，应该记住这样一句哲言：‘当你把周围的人都看成天使的时候，你已经进入了天堂；当你把周围的人都看成魔鬼的时候，你已经下了地狱。’爱别人也是爱自己。每一个人都有两个特点：一是一张嘴到处说，二是两条腿到处跑。如果服务好了新发地市场的所有客户，就好比不花钱雇了许许多多的优秀推销员。口碑的力量是无穷的，这远比花钱做广告要强得多。”

新发地市场创建以来，每当客户遇到困难时，市场工作人员总是及时出面，帮助客户协调解决，让市场真正成为客户的“靠山”和“娘家人”，用真情感动客户、赢得客户，使客户安心经营，并将规模越做越大。

2006 年 2 月 25 日，在新发地市场做海南菜生意的安徽籍大商户耿井凤，与河北省新乐市从事物流的车主刘某签订了一份运输合同，由刘某负责将 1028 件四季豆从广东茂名运至新发地市场。按正常情况，货物应于 2 月 28 日前运送到新发地市场。然而，到 2 月 28 日，耿井凤并没得到新发地市场收到货物的消息，她这才意识到自己被骗了。新发地市场得知情况后，及时与当地政府联系，并在当地公安机关的帮助下，很快在河北省新乐市电线厂门口追查到了货物，及时为客户挽回了经济损失。

2008 年冬天，在新发地市场做水果生意的大户徐柱，将一车砂糖橘丢失在了河北省石家庄市。张玉玺得知后，迅速安排新发地市场副总经理与石家庄市场取得联系，很快帮助客户找回了那车砂糖橘。

在新发地市场的一次内部讲话中，张玉玺语重心长地指出，在深冬季节，夜间滴水成冰的时候，你发现市场里面有一个商户穿的衣服特别少，冷得直打哆嗦，你和你的员工能不能想他人之所想，把自己身上的棉衣脱下来借给他穿，让他先暖和心田，再暖和身子。另外，倘若你的客户出了车祸，你能不能主动帮他跑保险，主动帮助协调和处理交通事故，并妥善解决善后事宜。所有这些，对客户来说都非常重要。这些事情，都是在正常情况下客户心里想不到的，你做到了，你的做到意味着完全出乎客户的意料。这种服务，留给客户的往往是内心深处无尽的感动。当大批客户都被感动，就能让新发地市场变成一个磁场，具有很强的凝聚力和吸引力。

为顾客服务会有两个结果，一个是服务成功，一个是服务失败。张玉玺说："有回头客的服务叫服务成功，有回头客的市场叫成功市场。全国市场这个'蛋糕'已经形成，全国市场的发展已经从量的阶段向质的阶段发展。所以，今后市场的竞争，就是客户的竞争，谁能抓住和稳定客户，谁的市场就能发展。客户是市场的衣食父母，客户决定着市场的兴衰。"

03
讲求诚信，建和谐市场

了解张玉玺的人都知道，他是一个非常讲诚信的人。在张玉玺的眼里，诚就是真诚、诚实，说话做事要表里如一，不虚假、不欺骗、不隐瞒；信就是践诺、守信，说话办事讲信用，答应了别人的事，就要认真履行诺言，说到做到。

在张玉玺的心目中，诚信是高尚的人格力量。诚信是做人应该恪守的基本道德。张玉玺非常欣赏德才兼备的人。他认为，德才兼备的人才求之不得，有德无才的人也不错，最怕的是有才无德的人。一个人的成功，不是指拥有多少财富，而更多的是指拥有怎样的品格魅力。即便你富可敌国，但缺乏诚信、丧失道德，就会沦为为富不仁，落得个千夫所指；即便你身无一文，但能"志士不饮盗泉之水，廉者不受嗟来之食""不为五斗米折腰"，也会清名远播，受到世人的尊重与敬仰。

张玉玺说："在市场经营管理上，如果我们讲诚信，就能做到公平、公正，赢得消费者的满意和客商的信赖。有了这个基础，我们的市场才能日益繁荣、发展壮大。市场和人一样，有了诚信，就有了凝聚力，就可以由小变大。失去了诚信，就像一个人失去了信誉，就会由大变小，直至衰亡。"

在张玉玺的脑子里，有许多因不讲诚信导致失败的实例：改革开放之初，白洋淀旅游业兴旺，但是后来出现大量的欺客、宰客现象，致使游客逐年减少。诚信的缺失，让当地政府不得不打出"重树白洋淀形象"的标语；内蒙古赤峰市气候适宜于种西瓜，一度颇成规模。20 世纪 90 年代后期，赤峰西瓜开始大量涌入新发地市场，当地瓜农每年收入颇丰。可是，前几年却出现了严重的欺行霸市现象，商贩购买装车后，还要再加钱才允许离开，最终导致赤峰的西瓜再也卖不出去，瓜农只好改行种别的，毁了当地农民的一条致富之路。

20 世纪 90 年代初，苏联刚解体时，中俄边贸很是红火。由于俄罗斯食品和日用品的匮乏，北京的许多商人赚得盆满钵满。赚的钱多了，胃口也随之大起来，后来发展到不但假冒伪劣商品多，甚至还坑蒙拐骗。2000 年，张玉玺到俄罗斯考察时，在边境的一个城市里，发现一些高档商店都悬挂着"本店绝无中国货，请放心购买"的牌子。显然，诚信的缺失，在国际贸易中给国人酿成了难以接受的苦果。

这些例子，很值得每一个人、每一个企业甚至每一个行业深刻反思，吸取教训，并引以为戒。特别是企业，诚信不仅是企业的一种道义，一种声誉，更是一种责任，一种准则和资源，是企业的无形资产。张玉玺说：“有德之人不一定能成功，但真正成功的，一定是有德之人。”

为了更好地完善诚信经营，新发地市场与每个客户都签订了《诚信经营协议书》，要求客户合法经营，保证诚实守信、公平交易。协议中包括：经营者要保证不储存、销售假冒伪劣商品及商标侵权商品，不虚假宣传；不销售有损人体健康和人身财产安全的产品；要对所售产品实行明码标价，不缺斤短两、以假充真、以次充好；等等。

除了签订《诚信经营协议书》之外，客户还要交纳一定数额的诚信经营保证金，如果经营者出现违法违规行为，市场会拿出诚信经营保证金，先行向消费者赔付，以减轻消费者的维权成本。

新发地市场设有 24 小时投诉举报电话，设立投诉意见箱，方便消费者的投诉和举报。市场一旦收到消费者对商品缺斤短两的投诉，便视轻重程度，给予警告没收、限期整改乃至清出市场不同程度的处罚。与此同时，市场也定期开展“计量信得过摊位”评比活动，督促经营者守法经营。

在日常的管理当中，新发地市场非常注重引导市场客户的文明诚信经营，通过《新发地市场报》、网站、广播、宣传栏、条幅标语等多种方式，广泛开展诚信经营宣传活动。新发地每年都会在整个市场内，开展一年一度的“文明经营户”评选工作，弘扬“讲诚信、讲道德”的精神，对在一年当中诚信经商、文明服务，为市场的繁荣与发展做出突出贡献的“文明经营户”进行表彰奖励。

在“文明经营户”的评选活动中，新发地市场以真实、典型、响当当的事迹为评选推荐依据，由经营户自己直接提出申请，评选委员会将根据申请者的实际表现，对其进行严格审核，初评结果对外公示。对最终评选出来的“文明经营户”，将进行通报表扬，授予奖牌、证书，发放纪念品或奖金等。当选的客户把“文明经营户”的牌匾挂在摊位最显眼的位置，一是证明本摊位是市场的诚信摊位之一，愿意接受广大消费者和有关部门的监督；二是让消费者购买商品时会更加放心。

新发地市场每年都要召开三大重要会议：春节联欢晚会、职工表彰大会、“文明经营户”表彰大会。这三大会议，成为新发地市场的核心部分，不仅创造了企业的文化氛围，拉近了企业领导与员工之间的距离，也是企业文化的具体体现。

“以文明经营为理念，做诚信为本的企业”，一直是新发地市场的企业文化基础。在 2018 年 2 月召开的“文明经营户”表彰大会上，共有 12 名“特殊贡献文明经营户”和 491 名“文明经营户”受到表彰。

04
令人景仰，擅长分享的大师风范

在新发地市场，只要有开会、搞活动的机会，张玉玺就会不失时机地发表一些专题演讲，引导员工提升有关市场经济方面尤其是有关农产品批发市场经营管理方面的理论素养，最终达到提升员工综合素质的目的。

在发表专题演讲时，张玉玺除了恰到好处地将他的学习收获、思考体会、创新观念与大家分享外，还就新发地市场经营管理中的一些具体问题，与员工交流。而有许多问题，都是员工提出来的。对员工提出的问题，张玉玺总是耐心细致、毫无保留地作出回答，并将自己长期积累的实践经验与员工分享，员工听了很受启发，也深深地理解了张玉玺的不容易。这种直接互动交流的方式，将理论与实际紧密联系起来，兵法理论与商战实践融为一体，很受员工的欢迎。

新发地员工知道，张玉玺有清秀隽逸的风骨，宁折不弯的品德，不择瘠壤的生长毅力，虚怀若谷的心胸襟怀，横而不流的高风亮节。为心爱的新发地，为心爱的市场学，张玉玺已经苦苦探索了30多年。在攀登市场学高峰的路途上，脚下常常是悬崖峭壁，也常常伴有暴风骤雨。他不畏艰险，忍辱负重，一直向前。他经受了种种严峻的考验，以不唯上、不媚俗、不追风的处世和治学态度，最终成为一名学者型的市场企业家，给市场界留下了深刻的印象。在市场研究中，他以追问精神，对来自各方面的学术观点，能够做到头脑清醒，科学辨别。对于正确的观点，他坚定支持；而对那些他持有怀疑态度或认为有问题的观点，则不随波逐流，阐明自己的观点。不追风，是张玉玺多年从事市场研究的一个鲜明特点。

新发地人佩服张玉玺，不是因为他是新发地的董事长，而是佩服他的人品、智慧、学识和能力。市场员工说，听张玉玺讲经济理论，就如同享受一场高水平的音乐会，令人赏心悦目。他博学多识，政治、经济、文化、历史、文学等无所不通，他用幽默的谈吐，理论联系实际的演讲方式，生动浅显的小故事，传达出深刻的学术理念，总能赢得了广大员工的阵阵掌声。

张玉玺的演讲特色鲜明、幽默风趣，言辞简洁易懂但含义深刻，温文尔雅却不乏犀利隽永，尽显大师风范。他引经据典、穿插案例、语言幽默，观点引人深思。他常常用一个个小故事，来引出大寓意：从春秋时代孔子的儒家教育，到今天的市场改革；从四次龟兔赛跑的故事，到如何优势互补、实现双赢；从太平天国运动、北宋宋徽宗、明代明武宗的史实，引申到管理学里领导人功过的不对称性理论；从选购花围巾，讲到什么是次优决策；从古代大禹治水，讲到鲜卑族、拓跋族、契丹族与汉族的融合；从给和尚推销梳子，联系到如何开拓市场；从饿汉拿着三尺长的筷子争抢食物，联系到互助合作；从韩复榘的足球趣事，到无序与有序的关系；从西汉时期宰相丙吉断案、关心农事等故事，辩证地看无为与有为……

在张玉玺的一次次的演讲中，充分体现了他积淀深厚的文化底蕴、融会贯通的知识结构、宽容开放的良好心态和独立思考的创新精神。

张玉玺身边的人都知道，在生活中，他是一个性情温和的人，但在市场学术领域，他却是一个以敢于直言著称的人。他一直信奉这一点："对科学、对学术的追求，必须采取科学的态度。"因此，在任何场合，他都不轻易改变自己的观点。不管是与高官、大贾交流，还是与中国最高经济学家直接对话，他都会直接表达自己的所思所想。他只想如何把自己的意见表达得清楚明晰，并不考虑其他的阿谀之类的事情。虽然经常面对鲜花，面对掌声，面对赞誉，但张玉玺做学问的态度依然故我，依然刻苦探索、攀登如初。夜深人静之时，往往就是他奋笔疾书的最佳时刻。张玉玺总是这样警醒自己：学无止境，天道酬勤，执着追求，厚积薄发……

在员工心中，张玉玺是最受好评的经济学家之一。员工说，他是一位不需要讲义、PPT，张口就来也能让你听得清清楚楚、笑声掌声不断的董事长，但他从不张扬，一身大师风范。这才是先哲的精神，后生的楷模。

在新发地，人们不仅崇尚张玉玺的经济学理论，对他的个人风度也是钦佩不已。他的演讲不仅内容丰富，而且形式不拘一格。在大多数时间里，他都不用讲稿，只是在一张卡片上列出一个提纲，讲演时他或坐、或站、或走动，脸上总是洋溢着轻松的笑容。有时，他会忽然注视某一位员工，请这位员工发表自己的看法。或者发表一段演讲后会问：“你们看有没有道理？”他常常侃侃而谈，同时也与员工们互动，让员工们畅所欲言地发表意见。当员工们发言时，他总是认真地倾听。员工们说，听张玉玺的演讲，就像是与他在交流谈心。正这个原因，他的演讲总是场场爆满，有时连走廊里也坐满了人。

明朝进士郑晓在《大志非才不就》一文中写道：“大志非才不就，大才非学不成。”郑晓的话，正是张玉玺的座右铭。工作之余，张玉玺甘于寂寞，乐此不疲地钻研国家大政方针和经济理论。在中国农产品流通领域享有较高声望的他，结合管理农产品市场的经验，研究中国农产品批发市场发展的内在规律，在国内一些影响力较大的报纸上发表了《论市场发展和道德经济》《农产品批发市场管理模式的探索》等30多篇专业性论文，在业界引起广泛关注。同时，他还被聘为“中国管理科学研究院当代社会问题研究所高级研究员”“中国农村社区发展促进工程农产品市场管理营销专家”和“中国国情研究会农产品流通领域终身研究员”，为中国农产品市场理论的发展做出了重要的贡献。

05
始终保持企业家的创新精神

业界知道，博鳌论坛是一个高层次的平台，得到亚洲各国普遍的支持，也赢得世界广泛关注。2019 年 3 月 26 日至 29 日，张玉玺受邀出席博鳌亚洲论坛年会开幕式，并在 CEO 圆桌会议上就企业家精神提出独到见解，引起现场企业家强烈反响。

张玉玺在演讲中说："企业家精神一词最早出现在法国经济学家萨伊的著作，萨伊认为，'企业家是能把资源从生产力和产出较低的领域转移到较高的领域，并敢于承担一切相关风险和责任的人'。企业家精神有时候就是企业家表现出来的战略前瞻性、市场敏感性和团队领导力。有的还说企业家精神，是冒险，是合作，是敬业，是学习，是执着，是做一个服务者。企业家精神就是一个灵魂、两个基石。'春江水暖鸭先知'，创新是企业家精神的灵魂，诚信和工匠精神是企业家精神的两个基石。"

张玉玺指出："创新是企业家精神的灵魂。企业家要不断创新，今天不创新，明天就落后；明天不创新，后天就淘汰。企业家的眼光判断非常关键，阳光灿烂的日子，修理屋顶是最重要的。战略不是研究未来做什么，而是研究今天做什么才有未来。因此，作为企业家，要天天研究明天是什么，明天干什么，明天会有什么变化。改革开放 40 年，任正非无疑是中国不断创新的企业家。

"企业家需要有意识地去寻找创新的源泉，还需要懂得进行成功创新的原则并加以运用。企业家就要吃着碗里的、看着盆里的、想着锅里的、梦在地里的。换句话说，就是要有长远的眼光。作为家族企业，就要把子女培养好，子女经过创新，最终要超过父辈，实现做成百年老店的目标。家族精神的延续，是家族企业治理和持续的关键。秉持道德美、品质美，让家族精神长久传承，是民营家族式企业基业长青的'法宝'。家族精神换个词来说，就是家风。

"毋庸置疑，如果企业家不讲诚信，永远不能叫企业家。武汉有一个人做一种'米粑'的小吃，特别受欢迎，每天都有许多人在排队购买。这种小吃 5 毛钱一碗。老板看到购买的人天天排成长队，就涨到 1 块钱一碗。还排队，就涨到一块五毛钱一碗。结果，没人再去了。其实，客户不是吃不起，而是觉得老板不地道、不讲诚信。

"所以，一个企业的发展，不单要注重产品质量，还要注重企业家的人品，也就是通常讲的做事先做人。北京市宣武区南菜园 10 号路东站有一个卖素烧饼的，卖 5 毛钱一个，已经卖了好几年了，每天都有几十人排队，生意一直很好，越是这样，做烧饼的人越是不涨价。日本有一家寿司店，已经有 300 年的历史，不管多少人排队，工艺上都追求精益求精。改革开放40年，中国的经济实力由改革开放前世界排名第17位，已经上升到第2位，而且把第1名的美国追得气喘吁吁。世界上的500强企业排名，中国已经占了123家，接近25%，说明中国经济发展得很快。但是，世界上还有一个排名，叫‘世界最具价值品牌的企业’。也许，我们大多数人不怎么注意这个排名。而在这个排名中，中国只有2个企业入围。第一个是华为，排名第72位；还有一个叫联想，几乎排在最后一名。这个排名，充分说明中国企业大而不强。所以，作为中国的企业家，一定要有企业家精神，一定要讲诚信，要有创新精神，要有工匠精神，要精益求精。

“新发地市场能坚持30多年持续发展，在自建场之初，就秉承一个始终不变的宗旨：让客户发财，求市场发展。”

06
大年三十，特殊的饺子文化

在新发地市场，有一个不成文的规矩，就是每年的大年夜，新发地市场的管理人员在张玉玺的带领下，给坚守在市场营销第一线的广大客户去送饺子。董事长亲自发饺子，已经成了新发地一景。

每年农历的大年三十，正当人们以不同方式迎接这个中华民族传统的节日时，在新发地农产品批发市场，一些为保证节日期间北京鲜活农产品供应的客户们，仍旧坚守在市场经营的第一线，放弃了与家人的团聚。

每年过大年的这一天，在新发地市场的一角，都会临时搭建起一个不大不小的房屋。在这个新搭建的房屋上，挂上了喜庆的灯笼和春联。充满温情的小屋里，人们会看到一派繁忙热闹的景象。新发地市场的许多领导班子成员和工作人员，在董事长张玉玺的带领下，架起两口大锅，热火朝天地为在市场过年的客户煮过年饺子。

每一年，都要煮几吨甚至十几吨的水饺，当热气腾腾的水饺出锅后，新发地市场的领导和工作人员，会第一时间将水饺送到客户手中。客户吃到香喷喷的水饺时，不免激动地说："过年了，市场的领导顾不上休息，亲自给我们送饺子，我们心里真是有一种说不出的感动。在新的一年里，我们一定会加倍努力，组织更好的农产品，为保障首都供应做出更大的贡献。"

张玉玺说："1993 年，我就骑着自行车给在市场上留守的客户送饺子。打那以后，无论工作多忙，我都带领部分领导班子成员和工作人员，放弃休息的时间，坚持为在市场过年的客户送饺子。这个习惯，从来没间断过。刚开始送饺子时，市场规模还不算大，煮几百斤饺子就够了，骑着三轮车就很快送完了。而现在，随着市场规模的逐渐扩大，我们要煮几吨甚至十几吨饺子才够用，而且送的时间也相应延长了。我们觉得，饺子煮得越多，送的时间越长，我们的心里越高兴。因为这是市场兴旺繁荣的象征，是市场拥有凝聚力的象征。"

新发地为什么要给客户送饺子呢？张玉玺说："因为在市场经营的客户常年奋战在经营一线，根本没有什么休息日，很辛苦。他们勤勤恳恳地工作，为促进农业增产、农民增收，为'保障首都供应，服务中国'三农'，做出了巨大的贡献。我们新发地市场用这种特殊的方式，给他们送去关怀、温暖及祝福，也通过这种方式，来体现新发地市场这个大家庭的温暖，彰显新发地市场的凝聚力。煮饺子、送饺子，看起来是一件很平凡的小事，但在这里边，却包含着重大的意义，既有浓浓的亲情友情，更有新春的问候和祝福。

从另一个角度说，也是为新发地市场的发展聚集人气。只有客户满意了，新发地市场才能得到又好又快的发展。

“爱场、尊商、诚信、创新，是新发地市场一直倡导的企业文化理念，我们不仅仅把它当作一种理念来宣传，更把它作为一个实实在在的行动来给予落实。年三十晚上，给客户送上热气腾腾的饺子，让客户真切感受到新发地市场带给他们的那份实实在在的关怀与情谊。我们一年来对客户的感谢，都在这一碗碗代表着真诚的饺子里，客户心中积存一年的辛劳、摩擦、疙瘩和误会，也都会随之化解。”

2019 年 2 月 4 日晚上，新发地市场分别在水果市场、蔬菜市场搭建了免费的爱心饺子馆，贴对联、架锅烧水。饺子馆前，又排起非常壮观的长队……当天晚上，张玉玺又与往年一样，亲自给坚守在农产品批发第一线的客户煮饺子。广大客户既想品尝一下张玉玺亲自煮的饺子，也想与张玉玺见见面，给他拜年，向他表达春节的良好祝愿。当饺子出锅时，张玉玺将饺子一碗一碗地盛给顾客，嘴里还反复念叨着：“热气腾腾的饺子出锅了，您多吃点，祝您猪年吉祥如意！”

算起来，这已经是新发地市场连续 27 年在大年三十这一天给客户煮饺子、送饺子。张玉玺说：“今年春节驻守新发地市场的批发交易商户多达 1198 户，还有许多的留守保洁员、市场值班员工、市场保安员、市场消防队备勤人员等。他们放弃与亲人团聚的机会，为确保春节期间首都的农产品供应及首都市民春节餐桌的丰盛，默默地做着贡献。他们无疑是春节期间新发地市场最可爱的人。今年，新发地市场总共准备了11吨饺子，对节日坚守一线的所有人员表示感谢与慰问。”

新发地市场每一次进行经营管理方面的创新，都得到了客户的理解和支持。“西瓜大王”潘孝海就是这方面的杰出代表。他的北京鹏程万达果品有限公司成立于2004年，员工从最开始的两个人，发展到现在的156人，年交易量已达8万吨。2018年，公司年交易额达11亿元。仅北京鹏程万达果品有限公司，春节期间就有100多名员工坚守在岗位上，来保障首都及外埠西瓜、哈密瓜、苹果、柑橘等水果的供应。与此同时，“猕猴桃大王”徐柱携60多名员工驻守新发地；“柚子大王”陈德青携16名员工驻守市场；盛达火龙果的石涛虽然让员工放假回家过年，但他独自坚守新发地……

毫无疑问，2018年，是新发地市场硕果累累的一年。精细蔬菜、精品水果、进口水果增长迅猛，进口水果交易额突破300亿元大关，产地覆盖42个国家；农民丰收节精彩亮相；上海进博会订单显著；品牌打造蔚然成风……这些成绩的取得，充分说明北京市民的生活品质提升了。张玉玺说：“我注意到超市里很多市民不再关注菜的价格，而是关注品牌，关注食品安全。今后，我们要进一步引导客户在农产品品牌上做好文章，让那些没有品牌的农产品不再进入市场。”

张玉玺一直强调，客户是新发地市场的上帝，客户和市场是鱼和水的关系。在春节这个喜庆的日子给客户煮饺子、送饺子，只是企业文化的一部分，新发地市场必须将“一切为了客户、为了客户的一切、为了一切客户”这一理念贯穿于市场经营管理的始终。

13

第十三章

心存善念，关注公益献爱心

01
心系汶川大地震灾民

2008年5月12日，发生在四川省汶川县的里氏8.0级强烈地震，给灾区的人民的生命财产和工农业生产造成了巨大的破坏。一个个生命，被废墟无情掩埋；一座座房屋，在转瞬之间倒塌；一棵棵树木，被毁于一旦……

地震发生后，张玉玺决定，将新发地市场准备了近半年的纪念新发地市场成立20周年庆典活动，临时调整为“大地情怀、抗震救灾”主题义演活动。活动中，新发地市场员工和广大客户想灾区人民之所想，急灾区人民之所急，纷纷伸出援助之手。5月18日，在捐款现场，人们仅仅用了两个多小时，就募捐善款69万元。5月27日，新发地市场又举行了“捐款十元钱，爱心送汶川”活动，现场再次捐款19万元。

后来，新发地市场又多次组织捐款、义卖、交纳特殊党费等活动，吸引市场各个层面的员工和客户参加活动。汶川地震发生后，新发地市场通过各种途径累计向灾区捐款110多万元。

在2008年“六一”儿童节即将到来时，新发地市场的工作人员和广大客户，再一次想到了在汶川大地震中失去父母、亲人的孩子们。这些孩子们还在灾区的帐篷学校中坚强学习。新发地市场从场内管理层到广大客户，共同向地震灾区的少年儿童伸出友爱之手，为他们举办了一次“农副产品义卖”活动。

6月1日10时，义卖活动在新发地市场新落成的调料干果市场专营区举行。新发地市场向市场员工和广大客户发出口号：“情系灾区儿童，新发地再献爱心。”为了能使灾区儿童尽快改善学习条件，新发地市场号召市场员工和广大客户，自愿捐出自己的部分商品，并将捐献的商品组织起来，进行义卖。义卖的商品主要包括蔬菜、水果、干果调料、冻货、水产、肉类等。商品由客户无偿捐赠，义卖所得的全部善款，将用于购买文化学习用品，然后送往灾区的中小学校。

这次义卖活动，得到新发地市场全体员工及广大客户的积极响应。客户们表示：“为灾区儿童献爱心，是我们应该做的。我们都是有儿有女的人，希望我们的行为能够为国家减轻一点点负担。”

新发地市场还呼吁生活在北京的有爱心的各阶层人士，在“六一”儿童节这一天抽出时间，积极参加新发地市场举行的义卖活动，让灾区的孩子们早日能够拥有一个新书包、一件新文具，从而体会到来自祖国首都人民的热切关怀。

活动结束时，张玉玺表示：“新发地市场将尽一切力量援助灾区人民，以最实际的行动帮助灾区儿童。”

地震发生一个月后，灾区的重建工作被提上日程。如何帮助灾区百姓尽快恢复工农业生产、重建美好家园，无疑成为了大家关注的重点。

而此前，从都江堰灾区倒塌的库房里抢出的50吨柠檬，却在京城市场遭遇了销售无门的尴尬。

眼看着担负着灾区4000名群众恢复农业生产、购买化肥等农资的柠檬，在冷库里静静地待了一个星期，四川禹王生态农业发展有限公司总经理王鸿自然是心急如焚、坐卧不宁。在与记者谈话时，这位经历了那场毁灭性灾难的坚强女子，几乎掉下了眼泪。她十分激动地拿起一个柠檬递给记者说：“你看，这柠檬的品质一点问题都没有，可惜就是找不到销路。”这批柠檬共有500吨，本来是要出口到德国做原料的。可地震发生后，公司的库房倒塌了，员工们费了九牛二虎之力，才从库房里抢出了70多吨柠檬，其余的全部埋在了废墟里。地震的突然发生，让出口变得毫无可能。这时，在新发地市场做水果出口生意的赵新文得知此事，主动为四川禹王公司无偿提供了一个冷库。王鸿说：“得知这个消息，我们非常兴奋，立即组织工人进行挑选，把稍微好一些的挑选出来，于6月12日发一个集装箱到北京。”可柠檬运到北京后，销售并没有预想的那么好。在寻找销路的过程中，王鸿四处碰壁。得知来自灾区的柠檬滞销后，新发地市场立即组织一些经营大户召开座谈会，号召大家帮助销售来自灾区的爱心柠檬，奉献自己的爱心。同时，新发地通过北京市商务局与各大连锁超市取得联系，争取得到它们的支持。在新发地市场相关部门的共同努力下，运到北京的50吨柠檬终于卖光。

2008年11月15日，四川什邡市农业局局长邓英华与四川德阳市农业局局长雍兴文等共同带队，来到新发地考察农产品销售情况。邓英华说，这次来京的目的，就是把四川优质农产品进一步推向北京市场，让京城百姓品尝到更优质的四川农产品。

2008年12月18日下午，来自四川地震灾区彭州市的两名菜农，带着11吨鲜榨菜从2000多公里之外抵达了新发地市场。得知四川灾区的菜农来京卖菜，新发地菜市场专门为他们开辟了“绿色通道”。

彭州市位于四川西北部，是“5·12”汶川大地震中的10个重灾区之一。菜农李先生说：“虽然全国人民都在支援我们，但我们还是想生产自救。我们从今年8月份开始种植榨菜，如今鲜榨菜获得了丰收。于是，我与同乡一起，租了运输车，将20多户乡亲种的11吨鲜榨菜，集中运到北京来销售。我们到北京时，身上只剩下50元钱，可进市场卖菜要交场地费，我们只得求助市场管理方。结果，新发地市场同意我们不用交纳场地费，这让我们感到特别温暖。”

李先生还介绍说，每公斤鲜榨菜要卖到2.4元才能收回成本。而他们进入市场后，虽然将价格降到了每公斤1.8元，也只卖了500公斤。由于缺少在北方卖菜的经验，也没有固定客户，很多人都不认识这种来自南方的鲜榨菜，因此买的人很少。

得知这一情况后，新发地市场随即联系了“家乐福”大卖场。

很快，家乐福就以高出市场价10%、大约每公斤2.64元的价格，直接收购了来自灾区的鲜榨菜，并且还承担运输费用。这些来自灾区的鲜榨菜，进入了家乐福卖场专区，以零利润的方式进行销售。就这样，来自灾区的11吨榨菜被家乐福包销，让菜农可以安心地过一个好年。

02
亲临玉树，建言兴建农畜交易市场

2010年4月14日，青海省玉树藏族自治州玉树市发生了6次地震，最高震级为里氏7.1级。一夜之间，因一场突如其来的灾难让玉树震惊世界。经青海省民政厅、公安厅和玉树州政府按相关程序规定核准，截至2010年5月30日，玉树地震已造成2698人遇难。

2010年6月29日至7月1日，受中国扶贫基金会的邀请，张玉玺作为灾后修建农畜市场的专家，踏上了青海玉树这片土地。张玉玺目睹了灾后玉树满目疮痍的惨境，也看到了党和政府、社会各界帮助灾区灾后重建的感人场景。

玉树藏族自治州位于青海省西南青藏高原腹地的三江源头，平均海拔4500米，东西长738公里，南北宽406公里，土地总面积26.7万平方公里，占青海省总面积的37.2%。自治州下辖玉树1市，称多、囊谦、杂多、治多、曲麻莱5县。

玉树藏族自治州成立于1951年12月，是全国30个少数民族自治州中主体民族比例最高、海拔最高、人均占地面积最大、生态位置最重要的一个自治州。长江、黄河、澜沧江三大河流均发源于此，三江源自然保护区和可可西里自然保护区覆盖自治州全境，素有江河之源、名山之宗、牦牛之地、歌舞之乡和中华水塔之美誉。

历史上，玉树曾经是出入西藏的交通要道，著名的“唐蕃古道”即穿行其中。唐蕃古道是我国古代历史上一条非常著名的交通大道，也是唐代以来中原内地去往青海、西藏乃至尼泊尔、印度等国的必经之路。它起自陕西西安，途经甘肃、青海，至西藏拉萨，全长3000余公里。整个古道横贯中国西部，跨越举世闻名的世界屋脊，联通我国西南的友好邻邦，故有“丝绸南路”之称。这里海拔超过5000米的山峰有2000多座，山峰终年积雪，是青海地势最高的地方。

张玉玺是6月29日抵达玉树的。他走出机场时，只见淡淡的白云镶嵌在蓝蓝的天际，穿梭在高耸的山脊，让他忘记了此刻已在海拔3800多米的高原。从机场到县城约半个小时车程，一路上流淌的河水与盘旋的公路相依相偎，满目疮痍的村庄和一片片蓝色的“民政救灾”帐篷，诉说着地震带给这片土地和人民的创痛。更让他眼前一亮的是，依河而建的一座座现代化的防震房屋，正在如火如荼地紧张施工。

张玉玺一行顾不上旅途的疲惫，第一站就到达了扎西大同村，走访了村支书扎西桑州，详细了解当地灾后重建情况及新建农畜市场选址。

当天晚上，在位于格萨尔广场的玉树州政府临时办公的简易房内，张玉玺与中国扶贫基金会常务副会长刘文奎、北京师范大学教授韩俊魁、北京城外诚家居广场副总经理刘振宇，就兴建农畜市场事宜，进行了详细的座谈。

在讨论兴建农畜市场的选址事宜时，张玉玺表示，玉树的灾情牵动着全国同胞的心，而企业家身上应该流淌着道德的血液。自己作为一名企业家，一定要站在讲政治的高度考虑这个问题。要想实实在在地帮助灾区恢复重建，推动当地经济可持续发展，兴建好农畜市场，是最佳的援助办法。而农畜市场建设，一定要考虑两个方面的因素：一是应与城市的功能相匹配；二是离城区不能太远。同时，农畜市场还必须是一个集农（畜）贸于一体的综合性批发市场。

2010 年 7 月 1 日，张玉玺与中国扶贫基金协会副会长何道峰一起，进一步考察了民主村、扎西大同村、红卫村，经过反复研究论证，最终确定了新农畜市场的选址方案。

短短几天的时间，玉树善良的人民以及玉树的山、玉树的水，都给张玉玺留下了深刻的记忆，让他感受到这片土地的圣洁和伟大。张玉玺觉得，灾难带给了玉树悲怆的阵痛，却演绎了一场人间大爱。他相信，有各级党委和政府的关怀，有全国人民的大力援助，有当地农牧民的积极抗灾自救，玉树的明天一定会更美好。

张玉玺回到新发地后，促成新发地市场与青海玉树建立了长期合作关系，并开通了新发地市场到青海玉树的物流专线。2018 年 2 月 7 日，青海省玉树州治多县县长南阳带队来到新发地市场，考察了新发地肉类交易大厅、综合交易大楼、蔬菜综合交易楼施工现场、国际果品交易区、全国名特优会展中心等重点区域。双方就市场牛羊肉销售情况和价格走势情况进行了深入的交流，并就进一步加强合作达成共识。

03
真情关怀，为少数民族客户服务

新发地市场是全国最大的农产品交易集散地，也是中国农产品批发行业的龙头企业。2018年，新发地市场的农产品交易量达1689万吨，总成交额达1080亿元。在新发地市场，居住着3万多流动人口，其中，有维吾尔族居民近百人。维吾尔族客户在新发地市场精心经营，年交易额在20亿元以上。

一直以来，新发地市场牢牢把握“各民族共同团结奋斗，共同繁荣发展”的主题，努力践行“爱国、创新、包容、厚德”的北京精神，认真贯彻落实北京市委、市政府《关于进一步做好新疆少数民族群众在京务工经商服务管理工作的意见》精神，积极探索新疆籍少数民族客户服务管理路径，寓管理于服务之中，在服务中彰显人文关怀，切实做到真诚尊重、真正优惠、真情关怀，为新疆籍少数民族群众在京经商、学习和生活，积极创造方便条件，从而架起首都与新疆少数民族群众团结的桥梁，在维护社会和谐稳定发展方面发挥积极作用。

张玉玺说：“新发地市场切实贯彻以人为本理念，用真情尊重新疆少数民族群众的风俗习惯，以实际行动落实好党的民族政策，不断巩固和发展平等、团结、互助、和谐的民族关系，既维护了新疆少数民族群众的切身利益，也促进了市场自身的发展。”新发地市场的主要做法有以下几点：

一是尊重宗教信仰，帮助满足宗教生活需求。为使市场中的维吾尔族群众过好传统宗教节日，新发地市场主动与上级统战、民宗部门联系，为维吾尔族群众提供周边宗教活动场所的信息。古尔邦节前夕，张玉玺亲自组织召开“古尔邦节茶话座谈会”，并邀请上级领导，与新疆籍少数民族客户代表进行座谈交流，还专门派车把少数民族客户送到清真寺作礼拜。

二是尊重生活习惯，协助解决清真饮食问题。为满足维吾尔族客户的生活需要，新发地市场与“益智发超市”连锁店协商，设立了清真食品专柜，专门供应清真牛羊肉和其他主副食品类。为让客户方便就餐，新发地市场还动员周边清真饭馆，尽可能地为维吾尔族客户提供送餐服务。

三是尊重民族语言，辅助开展普通话学习培训。新发地市场在上级民族工作部门的指导下，用维吾尔语和汉语编发了《来京人员工作生活指南》。同时，新发地市场每周末开办普通话学习培训班，派专人对新疆籍维吾尔族客户进行集中培训，讲解汉族生活习惯等相关知识，既解决了他们经商和生活中的语言障碍问题，又增进了维吾尔族和汉族相互的情感交流。

新发地市场认真贯彻落实党的民族政策，切实关心维吾尔族经商人员，做到政策倾斜、优惠到位，使少数民族地区客户既能进京，又能致富。在这方面，新发地市场主要采取了以下几项措施：

一是出台优惠政策。新发地市场在对客户平等对待的基础上，对少数民族经销商给予了相应的政策倾斜，比如降低摊位租赁费、入场交易费等。

二是提供经营平台。新发地市场积极为来京的民族地区客户提供经营平台，组织大客户集中签订民族地区商品在京销售协议。

三是实施“1+4”工程。新发地市场为促进新疆和田地区优质农产品销售，创造性地实施了“1+4”工程。就是在成立和田农产品销售专区的基础上，配套实施以下四项举措：制定一项政策，对和田农产品予以优惠20%摊位费用；拿出一部分资金，与民生银行对在新发地市场经营符合条件的和田农产品销售企业，给予2000万元的综合授信贷款；签署一批订单，组织分销企业和客户，与和田企业签署一批订单；举办一场展会，市场每年配合和田有关部门，在市场内举行推介会和展销会。

新发地市场秉承“共建共享”理念，注重为新疆籍少数民族群众提供更加贴心、更加精细、更具民族特色的服务，使他们能够安心工作和生活，不断提升幸福指数。新发地市场的主要做法有以下几点：

一是探索服务模式。建立新疆籍少数民族客户电子管理档案，定期开展在京新疆少数民族群众基本信息采集，确保为他们提供及时到位的服务；主动关心和帮助在京新疆少数民族群众，进一步增强他们融入北京的归属感和责任感；在评选“文明经营户”时，对表现突出的新疆籍少数民族客户给予适当照顾，充分调动他们经营的积极性；帮助少数民族客户反映利益诉求，依法保障他们的合法权益，促进市场的繁荣和稳定。

二是加大人文关怀。新发地市场主动帮助少数民族流动经商人员，解决看病就医、子女入学、就业等方面的实际困难。考虑到租住房屋方面存在的突出问题，市场在兴建的经营者乐园二期住宅楼中，单独辟出两个单元共20套住房，作为“维吾尔族客户之家”，以低廉的价格提供给新疆客户租住；新发地村卫生服务站每半年为维吾尔族客户提供一次上门免费体检。

三是注重走访慰问。每年除夕，新发地市场主要领导都要带领干部职工，为维吾尔族客户送上热气腾腾的清真水饺。对此，维吾尔族客户动情地说：“过年了，市场的领导顾不上休息，还亲自给我们送饺子，心里真是有一种说不出的感动。今后，我们一定会更加努力地经营，为市场的繁荣与发展多做贡献。”

04
特别的爱送给特别的客户

在张玉玺的眼里，客户就是新发地市场发展的根本，也是新发地市场管理人员的衣食父母。为了更好地吸引和凝聚客户，张玉玺自创了“给客户一个惊喜”的服务方式，就是在新发地客户遇到特殊困难时，给他们意料之外的帮助和扶持。

2002年，新发地市场蔬菜大户刘仁的三儿子在一次运输途中，不幸遭遇车祸丧失性命。张玉玺闻讯后，立即派人出车帮助老刘跑保险、办理他儿子的后事，还减免了他全年的房租，给了悲痛中的老刘以极大的安慰。可祸不单行，2003年，老刘的两个小孙女在市场玩耍时，意外引发火灾，造成周边的十几个客户损失严重。老刘不仅被派出所拘留，受到损失的客户也纷纷向刘家索取经济赔偿。张玉玺闻讯后，马上放下手中的事务，连夜把老刘从派出所里保释出来。第二天一大早，张玉玺一边拿出钱替老刘赔偿给遭受损失的客户，一边鼓励老刘继续把新发地市场的生意做下去。在张玉玺的帮助和鼓励下，老刘很快摆脱了困境重新站起来，生意越做越红火，逐渐成为新发地市场的蔬菜批发大户。

新发地市场总是千方百计采取有力措施，扶持农产品单品经营大王，让他们成为新发地市场发展的中流砥柱。“黄瓜大王”闫学强 1998 年来到新发地搞经营。一开始，他从山东寿光、济南等地收购黄瓜运到新发地市场批发。经过十几年的打拼，闫学强以“诚信文明经营、严把质量关、让客户放心”的经营理念，打造了自己的“老闫牌”黄瓜。就这样，闫学强的黄瓜销售量，由刚开始的每天 2 万多斤，增长到每天 10 万斤，再增长到每天 20 万斤，在保障首都市场供应、丰富市民菜篮子方面做出了自己突出的贡献。

2012 年，闫学强注册了北京新发地尚宇宏源商贸有限公司，并担任总经理，经营管理逐步正规化。2013 年，公司与内蒙古乌兰察布恒利农业公司合作，建日光大棚 500 个，占地 1000 多亩，专门种植黄瓜。2015 年，公司又与张家口市金农盛世农业开发有限公司合作，建大棚 600 多个，占地 2000 亩，全部用于种植黄瓜。

闫学强表示，要保证首都农产品的供应和安全，就要不断发展和扩大种植基地的规模，从生产源头抓品质、抓安全，做好自己的品牌。他说：“新发地市场将我培育成‘黄瓜大王’，既是一种荣誉，更是一种责任。今后，我将通过自己的努力，进一步扩大基地的种植规模和面积，做到用发展基地来保市场供应，让‘老闫牌’黄瓜一直当当地响下去。”

2012 年 10 月 12 日，《深度周刊 · 法制》的第 5 版刊登了《新发地农产品批发市场有个“人民调解委员会”》这么一条消息。消息中说，新发地市场经营主体多，利益关系复杂，各类矛盾纠纷频发，管理难度大。市场每天进出的车辆4000余辆，每年买卖合同纠纷、交通运输合同纠纷及商户之间争抢客户引发的纠纷数以千计，且多发生在公共场所，呈现突发性、多样性、复杂性的特点，调解难度很大。一旦处理不好，很容易激化为治安事件甚至是刑事案件，必将严重影响北京市果蔬供应和市场繁荣稳定。

对此，张玉玺说：“为了进一步推动新发地市场的良好运行，维护经营秩序的和谐稳定，充分发挥人民调解定纷止争的优势特点，新发地市场组建了‘人民调解委员会’，进而成为了市场的‘预警器’，社会的‘消防员’，群众的‘贴心人’。这样，市场一旦出现矛盾纠纷，调解员就会在第一时间赶到现场，了解情况，稳住局面，有效地避免矛盾进一步升级和事态扩大。”

人民调解委员会成立后，通过为纠纷各方当事人搭建起有效沟通的平台，促使纠纷各方以正确、理性的心态面对争议所涉及的问题，为矛盾纠纷的最终顺利化解打下了良好的基础。同时，通过加大排查力度，及时掌握纠纷信息，实现了纠纷排查不留死角、排查范围全面覆盖。也使新发地市场在调解工作中更加掌握了主动权，增强了实效，切实将矛盾纠纷化解于萌芽状态，维护了市场的稳定。

人民调解委员会就犹如驻扎在市场内的一支特殊的“消防”队伍，哪里有矛盾纠纷，“消防员”就及时、主动地到现场进行调解，将当事人引导至调解室，热心化解纠纷。这样，不仅让当事人有了一个说理的去处，更保障了市场的稳定运营，而不影响其他商户的正常营业。

张玉玺说："自人民调解委员会成立之日起，就始终坚持以化解矛盾为主、普法宣传为辅的工作主线，在全市场范围内多次开展普法宣传活动，无数次在交易区现场普法，并且专门安排了咨询接待人员，免费提供法律咨询，极大程度地降低了新发地市场的案发率。通过对外地商户、司机的化解矛盾和宣传工作，有力地维护了新发地市场的对外形象，在广大客户圈、物流圈中广为传播，树立了新发地市场的良好口碑。人民调解委员会是一把把开心锁，一座座连心桥。它不仅能够及时防止纠纷激化，而且在司法行政部门的指导下，能够开展律师服务、法制宣传、法律援助等多项活动，使客户的法律意识明显增强，市场管理水平明显提高，有力地营造了诚信经营、依法管理的良好氛围。"

显然，人民调解委员会的成立，也让消费者权益得到了充分保护，为首都居民"菜篮子"和"果盘子"的正常供应，维护农产品交易的正常秩序，筑起了一道坚强的防线，得到了新发地市场广大客户和北京市民的广泛欢迎。

05
尊师重教，建设硬件响当当的学校

张玉玺自2004年3月被推选为新发地村党委书记后，始终心系教育，对新发地小学关怀备至。学校的大事小事尤其是软硬件建设，张玉玺都主动过问，给予大力支持。

2008年以前，新发地小学归属于丰台区教委和花乡政府共同管理。而实际上，学校的很多工作都是由新发地村代为管理，有困难，找村里，新发地村党委成为学校开展工作的主心骨。

原新发地村党委副书记、新发地宏业投资中心副总经理孙志江介绍说："张玉玺心系教育不是停留在口头上，而是落实在实际行动中。他常说：'我们新发地村就这么一所学校，在学校读书的学生，都是新发地村或者新发地市场的子弟，关心学校，就是关心村民、关心客户；重视学校，就是重视村民、重视客户。在尊师重教上，村党委一定要动真情，办实事。'为此，他带领新发地村党委、村委会一班人，经常一起深入学校，研究如何支持学校工作。他要求班子成员要立足实际、各负其责、多渠道筹措资金，积极改善学校的办学条件，落实教育优先发展的战略规划，全力支持学校开展各项工作，提升学校的教育教学质量，保证新发地村村域内的适龄儿童更好地接受义务教育。”

新发地小学始建于1952年，是丰台区花乡的一所老字号小学。张玉玺就是在这所学校读的小学，新发地村党委、村委会的大多数干部，都是在这所学校读的小学。1993年，新发地村利用暑假时间，对新发地小学进行了重建，共建房13间。随着新发地市场的发展，流动人口大量涌入，学生逐年增多。

张玉玺上任新发地村党委书记后的2004年8月，陈留小学和潘家庙小学一起并入了新发地小学。当时，学校不仅占地面积小，而且教室破旧昏暗。土质的操场晴天一身土，雨天两脚泥，遇到大风天气，女教师从办公室到教室上课，要用纱巾蒙面。于是，重建新发地小学成为当务之急，也成为张玉玺上任党委书记后所办的第一件大事。

在张玉玺的心里，新发地小学就是新发地村未来的希望，也是新发地市场未来的希望，办好、建好新发地小学，新发地就赢得了未来发展的希望。张玉玺说："我们要不惜一切代价，建设一所在丰台区内甚至在整个北京市内一流的小学。"他亲自参与校舍的设计，要求新校舍的设计一定要高起点、高标准。在校舍建设过程中，他经常深入工地，查看工程进度和工程质量，要求负责工程监督的相关人员一定要严把质量关，时刻绷紧"百年大计"这根弦，把学校教学楼建成经得起时间检验的优质工程。他还说：“为官一任，谁都可以对不起，唯独不能对不起孩子。校舍怎么设计不重要，但是要保证20年、30年都不落后。”

2004年8月20日，新发地小学重建工程正式开工。

由于张玉玺亲自参与设计、亲自参与工程监督、亲自处理解决工程施工中出现的实际问题，有力地加快了教学楼的施工速度。2005年9月开学时，投资总额达1345万元的新发地小学新教学楼，正式落成并投入使用。新发地小学新教学楼为红砖拼花的四层漂亮楼房，位于新发地村内的黄陈路，占地面积11500平方米，建筑面积9430平方米，能容纳24个教学班、1000多名学生就学。教学楼分为教学区、办公区、学生活动区，并设有学生音乐教室、美术教室、书法教室、国画教室、舞蹈教室、科学教室、心理活动室、剪纸艺术教室、读书阅览室等，所有设施一应俱全。另外，学校还建有可容纳230余人的阶梯教室、有600个座位的地下学生餐厅和200米塑胶跑道及人造草坪操场。

张玉玺将新发地小学新教学楼的外墙砖确定为红色，寓意学校教育必须培养又红又专的社会主义事业的建设者和接班人，表达了他对学校教育的殷切期望。

2009年，新发地村公共交通还不是很发达，为学校能够高效地开展教育教学工作，在张玉玺的提议下，新发地村投资14万元，为学校购买了校车。

2013年，由于新发地市场的发展壮大，学校生源也不断扩大，现有的专业教室已无法满足学校的教育教学需要。于是，张玉玺亲自指挥，为学校新建了书法教室，并配备了整套的书法教学设备，进一步改善了学校的办学条件。

一所学校教书育人的质量，很大程度体现在教师和学生的发展上。为此，张玉玺特别关注学校教师队伍建设及学生在校学习生活情况，经常走进学校，了解学校的办学情况、师生的工作和学习情况，对师生表达慰问和祝愿之情。

每年的儿童节、教师节，只要张玉玺有时间，都会亲自带领新发地村党委、村委会、新发地市场的班子成员，到学校给学生和老师送去节日礼物，表达节日问候。每逢学校举行年度运动会、办学实践研讨会等大型活动时，张玉玺都会带领新发地村党委、村委会、新发地市场的班子成员参加。如果张玉玺有重要事情不能出席活动时，他也一定会安排好其他人员参加活动，并带去他对学校老师和学生的慰问和祝愿。一次，张玉玺在参加学校庆“六一”活动时说：“人们都说望子成龙，实际上能有多少龙和凤呢？其实，不是每一个人长大都要成为龙和凤。但是，即使不能成为龙和凤，成为一条虫，那也要做益虫，不能做害虫。”生动风趣的语言，表达了他期待孩子们一定要成为对社会有益的人。

工作中，张玉玺始终把为学校的发展提供最大最好的支持和帮助摆在突出的位置，经常深入学校了解情况，听取学校领导的工作情况，帮助学校解决教育教学工作中遇到的实际问题。

正常的教育秩序是规范学校管理、提高教学质量的保证。由于新发地小学紧邻新发地市场，每天学校门口都是车水马龙，尤其是早上，新发地市场进出的车辆很多，而且人车混杂，给学生和家长的安全带来了极大的隐患。为了切实给学校创造一个有利的教学环境，张玉玺积极协调新发地市场和社区，对学校周边环境进行有效地治理和规范。每天早晚学生上下学时间，安排保安人员在校园周边维持秩序，保证学生出行安全。同时，定期和不定期地对校门前摆摊设点、车辆乱停等现象进行治理，为学校师生创造了一个安全、宽松、和谐的环境。

到 2019 年 2 月 25 日寒假结束开学时，新发地小学共有在校学生 1122 人，开设 32 个教学班。学校班班配备了现代化教学设备，学生实现了全面发展和个性发展，教师实现了专业发展，学校实现了内涵发展和特色发展，学校“向阳文化”品牌已初步形成。学校师生都知道，新发地小学发生的巨大变化及取得的突出成绩，无不凝结着张玉玺的亲切关怀和大力支持。对此，张玉玺颇感欣慰。

06

主动融入，积极参与精准扶贫

随着国家精准扶贫战略的持续推进，新发地市场积极参与到这一伟大工程中，并努力探索建立产销对接、精准扶贫新模式，促进农民增收致富。

张玉玺说："精准扶贫是一个伟大的善事。产业扶贫，市场扶贫，消费扶贫，我觉得这几个扶贫跟我们的农产品批发市场有密切的关系。我们中国有句话，叫作'国家兴亡，匹夫有责'，今天我就说'精准扶贫，人人有责'。什么叫精准扶贫呢？我的理解，就是农民生产出的农产品到市场能换成真金白银，农民的腰包能够鼓起来。为了解决这个问题，我们有100个经营'大王'，在全国建市场、建基地，从而辐射全国所有的贫困县，包括极度贫困地区。想让农民干，先让农民看，这样就达到了产业扶贫的目的。"

为落实国家精准扶贫工作，北京新发地市场与河南省兰考县频频接触，双方整合优势资源，多方面开展深度合作。

2017年7月6日，兰考县考察团在副县长闫伟的带领下，来到北京新发地市场进行考察，深入了解市场的经营管理模式，与张玉玺就兰考县哈密瓜节、农副产品销售、农副产品基地建设和劳务输出等事项进行了沟通交流，并达成合作意向。8月1日，张玉玺与兰考县县长李明俊共同签署战略合作框架协议。按照这份协议，新发地市场将在培训农业实用人才、高标准农产品生产基地建设、举办农产品流通专题讲座等方面，对兰考县提供相应的支持。

9月26日，张玉玺带领新发地市场10余位农产品销售大户，赴兰考县实地考察。当晚，在焦裕禄干部学院兰考大讲堂，1000多名农业干部现场聆听了张玉玺关于农业供给侧改革、中国农产品生产与流通现状和中国农业今后发展方向的主题专场演讲，兰考县各界共4000余人通过视频转播同期听取讲座。

在兰考期间，张玉玺率领考察团，重点考察了5个乡镇中的6个村的农业生产情况。张玉玺对兰考的农业种植、农产品培育、政府导向等方面给予了很高的评价。他说："在亲民爱民、艰苦奋斗、科学求实、迎难而上、无私奉献的焦裕禄精神指引下，近年来兰考的发展成果显著，旧貌换新颜，环境优美，交通便利。"就兰考县如何打造农产品核心竞争力，张玉玺提出了自己的一些看法，他说："要注重发现未来，发现需求，品类不能多而杂，遍地开花，应选出三四种优势产品，大力扶植，在市场上重点推广，做自己的品牌，打好自己的品牌。兰考是焦裕禄精神的发祥地，本身就具有很高的知名度，要发扬焦裕禄精神新内涵，助力兰考农业新发展。"

考察中，随行的新发地市场农产品销售大户纷纷表示，兰考的哈密瓜、红薯等特色农产品卖相出众，品质优良，通过新发地流通平台，必将走俏北京消费市场。“蜜瓜大王”张宗志等人当即表示，在兰考县发展蜜瓜育苗基地和蜜瓜标准化种植园。俗话说：“要想农民干，先让农民看。”有了标准化示范基地，农民就知道种什么、怎么种，种出优质农产品以后直接走进市场，依托这些经营大户和新发地市场的销售平台，将农产品卖出好价钱，从而实现生活富裕。

张玉玺表示，要在新发地市场开设兰考特产馆和兰考蜜瓜专卖区，依托新发地市场的辐射力，打通区域农产品流通环节，让更多的特色农产品、优质农产品、拳头农产品快捷进入消费市场，从而促进农业提质增效，农民收入增加。

由于新发地的助力，在短短两年时间里，蜜瓜就在兰考种植了两万亩，为兰考县的精准脱贫注入了新的活力。

2018 年 12 月 13 日，张玉玺出席中部贫困地区农产品产销对接活动，以此来助力产业扶贫，并作为采购企业代表发言，现场还签约了 1.3 亿元的果蔬订单。

对于精准扶贫，新发地市场一直在路上。广西百色市属于国家深度贫困地区，但这个市拥有优质的果蔬资源和较好的物流运输基础。早在 2013 年，国务院就批准实施“南菜北运”惠民工程。当年 12 月 11 日，“百色一号”果蔬绿色专列正式开通，成为我国首条“南菜北运”铁路绿色通道。在专列开通 5 周年之际，百色市政府专程来京在新发地市场举办了宣传推介活动。2018 年 12 月 28 日，由百色市政府主办“百色一号”果蔬绿色专列及配套设施（北京）

宣传推介会在新发地市场隆重举办。推介会现场设立了百色热带水果等特色农产品展区，旨在更广领域、更大范围扩大宣传，提升“百色一号”的影响力，吸引合作企业加盟推进。

2018年12月21日，由湖南省政府主办的2018年湖南贫困地区优质农产品（北京）产销对接活动在北京全国农业展览馆11号馆隆重举行。参加活动的新发地市场负责人表示，新发地市场作为农产品流通的重要平台和载体，将竭尽全力为湖南优质农产品在京的销售提供全方位的服务，通过新发地市场这个大平台，进一步拓展湖南省特色农产品的销路，走出“产业帮扶，消费扶贫”的路子，增加当地农民收入，让当地老百姓早日脱贫致富。对接活动中，新发地市场与湖南省部分贫困地区的生产、加工、供应企业，现场签订了《农产品购销场地挂钩合作协议》。

2019年1月12日，在北京举行的“万企帮万村”农业产业扶贫论坛暨消费扶贫对接会上，新发地市场作为渠道商代表，分别与定西市、维西市、丘北市、勐腊县等贫困地区签订了合作协议。协议提出，新发地借助市场平台和分销渠道，将贫困地区的特色农产品引进首都，进一步拓展当地特色农产品的销路，助力当地种植户早日脱贫致富，有效带动周边的产业经济增长，真正实现产业扶贫、精准扶贫的目标。

2019年4月3日，以“产业扶贫、市场扶贫、消费扶贫、感情扶贫”为主题的“三区三州（‘三区’是指西藏、新疆南疆四地州和青海、四川、云南、甘肃四省藏区；‘三州’是指甘肃的临夏州、四川的凉山州和云南的怒江州，是国家层面的深度贫困地区）”贫困地区农产品产销对接专场活动在新发地市场启动，来自“三区三州”107个深度贫困县的200多名供货商和新发地市场、农业龙头企业、商超、餐饮企业等来自全国各地的500多名采购商参加活动，采购金额达54.8亿元，现场签约额45.57亿元。张玉玺在参加了本次活动时建议，“三区三州”深度贫困地区应以“工匠精神”精耕细作，打造上乘的农产品品质，再借助优势品牌的传播和营销，为高收入人群提供健康优质的农产品，从而提升其附加值，最终实现高回报的消费扶贫。

在谈到新发地市场如何在产业扶贫活动中发挥作用时，张玉玺指出，新发地市场为了更好地实现产销对接，在全国投资建设了10个分市场和300万亩的标准化种植基地，覆盖我国大部分贫困地区特别是深度贫困地区。通过一系列的措施，吸纳贫困户就业，鼓励农民以土地入股，建立种植示范园引领农民种植，设立育苗中心保障种苗品质，为特困户免费提供种苗。农民按照统一的标准来种植，统一的标准来采摘，以符合市场的需求。由龙头企业、经营大户负责销售。同时，通过举办推介会、展销会、设立销售专区、扶贫馆、减免进场费用、接待贫困地区政府和企业来访、到贫困地区举办农业讲座等多元化方式，进一步助推贫困地区农产品的销售，提升其产品的知名度和影响力。经过3年多的探索、实践，最终形成了“政府、龙头企业、批发市场、销售大王合力抓两头，农民干中间”的新型产销对接模式。具体方式是：团结协作，推动农产品消费扶贫；重点发力，探讨兰考扶贫模式；示范引领，提升涞源脱贫战斗力；多元统一，构筑扶贫产业链。

如今，兰考蜜瓜已经有了很大的产业规模，深受消费者青睐并广为传播，“蜜瓜大王”张宗志也因为他对兰考县蜜瓜产业的突出贡献，当选为开封市人大代表。兰考县政府还委托新发地市场继续在兰考扩大红薯、葡萄等优质品种的产业投入。

山西隰县是国家级贫困县，素有“河东重镇”的美誉，是闻名遐迩的“中国酥梨之乡”。2019 年 4 月 14 日，张玉玺受邀来到隰县，参加第九届“玉露香梨花节”，并出席招商引资恳谈对接会。会上，张玉玺用最朴素的语言概括了农业扶贫的意义：“让农民种出的好产品，卖出好价钱，变成农民的真金白银，就真正实现脱贫了。”我国的贫困地区恰恰都是农业生产县，有着绝佳的生态优势。好的农产品种出来了，就要做好产销对接，让优质农产品不仅不愁销，还要卖出好价钱。

为了进一步做好产业扶贫，强力推进精准扶贫，张玉玺倡导并支持新发地市场 100 个经营“大王”在全国各地建基地，重点在贫困地区建种植示范园和种苗基地，带动当地农民按统一标准来种植。同时，依托新发地市场稳定的销售渠道，将贫困地区种出的好产品，送上首都人民的餐桌，实现“让种植者小康，让消费者健康”的美好愿景，倾力推动我国农业进入“良性循环”的发展轨道。

14

第十四章

人格魅力，做人做事重在诚

01
讲实干，做务实有为的企业家

众所周知，中国的企业多，企业家更多。企业多了，企业家多了，往往会泥沙俱下。于是，大浪淘沙，有的企业迅速崛起，有的企业很快消亡；有的企业家成功了，有的企业家失败了。探究个中原因，人们会发现，对一个企业家来说，真正的成功在于“有形的力量”与“无形的力量”的和谐结合。所谓“有形”，是指看得见的产品、厂房、设备等；所谓“无形”，是指看不见的人的智力、胆识、品质、理念等。

在张玉玺的眼里，一个缺乏“无形的力量”的企业家，有再多的有形资产，也难以逃脱“因偶然而成功，因必然而失败”的命运。而一个具有“无形的力量”的企业家，即使中途遇到挫折，也能冲破艰难险阻，开创成功的新天地。

在所有企业家中，有人格魅力的大致分两种：一种是一语惊人、让人一见倾心、容光四射的企业家；另一种是慢慢走到人的心里、令人长长久久回想的企业家。毫无疑问，张玉玺属于后一种。他最大的魅力，就在于一个“诚”字。在他身上，没有某些成功企业家的狂妄与骄矜，而是拥有征服过无数狂风骇浪的轮船水手所特有的那种稳重、宁静和自信，还有那种宽以待人的善良情怀和丰厚知识涵养的儒雅气度。

历史发展证明：一个伟大的政党，必定有一个伟大的领袖；一艘远行的航船，必定有一个英明的舵手；一个杰出的企业，必定有一位杰出的企业家。一个人的伟大，从不是因为它有多少权势和财富，而是要看他是否有种能让时代为之凝固的气场。不可否认，新发地市场在张玉玺的领导指挥下，克服了重重困难，才逐渐发展壮大，进而铸就了今天的辉煌。没有张玉玺，就没有新发地市场。张玉玺作为中国改革开放后的第一代优秀企业家，成为新发地品牌的缔造者，成为企业的核心和灵魂，成为新发地员工的精神领袖，成为中国企业家的杰出代表。张玉玺是中国市场改革的开拓者，是创造民族品牌的先驱者，是中国改革开放的见证者，是中国企业家的成功者，也是中国企业界不败的“常青树”。

国内外众多成功企业家的经历证明，要做一个成功的企业家，首先必须给自己确定一个明确的定位和远大的目标，并始终专注于自己的定位和目标，不达目的，决不罢休。在这一方面，张玉玺早已成为一个成功的典范。

新发地的辉煌成就证明，张玉玺的一系列新思想、新观念、新决策、新战略，都是正确的，都是适应市场新时代发展要求的。因此，张玉玺先后获得全国优秀企业家、职业企业家、中国经济十大创新人物奖、中国经济建设特殊贡献人物、中国十佳管理创新人物、中国百名管理先锋人物等荣誉称号。

在这些称号中，张玉玺最喜欢的是“职业企业家”这个称号。他说：“我把自己定位为职业企业家，而且在许多大会上公开宣布‘我不进官场走市场’。当有人推荐我去担任更高级别的行政领导时，我婉言谢绝了。我对他们说，我就是干企业的。我给新发地确定的市场目标就是：‘树百年品牌，建一流企业。’”

作为企业家，如果不想让企业成为一流企业，那他就不是一个合格的企业家。正是这样的明确定位和远大目标，给张玉玺提供了源源不断的动力源泉，也保证了他能够将不懈的动力始终用于实现自己的目标定位，从根本上保证了他的成功。

张玉玺不仅有明确的目标定位，而且始终专注于自己的目标定位。他说：“我一次只专心做一件事情，然后全身心地投入并希望它成功。”

张玉玺最欣赏孙中山说的那句话：“要干大事，不要做大官。”他的全部兴趣都在新发地市场。他在新发地市场里跑步，从来感觉不到苦累。因为他对新发地市场的每一寸土地，实在是太熟悉、太亲切不过了。他曾穿着军大衣，握着铁铲一下一下地挖出市场；他曾在寒冬腊月，与客户们在摊位上琢磨市场信息；他每天都是一大清早骑着自行车，转遍整个市场；他每一年的大年三十，都不忘给员工和客户亲手送上一碗热气腾腾的饺子……

新发地市场的员工常说：“咱们的董事长，常常没有节日。”

对此，张玉玺解释说：“节日来了，认真过了就算过节，而在工作中度过就算没有过节，这种看法不完全对。无论哪一天，真正有发自内心深处值得高兴的东西出现，那就是我的节日，可以痛痛快快地乐一回。”张玉玺忘记了节日而专注于自己所热衷的事业，无异于咀嚼着比节日更快乐的甜蜜。

正因为如此，在张玉玺的工作日程中没有节日。节日没到时，他在积极地工作；节日到了，他仍在积极地工作。显然，他在工作中尝到了比节日更快乐的甜蜜。

新发地市场的干部员工都知道，张玉玺是一个只顾工作、不想自己的人，是一个只顾奉献、不讲享受的人。每年大年初一，张玉玺都要赶到新发地市场处理公务。

平常，他忙；星期天，他还是忙。每当星期天，他总是坐在办公桌旁，看书，翻资料，处理公务。他生命的红线，永远在他热衷的市场事业的坐标上定位。

了解张玉玺的人都知道，在他的心灵深处，珍藏着勤劳俭朴、努力奋进的人生信条。这种信条，对于他来说恰如一种性格一样执着不移，不可更改。

02
诚信立身，做道德经济的践行者

道德是规范市场经济发展的“软”手段，是构建和谐社会的奠基石。德可以分为两种：一种是智慧的德，另一种是行为的德，前者是从学习中得来的，后者是从实践中得来的。张玉玺在创建经营新发地市场的过程中，注重以德修业，积极推进市场道德经济建设。随着全球经济一体化的逐步推进，中国市场经济的竞争愈演愈烈。正是这种竞争，不断地推动着社会的发展进步。但是，市场经济的唯利导向，也随之带来了众多问题，环境污染、食品安全隐患、毁约失信、商业欺诈等现象时有发生。尽管有国家相关法律法规的约束，但并没有完全根除这些弊病。因此，发展道德经济，成为了加速发展社会主义市场经济的着力点。以道德教育为手段来发展经济，不断提高人们的道德觉悟，使之做出合法的、积极的、高效的生产、交换、分配和消费行为，由此来推动经济的健康发展，促进社会的全面繁荣。

社会主义市场经济不仅是竞争经济、法制经济，更应该是道德经济。市场经济与道德建设本身就是相互影响、共同成长的关系。张玉玺说：“随着我国经济和社会的发展，社会主义经济制度不断得到完善，社会主义道德必然日臻高尚。”

在建立市场之初，张玉玺为新发地市场确定的“让客户发财，求市场发展”的经营理念，恰恰吻合了发展道德经济的主题。谁都知道，企业不赚钱，便无法生存。但急功近利，不以诚对待客户，想生存求发展只能是一厢情愿。张玉玺所确定的经营理念，明确了办市场是为了让经营者致富进而惠及广大农民，然后谋求市场本身的发展，并时刻用这个经营理念来权衡自己的行为，检验企业的制度，规范企业的服务。

张玉玺曾经讲过这样一件事：前些年，人们听说河北的白洋淀被污染了，于是就有人问白洋淀怎么会被污染呢？有一个县长说白洋淀不好管，一个白洋淀被三四个县围绕着，我可以不污染，但别人污染我管不了。太湖被污染了，也有很多人说不好管，好几个省管太湖，怎么弄啊？

后来张玉玺去欧洲，看到多瑙河的水也在好几个国家哗哗流淌，却没有污染。这使他明白，管理是一回事，意识又是另一回事。让安全意识牢牢树立在心中，是一个企业家应尽的责任和义务。

在日常工作中，张玉玺常常告诫新发地市场的管理人员，要千方百计建立食品安全防线，把好食品安全关。由此，新发地市场定期开设讲座，组织安全检查，多次荣获“全国文明市场”“北京市文明示范市场”“农业产业化国家重点龙头企业”等多项荣誉称号。2008年北京奥运会期间，张玉玺带领新发地村党委和新发地市场一班人，不惜一切代价，用尽一切力量，高标准完成了奥运会期间的农产品供应和安全保障任务，获得上级政府部门的肯定和表彰。

张玉玺说：“办企业、建市场，追求利润这是不容回避的话题，因为没有这一点，企业、市场就不能发展甚至还会面临倒闭破产的危险。但是，办企业还应大力提倡道德经营的发展理念。”他认为，企业社会责任建设的发展途径，是将企业的专业优势与环境及社会问题的解决结合起来，最终实现企业与社会的共生共荣。农产品直接关系到消费者身体健康和社会稳定，这就要求经营者必须具有较强的社会责任感。

在张玉玺的领导下，新发地市场一直奉行“放水养鱼、养鸡下蛋”的方式，尽量降低收费标准。市场明确规定：计费要合理、准确、不多收、不乱收、不失职漏收、不徇私少收。对引进新产品未能盈利的客户，不收管理费；对赚得少的客户，酌情收管理费；对持有自产证的农民客户，少收管理费，节假日免收管理费；对首都大专院校、中小学、幼儿园、部队、机关、厂矿等团体，均给予特殊照顾。

张玉玺还自创了“给客户一个惊喜”的贴心服务方式，就是在客户们遇到困难时，给予他们意料之外的帮助和扶持。虽然有些事情并不属于市场管理的职责范围，但张玉玺要求市场的工作人员一定要用心体察、发现客户的每一点难处，真正帮助客户解决实际问题。

实践证明，新发地市场安全、公平、宽松的交易环境，已经成为市场发展道德经济的保障。新发地市场经常与公安、工商联合，三位一体地对市场发展环境进行综合治理。张玉玺要求新发地市场的保安人员24小时值班值勤，昼夜巡逻，切实加大市场的治安管理力度，哪里出现问题就赶到或出现在哪里，而且要求市场每个员工都是治安协管员。

为客户提供无偿信息服务，已经成为新发地市场发展道德经济的枢纽。张玉玺说："当今时代，信息化建设已经成为提高企业竞争力的重要途径。"为此，新发地市场建立了强大的信息网络中心，及时采集整理包括各种产品的价格、数量、产地等信息，通过专设的咨询电话，24小时向客户和农民无偿提供服务。同时，市场与农业农村部、商务部、国家市场监督管理总局等有关部委的信息中心以及全国农业系统较大的专业网站联网，并通过报纸、电台等媒体，将信息及时传递到全国各地，成为全国农产品市场参考的重要依据。

新发地市场全心全意为人民服务的理念，已经成为发展道德经济的核心。张玉玺说："新发地市场一头连着农民的菜园子，一头连着首都的"菜篮子"；一头服务全国农民，一头服务首都市民。因此，只有全心全意为人民服务，我们的工作才算称职，市场才能发展。"在张玉玺的带领下，新发地市场通过不断开展各项思想道德教育活动，全心全意为人民服务的理念，在市场已深入人心。

为切实让首都居民更方便地吃到物美价廉的新鲜果蔬，新发地市场在北京城区建起1000余家便民直营店。新发地市场还尝试在便民直销店内供应肉蛋类食品，并且在各个直营店安装电子显示屏，滚动播报新发地市场当日菜价，让便民菜店价格更加透明。

新发地市场积极推进道德经济建设，既赢得了良好的社会声誉，又为企业发展注入了强劲活力；既熏陶了员工道德情操，又惠及了他人，取得了一举多得的效果。

03
一丝不苟，恪守纪律和原则

在工作中，张玉玺始终保持着军人那种服从命令、听从指挥、雷厉风行、吃苦耐劳、乐于奉献的风范。无论是在新发地市场，还是在新发地村，他都是一面迎风飘扬的“旗帜”，有着巨大的影响力和号召力。

张玉玺在部队是唱着《三大纪律八项注意》这首歌成长起来的，也是唱着这首歌复员的。“三大纪律八项注意”是中国人民解放军的优良传统和行动准则，是人民军队的统一纪律，体现了人民军队的本质和宗旨，对统一军队纪律，加强军队的思想和作风建设，起到了重大作用。

1988 年 5 月，新发地市场创建开业后，张玉玺根据市场发展的实际情况，以军人的作风创造性地提出了新发地市场的“三大纪律八项原则”，并逐步加以完善，成为新发地市场全体员工必须遵守的纪律。

张玉玺提出的“三大纪律”包括：

一是财务纪律。在财务管理方面，新发地市场的相关人员一直坚持严明的财经纪律，从方方面面上堵塞漏洞。尤其在一些大项目开支上，一张发票要四五个人签字。有人觉得这样做有点烦琐、复杂，但张玉玺认为，这是财经纪律应有的严格程序。

二是着装纪律。张玉玺提出，凡在新发地市场工作的员工，都不准穿奇装异服。上班时，不能穿高跟鞋，不准抹口红，不准佩带“三金”。张玉玺说，这样做的主要目的，就是让员工明白自己要服务的对象是谁，拉近员工和客户之间的距离，让客户有话敢说，有事敢求。当然，在有外出任务、集体活动和开会时，市场不作具体要求。

三是购物纪律。1993 年之前，新发地市场规定，员工和管理人员不能吃、拿、要客户的瓜果和蔬菜。后来，市场考虑到如果员工向客户买东西，买的和卖的有地位之分，交易也难以公平，因此，市场又修改了制度，不让员工在市场内购买蔬菜、瓜果等任何物品，如有违反者，将给予重罚，情节严重者，还有被开除的可能。为落实好此项纪律，新发地市场每月发给员工 50 元钱的购物补贴。

张玉玺提出的“八项原则”包括：

一是收费不搞多元化。从建场开始，新发地市场就在收费上严格实行“一票制”，工商管理费、国税、地税等行政性收费，都由新发地市场代收，然后分别上缴给相关部门。张玉玺说：“新发地市场之所以这样做，是因为我们明白客户的心理，收一次费他受得了。但如果多个部门同时向他收费，他从心理上就难以承受了。”

二是员工不经过做生意实践，不让上岗。新发地市场有一条不成文的规定，就是每一名员工在进市场上班之前，必须到外地市场买过菜和卖过菜，拥有实践和体验做生意的真实感受，从而明白客户最需要什么、最反对什么、最拥护什么，这样，员工才懂得怎样设身处地地为客户服务。张玉玺曾举例说："我本人就到内蒙古集宁市、河北张家口市和河南漯河市做过生意，尤其是在内蒙古集宁市场卖西红柿的时候，看见几个胳膊上刺着龙的彪形大汉在自己的车前晃悠，从心里讲，我当时也很害怕。但集宁市场的一位领导过来跟我说了一句：'有我在这儿为你撑腰，你不用担心。'就这么一句话让我感动了好久。"

三是不放走不赚钱的客户。

四是客户有困难，不能视而不见。张玉玺说："新发地市场一直坚持这样一个原则：客户有小病，自己管；客户有大病住院，市场管；客户有了困难，从市场经理到市场员工，人人都要管。为客户排忧解难，是每一个员工义不容辞的责任。"

五是员工及其家属不准在市场做生意。张玉玺指出："一国可以两制，但一个企业绝不能有两种制度。新发地市场规定：员工及其家属不准在市场做生意。我们对员工这样讲，要么在市场内踏踏实实上班，要么辞职下海经商，绝不能既当裁判员，又当运动员。我们这样做，就可以有效地防止经营上的不公平竞争。"

六是不拘一格用人。张玉玺说："新发地市场在选人用人时，重点强调不唯书、不唯上、只唯实，注重从三个方面选才用才。一看他有没有良好的品德和敬业精神，二看他有没有实际工作能力，三看他能不能接受新鲜事物。”

七是不孝敬父母、家庭搞不好的员工绝不提拔。

八是不刻意地效仿成功的企业。张玉玺指出：“新发地市场一般不组织干部刻意地研究成功的企业。因为我们觉得，成功的企业有其成功的多种原因，或是抓住了机遇，或是拥有多种有利的条件。如果我们刻意研究成功的企业，就会形成照搬照抄的习惯，就不会有新的思路，自然就没有好的出路。战略不是研究我们未来做什么，而是研究我们今天做什么，才有未来。因此，我作为市场的领导者，总是定期组织干部研究失败的企业，专门找其失败的原因，以汲取失败的教训。”

张玉玺提出的“三大纪律八项原则”，一直在新发地市场得到了很好的坚守，对市场的健康快速发展起到了强有力的促进和保障作用。

04
虽然无人追赶，却始终跑得最快

张玉玺的创业精神，来自他自身的事业心和对社会的强烈责任感，他立志做不等不靠的创业者。复员返乡后，以超常人的胆魄和睿智抢抓机遇，创建了新发地市场，并经过多年的打拼，引领企业步入发展的快车道，进而践行了自己“兴市富民，兴农报国”的庄重承诺。

在商界有这样一句名言：“机遇对每一个人都是平等的，但机遇往往是留给有准备的人。”在新发地市场员工的眼里，张玉玺就是一个有准备而且善抓机遇的人。

新发地市场自 1988 年 5 月成立以来，已经走过了 30 多年的辉煌历程。30 多年过去了，新发地市场的蔬菜、水果供应量，已经占到了北京市民总需求量的 90% 以上，每年可为国家上缴各种税费 3000 多万元。作为新发地市场的掌舵人，张玉玺时刻铭记“让客户发财，求市场发展”的经营理念，一次次地抢抓机遇，以不知疲倦地奔跑这种工作姿态，大手笔地推进新发地市场的提档升级。

为帮助客户把业务做大、做强、做稳，能够有效地规避风险，新发地市场成立了信息中心，安排12个人专门负责信息采集工作。信息中心拥有一流的设备，每天把新发地市场的价格信息向国家相关部门报送，通过国家相关部门网站和媒体将信息发送到全国各大批发市场、集贸市场，以此来吸引全国各地客户来市场进行交易。2005年3月，新发地市场与河北省固安县广播电视局正式连线，标志着农产品市场中需求引导生产的模式更加成熟，农民将会从中得到更大的实惠。

2005年3月，由新发地市场、北京市种子协会、北京富四方种苗研究中心主办的“北京丰台春季种子交易会”，在新发地种业市场隆重举行。蔬菜基地、花卉牧草基地等200余家产销企业云集新发地市场，交易品种近2000种。会上，张玉玺作了题为“国泰民安，种子为先”的精彩演讲。他在演讲中指出，种子作为农业产业的源头，决定着农产品在市场上的竞争力，新发地种业市场将更好地发挥交易平台作用，为农业增效、农民增收做出应有的贡献。

到2011年，新发地市场每天的交易人数虽然超过了4万人，流动车辆超过1万台，可张玉玺一点也不满足。他觉得，尽管新发地市场在北京乃至全国的知名度和影响力都很大，但在交易方式、管理手段、基础设施等方面还不先进，必须尽快进行全面的提档升级。于是，新发地市场于2012年和2017年先后两次启动了大规模的提档升级。

在张玉玺看来，市场竞争不进则退。新发地市场创建以来，张玉玺带领他的团队以中流击水立潮头的气概，倾力打造了中国农产品流通领域的“航空母舰”。他常说：“市场是广阔的、多元化的，一个头脑清醒的企业家，应该抵制多种诱惑，果断地避开拥挤的人群、喧闹的沙龙。”

工作之余，张玉玺乐此不疲地钻研国家大政方针和经济理论。在中国农产品流通领域享有较高声望的他，结合管理农产品市场的经验，研究中国农产品批发市场发展的内在规律，在国内一些影响力较大的报纸上发表了《论市场发展和道德经济》《农产品批发市场管理模式的探索》等50多篇专业性文章，在业内引起广泛关注。他还被聘为“中国管理科学研究院当代社会问题研究所高级研究员”“中国农村社区发展促进工程农产品市场管理营销专家”和“中国国情研究会农产品流通领域终身研究员”。

在北京，一提起张玉玺，无论是普通民众，还是企业家，甚至是政府官员，无不钦佩他的理性。他决策投资的项目，建设一个成功一个，没有一个出现失误。这样的成就，是无法用运气来解释的，而是他的理性做了保障。

张玉玺的理性，充分体现在他始终恪守“六不”之上——不该说的话不说，不该做的事不做，不该交的朋友不交，不该拿的东西不拿，不该去的地方不去，不该办的事不办。他将官场与商场严格区分开来，充分体现了那种理性的大家风范。人们无论何时见到张玉玺，他肯定像盛夏里那股使人清醒的凉风，让人精神为之一振，他脚踏实地而又心在远方，理性地走向了事业的辉煌。

同张玉玺打过交道的人，大多对他给予了这样的评价："他诚实、厚道、热情、直率、认真，说话办事，一是一，二是二，从不耍滑头、绕圈子、玩阴谋。"在新发地市场内，一些张玉玺的粉丝评价他时说："他这个人堂堂正正做人、清清白白做官、干干净净做事，保持一身正气。他追求的是事业至上，时时想的是企业，让人真的被他的精神所感动。"

张玉玺认为，任何成功者都不是8小时工作制，8小时工作永远造就不了成功人士。张玉玺曾给新发地市场的员工讲了这样一个励志的故事：在静谧的非洲大草原上，夕阳西下。这时，一头狮子在沉思，明天当太阳升起的时候我要奔跑，一定要追上跑得最快的羚羊。而此时，一只羚羊也在沉思，明天当太阳升起的时候我要奔跑，一定要跑得过最快的狮子。这个故事告诉人们，你是羚羊还是狮子并不重要，重要的是当太阳升起的时候，你必须为了生存而拼命奔跑。

欧洲有这样一句谚语：当你被追赶时，跑得最快。对于张玉玺来说，自1988年5月创建新发地市场以来，似乎无人在后面追赶他，但他一直在不知疲倦地奔跑，成为中国农产品批发市场行业"跑得最快"的人。作为中国最大的农产品批发市场的"掌门人"，张玉玺始终保持着严于律己、艰苦朴素的作风，带领新发地市场全体员工攀越了一个又一个高峰。

新发地创建初期，张玉玺本着"让利于民"的原则，吸引了很多菜农进场交易，从而探索出了一条"放水养鱼"的成功之道。对此，张玉玺用楹联的方式总结了一句至理名言："请不来，叫不来，赚钱准来；哄不走，赶不走，赔钱准走。”于是，“让客户发财，求市场发展”成为新发地农产品市场一直恪守的经营理念。

出生于1965年的“冬枣大王”董广景，来自山东省泰安市宁阳县，谈吐间总是透着山东人特有的淳朴实在。多年的从商经历并没有改变他的性格，反而让他变得更加真实、自然地与客户打交道。在张玉玺的影响下，“诚实守信、把握规律、顺其自然、留有余地”成为他多年恪守的经营理念，也是这位“冬枣大王”为人处世的立身之本。

董广景是一个地地道道的农民，由于家境贫寒，2004年投奔远在北京经商的四叔。起初，他在四叔的水果铺里当搬运工，早出晚归，虽然很辛苦，但学到了很多知识。他说：“四叔经常教导我，要诚信经营，以质量求生存，让客户满意。”做到第二年年底时，四叔要转行去种葡萄，董广景的生计没了着落。四叔便建议他说，这个行业你已经做了两年，也都熟悉了，不如去新发地租个摊位，缺资金我帮你。

于是，2006年，董广景从四道口果品市场来到了新发地市场，租下了水果市场精品一区的45号商铺，他的事业也从这里开始了。由于以前经营的品种比较单一，达不到客户的要求，他便不辞劳苦地跑产地、联系果园、拓展品种，除了主营的冬枣外，还经营千禧果、荔枝、草莓、水蜜桃、丑橘等20几个品种。

2009年，董广景成立了北京沃土飘香果业商贸有限公司，有了自己的果业品牌“沃土飘香”。功夫不负有心人，他的水果销售很快辐射到河北、内蒙古、山西、山东、河南以及东北三省等地。

随着新发地市场的日渐繁荣，市场需求逐年加大，董广景的生意也跟着水涨船高。2015年，他的公司总营业额达到3亿元，他本人连续多年被评为新发地市场“有突出贡献文明经营户”。

董广景说：“张玉玺董事长是我生意上的导师。没有新发地这么好的管理、这么好的平台，就没有我的今天。在创业发展中，虽然我付出了很多努力，但最为重要的是，新发地市场有着良好的营商环境，才让我取得了如此成就。”

“西瓜大王”潘孝海是吉林辉南县人，1990年来到北京。最初，他在沙子口市场当搬卸工，那里当时是北京最大的西瓜批发市场。后来，他雇车将西瓜从沙子口市场运往永定门市场做二级批发，发现赚钱比较容易，就开始从宁夏平罗等地收瓜。1998年，潘孝海在张玉玺的支持下，来到了新发地市场，尝试把海南西瓜运到新发地市场销售，结果大获成功。

2004年11月，潘孝海成立了北京鹏程万达果品有限公司，注册了“鹏程万达”品牌。2013年，潘孝海又在海南投资3000万元，建设了海南供京和供港澳冷库基地，公司仅西瓜一项业务，就实现年交易量5万多吨、年交易额突破3亿元，成为新发地市场名副其实的“西瓜大王”。

“猕猴桃大王”徐柱是北京旺达玉柱果品有限公司董事长，公司长年在云南、广东、广西、海南、山东等产地一线采购的人员多达300人，注册的水果商标是“悠乐果”。徐柱说：“我和新发地市场是鱼和水的关系，我是随着新发地市场一起成长的，是新发地市场给了我人生的平台和舞台。”

进入21世纪后，张玉玺抢抓机遇，对新发地市场进行全面的提档升级。2003年，新发地市场全面启动升级改造工程，规划了“三大功能区”，建设了“十个中心”，提升了市场功能，构建了管理系统；2004年，市场升级改造工程进展顺利；2006年上半年，升级改造工程初具规模；2010年8月，新发地国际绿色物流区正式启动，园区占地2万平方米，吸引了南非、德国、加拿大等16个国家的农产品贸易商入驻；2012年，新发地国际水产城、综合交易大厅、环球农产品交易中心、蔬菜综合交易楼、12万吨冷库等项目开始规划建设，建设运营后成为新发地市场的重点和亮点；2017年，新发地市场再一次启动全面升级改造，现代化的蔬菜交易中心开工建设。

随着北京提出打造“三个北京”和世界城市的宏伟目标，北京迫切需要一整套与之相匹配的现代化农产品保障供应体系和机制。为此，新发地市场在张玉玺的领导下，进一步实施“内升外扩”发展战略，即内部升级改造，外部在全国各地建设基地和产地市场，构筑农产品安全稳定供应的“护城河”，以此来保障首都农产品的安全稳定供应。

05
心存感激，成绩有爱人的一大半

当有人问起“谁是你一生中最应该感谢的人”这个问题时，张玉玺的心情久久不能平静，他说：“我最应该感谢的人，就是我的母亲，这不仅是因为她给了我生命，并含辛茹苦地把我养大，更关键的是她给了我一笔无形的财富，那就是让我从小懂得了做人的道理和生活的真谛。”

而当有人问起“谁是你一生中最亏欠的人”这个问题时，张玉玺语气沉重地回答说：“我这一生，最亏欠的人就是我的爱人。我在工作上所取得的成绩，不是像歌中唱的那样‘军功章啊有你的一半也有我的一半’，而是有爱人的一大半，自己只能是一小半，因为我欠爱人的实在是太多太多了。”

1980 年 2 月 11 日，也就是农历己未年腊月廿六，31 岁的张玉玺与 26 岁的杨秀云登记结婚。当时，虽然张玉玺在村里当统计员，但家庭条件还比较困难。杨秀云说："我们结婚时，张玉玺家只给了 300 块钱的彩礼。"

有了杨秀云这个贤内助，张玉玺得以一心一意地扑在工作上，家里的一切事情都不用他管。这么多年能够取得一些成绩，家里的事情从来不用他操心是其中的重要因素。

杨秀云也是新发地本村人，在家里排行老大，下面有四个弟弟，一个妹妹。她打小就养成了艰苦朴素的生活习惯，一直到现在，都没戴过金银首饰，也不想带金银首饰；更没穿过名牌服装，也根本不想穿名牌服装。她说她喜欢过平常的日子，不希望过大富大贵的日子。

杨秀云与张玉玺结婚后，一直与婆婆一起住在平房里。1980 年 11 月 6 日，双胞胎儿子张玥琛和张月琳出生后，一家人依旧住着那个老宅院。直到 2007 年老宅四合院动迁，2008 年一家人才搬入新楼。而此时，身为新发地市场董事长、新发地村党委书记的张玉玺，家里已经是四世同堂的九口之家了，但一家人所住的楼房，面积却只有 125 平方米。

杨秀云说："张玉玺这个人，对他的母亲非常孝顺，几乎到了百依百顺的程度。在张玉玺的心里，老太太说什么就是什么。"家里一直是老太太当家，大事小事都是老太太说了算。老太太生病住院时，张玉玺都要在医院里单独包下房间，每天的床费高达 400 元也不在乎。因为老太太喜欢单间，张玉玺包单间就是为了让老太太高兴。2009 年 5 月 4 日，老太太安详地离开了人世。

杨秀云先在村里的种子站工作 17 年，然后又先后到村里的稀料厂和旅店洗衣店工作，直至2009年退休。她说，我现在每个月的退休金有2300多元，够花了，我挺知足的。

杨秀云与张玉玺结婚后，家里的事情差不多都是她一个人做，包括种地，照顾孩子，照顾老人。他们住平房时，家里包了两亩多地，总共种了10年。地里主要是种各种各样的蔬菜，尤其秋天的一茬以种大白菜为主。她的小儿子张月琳十五六岁的时候，经常起早去市场卖她种的菜。

作为张玉玺的妻子，杨秀云一直都是干干净净地过自己的日子，只求过得平平淡淡，不求过得轰轰烈烈。杨秀云说："早些年，我们没一起看过电影，他也没给我过过生日，也不知道我的生日。他早上走，晚上回来，没有时间顾这个家。我就是想，已经有了孩子，日子就慢慢地凑合着过。现在和早先都不一样的。早先是衣服破了补补再穿，现在是衣服旧了就干脆扔掉了。现在的年轻人，结了婚过日子凑合不到一起，就干脆离婚分手了。"

在评价自己的母亲时，杨秀云的大儿子、丰台区财政局行政政法科副科长张玥琛说："在我心里，最值得感恩的就是我的母亲。母亲年轻时，我们家里住平房，而且有菜地。母亲不仅要上班、做饭、带孩子，而且还要种菜。由于我们家的家庭成员作息时间有差别，有时母亲一个晚上要做好几次饭，很不容易。每天，母亲4点多就得起来，喂猪、喂鸡、种菜、做饭。中午，她也要回家做饭。但每天的早晨和晚上，是母亲最累的时候。后来，我家的平房拆迁了，上楼了，母亲才相对清闲一点。小的时候，我一天很少见到我的父亲，见到父亲是一件非常难的事情。应该说，家里里里外外的事，都是母亲一个人操劳着。在我的印象中，我的母亲和父亲一样，都是善于做事的人，善于用行动说话，很少说在嘴上。在父母的影响下，我们家的人都有家庭观念。我上班参加工作后，工资卡一直交给母亲。我的弟弟月琳比我晚一年参加工作，他先在一家杂志社任编辑，但他不喜欢这份工作，就辞职回到了新发地。刚开始跟着市场里的一个商户干，给人家开车，后来才逐渐进入了市场的管理层。家庭环境对我们的影响很大。我认为，人的一生最重要的，就是在完成工作的同时，也要照顾好家庭。在一个家庭中，既要有人顾事业，又要有人顾家庭。我觉得，父亲是我们的事业榜样，母亲是我们的生活榜样。现在，我常回家去吃饭，就是为了常看看父母，知道他们的真实情况。”

提起自己的丈夫张玉玺，杨秀云说：“说起来，张玉玺也实在是不容易。那么大的一个市场，真的不好管。治安、防火、卫生等，总是有一大堆事情要做。早先，还没有监控，哪不照看到都不行。”

杨秀云非常注意自律，她从没在新发地市场客户的手里买过菜。以前住平房时，菜都是她自己种；现在，都到超市里去买。

在谈到怎样对待自己的两个儿媳时，杨秀云说：“我对自己的两个儿媳妇，原则是提倡‘只给组织照顾，不给组织纪律’。我的目的是，尽量不给儿女找麻烦。我觉得，能侍候别人时，就侍候别人，自己侍候别人，总比别人侍候自己强。能给别人当‘兵’，总比让别人给自己当‘兵’强。”

杨秀云说：“张玉玺常让我们大一家子人多做积德的事情。”她列举了许多张玉玺带领他们一大家子人所做的好事：

“我们的两个双胞胎的儿子刚刚出生几个月时，家里来了一个年龄很大的老太太。老太太在我们家里住了一宿后，张玉玺用三轮车将老太太送到车站。几天后，这个老太太又回到我们家，说要在我们家长期住下去。后来，老太太的亲弟弟来了，才把她接回去。

“1993 年，曾经有个宁夏的小女孩在北京迷了路，结果被张玉玺发现了，就留她在我们家里住下。小女孩说希望去看一看天安门，张玉玺就抽出时间，带着小女孩游览了天安门广场，然后送小女孩返回家中。小女孩对张玉玺念念不忘，年年给张玉玺寄来贺年卡。后来，小女孩的叔叔来北京时，小女孩还专门让叔叔给我们家捎来了 30 斤大米。

“一个 30 多岁的四川人丢了钱包后，被张玉玺知道了，马上给四川人找了一家包子铺打工。由于这个四川人太能吃，包子铺就辞退了他。于是，张玉玺又找了一家工程队，让他到工程队里打工。几天后，这个人还是没能挣够回家的路费。张玉玺知情后，就帮助这个四川人凑齐了回家的路费。回到家后，这个四川人专门给张玉玺寄来一小袋花生米。”

杨秀云和张玉玺一起去白洋淀时，张玉玺看见一位无儿无女的老人仍在划船挣钱，生活非常艰难，就给了这位老人 200 块钱。

杨秀云说：“我们老大张玥琛 2006 年结婚时，张玉玺说什么也不操办。尤其是那些新发地市场的客户，一个也不许到举办婚礼仪式的酒店来。即使是一些亲戚来了，礼钱也不许超过 1000 元。只要不是亲戚，不管是谁一律劝退。2007 年，老二张月琳结婚，也是一样不操办。2009 年 5 月 4 日我婆婆去世了，张玉玺依然是坚持不操办。2007年前，家里住四合院的平房，正五间，东西各两间。院子里本来有空地，可以盖一些房子，但张玉玺就是不让盖，说是影响不好。家里还把两间偏房出租给了两个找不到房子的山东人住，一家人和山东房客相处得非常好。”张玉玺常说：“钱是人民币，是人民的，不是某一个人的。房子再大，一个人只需要一张床；钱再多，花不完也不是钱。”张玉玺在要求在新发地市场工作的小儿子张月琳时说，对客户不能有私人关系，既不能太近，也不能太远。张玉玺的心，全部扑在市场上。他的待人原则，就是不管是谁，只要把工作做好，就是对他的支持。他的司机李福洪2015年春节不幸离世，年仅49岁。李福洪给他开了22年车，有着很深的感情。李福洪有三个孩子，日子刚见好就离世了。他去世后，张玉玺半年多没缓过神来，年年清明节去给他扫墓祭祀。几年来，他将李福洪的三个孩子视如己出，孩子们结婚生子他都一定亲自参加。有一年，张玉玺还作了一首诗，来悼念李洪福。

说话间，杨秀云从书柜里找出了张玉玺所写的这首诗：

短歌行·悼念李福洪

春风何瑟瑟，欲与故人说。

楼前花又开，不见福洪辙。

除夕犹同行，分手竟永别！

音容宛然在，身影已难瞥。

伴我二十春，朝夕情切切，

执我鞍前鞭，所事无遗缺。

睹物思往昔，未语先凝噎。

举头问苍天，英年何早绝？

苍天亦潸然，落雨似呜咽。

杨秀云说：“这么多年，张玉玺除了工资拿回家外，没有其他任何不明不白的收入。他是老书记孟有发一手提拔起来的，性格耿直，不太圆滑，因此，他也得罪了不少人。有一个做钢窗的老板说：‘张玉玺是一个真正的共产党员。’张玉玺一直没用过公车，就是老太太有啥事，也没用过公车。家里的一台人力三轮车，是老太太常坐的代步工具，蹬三轮车的人是我。我们家里经常有人来闹：有一个人因为赌博、因为扰乱市场秩序，被派出所民警抓起来，这个人的母亲就躺在我们家里不走。有一个人要找活干，先是说不怕脏不怕累，等安排了岗位，马上又要求换岗位。还有人干脆躺在我家的地板上，要求张玉玺给办事。对这些人，张玉玺总是晓之以理、动之以情地做工作，直到问题得到圆满解决。张玉玺这个人，不抽烟，不喝酒，不穿名牌服装。谁找他办事，只能是有事办事，送礼请客不行。在他身边，我也学会了果断处理一些事情。内蒙古有一个客户来找张玉玺办事，给我们家送来一块奇石，说是价值600多万元。对此，我一口回绝了那个人，让他当场把那块奇石搬了回去。”

杨秀云说：“跟张玉玺结婚，是一种缘分，我们在一起过日子，从没想过怎样享福，也确确实实没享过福，但跟他在一起，我的心里过得很踏实。”

由于工作的需要，张玉玺现在经常出差，杨秀云每天都会给他打一个电话，问问身体咋样，休息得咋样……

张玉玺和妻子杨秀云的故事，让所有知道他们的人都会有这样的一种感受：夫妻之间真正的幸福，是两个心智成熟的人的彼此陪伴，独立又亲密，相爱又自由，没有斗智斗勇，只有相辅相成。

15

第十五章

全球视野，力推农业出国门

01
放眼世界，打造国际化交易平台

新发地市场创建30多年来，努力拓展经营，繁荣稳定市场，在夯实农产品批发主业的同时，进一步加快外埠生产基地和终端零售网点的建设，延伸产业链条，平抑市场物价，努力构建从产地到终端的垂直农产品流通体系。2018年新发地全年的交易情况显示：普通的廉价蔬菜和水果消费水平稳中有升，而进口的高端水果增长迅猛，成为拉动整个市场交易额大幅增长的重要引擎。

在张玉玺看来，中国农产品提品质、创品牌、拓渠道已经刻不容缓。农产品要提质增效，首先要在源头种植上下功夫，好产品才能卖出好价钱。而在流通环节上，要抓住大型农批市场主渠道，依托其强大的吞吐能力，做到产品快捷入市。新发地先后在全国建立了400多万亩的农产品基地，参照标准化种植，积极引进国际公认的优质农产品，源源不断地为首都市民的餐桌提供好的食材，而且物美价廉。同时，新发地在全国各地建设了16家分市场，辅助新发地调控进京农产品。市场还全力整合众多单品经营大户的产销渠道，持续开设遍布全城的新发地便民菜店，共同构建首都农产品安全供应体系。由此，首都市民的餐桌，从当初的“有啥吃啥”，逐渐升级为“吃啥有啥”，从而形成了“走进新发地，吃遍全中国，吃遍全世界”的新格局。

新发地积极拓展农产品流通新业态，联合市场中的大客户，成立了“新发地珍品荟”电商平台，打造O2O“来颗桃”社区生鲜品牌连锁超市，从而开创了服务社区居民新模式，以好产品、高标准、优价格来服务首都市民。2017年以前，新发地市场执行的是“守法是底线、品牌是关键、文化是灵魂、发展靠奉献”的发展方针，2018年，新发地提出了“提档升级、强化服务、严格管理、把控安全”的发展方向。2019年，新发地市场发展理念“居安思危、如履薄冰、知行合一、砥砺奋进”。新发地要在做好日常管理的同时，还下力气做好“智慧园区”、保障食品安全等工作，力促农批事业在新的时代再上新台阶。

2017年的全国“两会”期间，食品安全、农业供给侧改革等成了会议的关键词。张玉玺表示，新发地正在进行全面的提档升级，努力打造国际一流的花园式农产品物流园。新发地除了正在加紧建设新发地超级工程——蔬菜交易大楼，还在加紧建设和完善各项主题系统和配套软硬件，紧锣密鼓地在首都布局“菜篮子”配送系统。

张玉玺认为农产品品质把控必须从源头做起。新发地充分发挥了庞大的经销商资源优势，在全国各地建设了400多万亩优质农产品生产基地，有效地保证了高品质农产品的输送。随着生活节奏的加快，净菜成了一项新的消费需求。保障首都市民吃上安全放心的净菜，减少蔬菜垃圾总量，让北京变得更加整洁美丽，是新发地一直追求的目标。为了整合众多净菜产业基地资源，新发地开展了线上线下资源战略合作，切实把控从基地到终端各个环节，实现“净菜进京”，为消费者提供低碳、环保的食材，同时，也为减少城市餐厨垃圾发挥积极的作用。

北京常住人口已经超过 2100 万，求解“大城市病”，是京津冀协同发展战略提出的首个目标。河北高碑店作为承北京、启雄安的重要节点城市，为实施京津冀协同发展战略发挥了重要的作用。北京新发地高碑店农副产品物流园一期工程，面积相当于六个“鸟巢”，而正在启动的二期工程，规模还要比之前大 5 倍，将建成全球最大的菜市场。

2015 年 10 月投入使用的北京新发地高碑店农副产品物流园项目一期工程，规划占地面积 2081 亩，总建筑面积 160 万平方米，总投资 54 亿元，形成一个集农产品展示交易、加工配送、冷链物流、电子商务于一身的智慧型农副产品交易集散中心。新发地高碑店市场日均交易量实现 1.6 万吨，日均交易额实现 1.15 亿元，直接带动就业岗位 6200 个，间接带动就业岗位 1.3 万个。2016 年，市场实现纳税 1.12 亿元。

北京新发地高碑店农副产品物流园项目二期工程，规划占地 5 平方公里，建筑面积 600 万平方米，计划总投资 263 亿元。市场二期主要建设冻品、水产、农资、茶叶、国际食品、保税等项目，项目的选址、备案、规划设计等前期工作进展顺利。二期项目全部正常运营后，将在高碑店打造一座融合“现代食品商贸物流、食品产业加工、进出口跨境贸易、生鲜电商孵化、国际专业会展、食品文化创意产业”六大功能为一体，以“产业创新升级、互联网 + 国际商贸”为内核的复合型产业创新示范新城，并将成为全球最大的农产品交易市场。市场将实现年交易额 1500 亿元，年均营业收入 25 亿元，年贡献税收 10 亿元。直接带动就业岗位 3 万个，间接带动就业岗位 10 万个以上，对当地将产生 200 亿元的经济拉动。

张玉玺表示，北京新发地高碑店农副产品物流园将参考上海自贸区跨境通的经营模式，实现“自主报税、自助通关、自动审放、重点稽核”的作业模式发展，鼓励和支持发展食品的跨境电商业务。充分利用自身丰富的销售渠道和资源优势，对接“一带一路”和天津自贸区，构建成为国外食品进入中国的“第一站”。整个板块按照“科学规划、合理布局、集约发展”的原则，通过科技创新革新交易模式，提升空间交易功能。“云计算、物联网、大数据”的全面应用，将助推交易平台的“价格形成体系、商品标准化体系、城际配送体系、安全追溯体系、渠道管控体系、供应调控体系”六大体系的建设，从而开创农产品全新的现代流通模式，打造全球最大的国际食品贸易港。

在张玉玺的带领下，新发地市场正向着国际一流农产品交易平台稳步迈进。

02
出访澳大利亚，印象深刻感悟多

2009年3月28日至4月9日，张玉玺在中国农产品市场协会的组织下，跟随农业部农产品市场流通专家组的专家赴澳大利亚参观考察。

这次澳大利亚之行，让张玉玺感到最大的看点就是参观当地的农产品批发市场。每次看市场，19名考察团成员都有一个共同的感受：全世界的农产品批发市场，都是凌晨至上午八九点钟为交易的高峰期。因此，每次去参观市场，张玉玺一行都要四五点钟起床。大家在一起开玩笑地说："搞市场不容易，看市场也挺不容易。"

3月30日凌晨，张玉玺参观了澳大利亚最大的农产品批发市场——墨尔本市场。接待他们的是市场的一名女管理人员，表现得非常友好热情。在翻译的帮助下，管理人员将张玉玺一行带进市场大门口的办公室内，每人发一件类似国内交警穿的马夹，然后开着

“一连三”的电瓶车带他们参观市场。

走进墨尔本市场，首先映入眼帘的是忙碌穿梭的叉车在装卸货物，买卖双方均穿统一的马夹，大家忙而不乱。市场规定，凡是来市场交易的人员，必须凭卡进入，并收取一定的进门交易费，所有闲杂人员一律不准入内。这样做，有效地杜绝了市场秩序的混乱及各种小偷小摸问题的发生。

墨尔本市场建于1969年，虽然已有50多年的历史，却不显落后。整个市场占地495亩，为大棚式钢架结构，年交易额28亿澳元，约合187亿元人民币。市场共有管理人员23名，分为四个部门，即市场管理部、财务部、产地服务部和法律部。市场收入主要有两大块：一是场地管理费；二是租金。采购商分为三类：一是个体老板；二是商店、饭店；三是连锁酒店。

市场内卖货区和买货区独立分开，客户大多为专业的农产品流通商，每家都有固定的摊位和档口以及专业的叉车及工人，买方只要一个电话，货主就会送到指定的地点，不像国内农产品批发市场内什么车辆都可以进，什么人都可以来。同时，当地的经销大户与采购商，大多都有比较固定的供求关系，完全依靠信誉做长久的生意。

张玉玺说：“墨尔本市场内有两个细节特别让我很受启发：一是农产品的标准化程度非常高，几乎都是精良的包装，且这些包装全部在产地完成；二是进门口和出门口有严格的规定，绝不允许随意乱进乱出，市场设计了一种类似“地钉”的装置，这种装置如果只允许进入，那么你要是出去的话就会扎爆车胎。”

3月31日凌晨和4月5日凌晨，张玉玺一行又分别参观了悉尼农产品批发市场和布里斯班农产品批发市场，两个市场的经营管理情况与墨尔本市场差不多。

参观结束后，张玉玺表示："澳大利亚市场带给我最大的感受是：一个城市的农产品批发市场全部由政府统一规划，随意乱建是绝对禁止的。市场内部管理规范，经营科学，井然有序，忙而不乱，接待从简。无论是中国各地的政府，还是批发市场的管理者，都应该从中汲取宝贵的经验。

澳大利亚农牧业发达，自然资源丰富，有"骑在羊背上的国家"和"坐在矿车上的国家"之美誉。从墨尔本到悉尼，从首都堪培拉到黄金海岸，再到布里斯班，每到一处，考察团成员无不被当地洁净的空气和美丽如画的风景折服。在澳大利亚，放眼望去，到处是郁郁葱葱的青绿色，尽管当地已入深秋，但漫山遍野的绿干净得几乎没有一点瑕疵，皇家公园的草地上可以尽情地打滚儿。每到一处景点，都会有不同的鸟儿与大家热情地打招呼，一点也不陌生。

张玉玺每到一处中餐馆，都愿意与当地华人老板聊一聊。这些华人老板说，这里的所有食品都绝对安全，是真正的绿色有机食品。动物是天然牧场喂养的，绝不吃人工配制的饲料，农产品更是如此。如果说谁在打食品安全方面的主意，他所付出的将是倾家荡产和坐牢的沉重代价。

在澳大利亚，由于法律健全和社会文明程度很高，大家都相互监督，很自觉，整个社会的秩序和文明程度着实出乎考察团成员的想象。一位华人司机说，他来当地定居15年，在大街上没看到一起打架事件，随地乱扔东西和吐痰的几乎看不到。假如你扔垃圾在地上，后面的人会马上帮你捡起放到垃圾筒里。假如你不小心在大街上摔倒了，马上会有人问你需不需要帮助，如果需要帮助，他们会免费把你送到家或是医院。在当地，孩子一出生，父母就教育如何帮助别人。大街上，几乎看不到警察，大家很守交通规则，尽管车子开得很快，但交通并不拥堵。

在澳大利亚，与民生息息相关的育儿、教育、医疗、住房等，都有着想象不到的优越性。由于人口出生率低，只要妇女怀孕，政府就会提供最好的牛奶和每周约300澳元（约2010元人民币）的补偿，多生政府还有补助。假如你没有工作，政府也会给你每周250澳元至300澳元的补助，保证你衣食无忧。从小学到大学，所有教育是全部免费的。当地人看病更是受到无微不至的关怀，不仅享受一流的免费医疗，而且还免费管饭。

澳大利亚之行，让张玉玺真正理解了“出洋相”和“磨洋工”的真正内涵。澳大利亚人都是直肠子，想说什么就说什么，爱干什么就干什么，从不遮遮掩掩，所以爱出所谓的洋相，比如他们想躺在地上就躺在地上。澳大利亚人干活慢是出了名的，一个教堂要建30年或40年太正常不过了，所以说老外干活真是“磨洋工”，但他们的质量绝对是世界上一流的。

张玉玺说：“走进澳大利亚，处处体现着文明、和谐和以人为本，中国人应该好好地向澳大利亚人学习，尽快迎头赶上。”

03
成立联盟，接轨国际水产品市场

2012年7月28日，“全国水产流通联盟签约仪式暨北京新发地国际水产城招商推介会”在北京国际饭店隆重举行，来自中国农产品市场协会、中华全国工商联水产业商会的领导与专家，全国各省市水产商会、国际及港澳台水产企业、全国各大市场的负责人，金融机构及全国各大媒体的代表，共计500余人参加此次招商推介会。

北京新发地国际水产城项目自2011年11月奠基后，再次高调亮相并积极倡导组建“全国水产流通联盟”，强势搭建我国水产流通平台。成立全国水产流通联盟，是一项全国乃至国际水产领域强强联合的重要举措。联盟成立后，将实现汇聚全国金牌客户、推广优势水产品牌、降低流通环节成本、接轨国际水产市场、强化水产品安全意识、保障鲜活水产品的供应、维持水产品价格稳定、全力服务终端消费者等多种社会功能。

招商推介会上，广东黄沙水产交易市场有限公司、上海铜川路水产批发市场、广东湛江东风海鲜批发市场、武汉白沙洲农副产品大市场水产市场、福建海峡两岸农产品批发市场等十多个批发市场，共同签署了“全国水产流通联盟合作意向书”。

全国水产流通联盟是全国水产流通领域各企业和个人自发组建的非营利性组织，联盟所吸纳的对象：从事水产养殖、捕捞、生产、加工、物流、仓储、包装、销售的企业和个人；联盟的宗旨是：立足市场，放眼国际，以加强产销衔接为重点，创新水产品流通模式，提高流通组织化程度；联盟的社会责任和义务是：汇聚全国金牌客户，推广优势水产品牌，降低流通环节成本，接轨国际水产市场，强化水产品安全意识，保障鲜活水产品的供应，维持水产品价格稳定，全力服务终端消费者。

联盟成立后，将整合会员单位各自的优势，努力推动我国水产行业向着组织化、规模化、品牌化、标准化、安全化方向发展。此外，北京新发地国际水产城还将吸纳北京各大商场、连锁超市、酒店餐饮单位、二级批发市场、农贸市场以及各大后勤采购集团，组建“北京农产品采购联盟”，并与全国水产流通联盟共同构建网上交流平台，推动水产品销售的上下游即时对接。

北京新发地国际水产城依托新发地市场丰富的经营经验，顺应国家内升外扩政策的指引，斥巨资打造了华北区域规模最大的水产交易平台。中心将以品牌号召力为基础，通过规模扩张、功能提升、品牌升级、流通链整合等手段，全力打造一站式水产航母。该中心的建成，将有力推动京城水产业的升级，改善京城百姓膳食结构，提升百姓生活品质。同时，该水产城也将成为广大客户的掘金商脉和财富焦点。

在张玉玺的心目中，新发地国际水产城不同于京深海鲜市场，入驻客户主要是产地养殖户。由于缩短了水产的流通环节，交易成本会更低。而更重要的是，印尼、泰国等国外的水产品也将进入市场交易。新发地国际水产城投入运营后，将参照蔬菜价格交易指数，定期发布水产品价格交易指数，为经销商提供全面的市场信息。

2016 年 5 月 29 日，新发地国际水产城试营业开业大典在新发地市场隆重举办。作为北京迄今为止面积最大、档次最高、范围最广、功能最强的水产品交易中心，新发地国际水产城的建设和发展，一直备受社会和大众的青睐，营业启动仪式和开业大典，都吸引了众多商家和客户以及广大消费者慕名而来。

新发地国际水产城投入运营后，必将吸引广大优质的水产品客商进入北京市场，将水产城打造成为集国际交流、展览展示、餐饮消费、科普教育、观光旅游等于一体的现代化、尖端化、国际化的一流水产品交易平台，成为首都北京目前面积最大、档次最高、范围最广、功能最强的水产品交易中心。同时，水产城也会极大丰富首都市民的餐桌，极大改善和提升首都水产品交易的形象和档次，成为首都北京乃至全球水产品交易的一张亮丽名片和标志性交易中心，成为全国水产品价格的“风向标”和“晴雨表”，对提升新发地市场的整体形象，加快南城崛起和助推北京打造世界城市，必将产生积极而深远的影响，为中国的水产事业树立了一个全新的里程碑。

张玉玺指出，在发展不均衡的市场和社会，中国水产品供应链面临着很多非标准化、信息化程度低的生产、流通过程所带来的挑战。水产品行业涉及的环节众多，能够影响各环节参与者的决策和行为，从而影响产品供应稳定性和质量的社会、文化、政治和经济因素也很多，这些并不是一个简单的最终产品质量检测报告或标准认证能反映出来的。而这些问题的改善，需要超越单个企业的社会力量，需要政府与市场的协同作用。

在张玉玺的带领下，新发地国际水产城积极探寻有价值的方案，提高中国水产品供应链的水平，建立适合中国本土的可持续的水产品管理体系。同时，新发地国际水产城在高速发展过程中，也不断加强水产品质量认证体系建设，深化认证国际合作互认，促进全面质量管理，为消费者提供品质卓越、质量过硬的水产品。

04
依托“一带一路”，加强国际合作

习近平总书记提出共同建设“丝绸之路经济带”和“21世纪海上丝绸之路”的重大倡议后，张玉玺感到震撼，也备受鼓舞。“一带一路”贯穿亚欧非大陆，一头是活跃的东亚经济圈，农业发展历史悠久；一头是发达的欧洲经济圈，现代农业优势明显；中间广大腹地农业资源丰富，发展潜力巨大。各区域各具优势，具有较强的互补性。总书记的倡议统揽国内、国际两个大局，高瞻远瞩，审时度势，适应了当今国际政治经济格局深刻变化和我国改革开放与经济社会发展的新形势，是实现中华民族伟大复兴中国梦的一项重大战略谋划。习近平主席说：“共建‘一带一路’不仅为世界各国发展提供了新机遇，也为中国开放发展开辟了新天地。有利于各国充分发挥资源禀赋，更好融入全球供应链、产业链、价值链，实现联动发展，播撒合作的种子，共同收获发展的果实。”在各方共同努力下，“六廊六路多国多港”的互联互通架构基本形成，一大批合作项目落地生根，首届“一带一路”高峰论坛的各项成果顺利落实，150 多个国家和国际组织同中国签署共建“一带一路”合作协议。“一带一路”倡议的提出，为新发地市场的农产品国际贸易，提供了难得的发展机遇。与“一带一路”沿线国家进行农产品贸易，既可以提升中国农产品贸易质量，也可以扩大中国农产品国际影响力。

2015 年 1 月 15 日，由中国优质农产品开发服务协会、中国农业国际合作促进会共同主办，北京新发地农产品股份有限公司等共同承办的 2015 北京两节国际优质农产品展销大会，在北京新发地农产品国际会展中心隆重举行。展会以“开启优质农产品跨境交易新常态”为主题，以“优农丝路”、买全球卖全球为宗旨，努力营造品牌农产品国际化发展氛围，提升优质农产品国际贸易能力，并结合当前和今后一个时期农产品品牌国际化的重点领域，特别是电子商务与信息技术的广泛应用，促使传统的国际农产品贸易以及服务发生深刻的变革，促进以农产品品牌、信用交易和电子商务协同价值链服务体系为特征的现代农产品贸易服务业态应运而生。

这次展会汇集了“一带一路”沿线国家或地区优质农产品，不仅将国际优质农产品聚集北京“两节”，也标志着农产品品牌建设成为加快区域经济合作与发展的重要路径，成为保证食品安全获得消费者信任的重要举措，也成为加快优质农产品跨境交易的新常态。展会设立采购、供应和综合服务 3 个专区，来自韩国、越南、泰国、老挝、澳大利亚、俄罗斯、蒙古国、日本、哈萨克斯坦、印度、巴基斯坦等国家或地区，中国河北、宁夏、河南、山东、黑龙江农垦、新疆生产建设兵团、北京市区县和涉农企业、服务企业代表团带来其优质农产品或采购需求参与本届展会。

展销会期间，2015北京“两节”国际优质农产品展销会圆桌论坛、项目签字仪式、优质供应商与物流商发布会等活动同时举办。展会还通过中国商品交易网、中国农业电子商务平台提供的在线服务，为参展商和消费者提供O2O电商服务。参会各方共同探讨、交流“优农产品跨境交易”的新理论、新趋向、新举措，并通过展销活动，促进优质农产品跨境交易的有序发展。越南的火龙果、泰国的榴莲、菲律宾的香蕉、巴基斯坦的杧果、土耳其的樱桃和苹果、比利时的果蔬等，这些来自“一带一路”沿线国家的优质农产品，今后将源源不断地进入新发地市场。

2017年下半年，多批外国考察团陆续来到新发地市场洽谈合作。随着“一带一路”倡议的不断落实，新发地市场与“一带一路”沿线国家的农业合作不断加深。

2017年10月，土耳其农业部副部长携考察团一行到访新发地市场，了解土耳其主产的同类农产品在新发地的销售情况。由于地理位置的特殊性、日照期长等气候条件的原因，土耳其出产的大樱桃被消费者誉为“世界上质量最好的大樱桃”，其中的“农业900号”品种，已经开始在国际市场上以“土耳其大樱桃”被叫开。随着土耳其考察团的到来，土耳其大樱桃正式进入新发地市场。同时，土耳其乳制品的出口、鸡肉和鸡爪的出口等业务洽谈进展顺利，土耳其将有33家企业将鱼、虾等海鲜产品出口到中国。

在新发地市场综合交易大厅，土耳其考察团一行重点考察了鸡肉和鸡爪的价格、销量等情况。在特色交易大厅，考察团一行品尝了中国的咸鸭蛋，并盛赞其风味独特，有意将中国咸鸭蛋引进土耳其。在进口水果交易区，考察团一行看到来自世界各国的形色各异的进口水果齐聚新发地，表示非常惊讶，也切身品尝了一次“走进新发地，吃遍全世界”的水果盛宴。

参观结束后，中国政府与土耳其政府签署了石榴、苹果、葡萄的进出口贸易协议。土耳其农业部表示，要加快办理各项手续，争取在2018年年初将这3种水果出口到中国。同时，中国的柠檬、橘子、柚子也会出口到土耳其。

2019年3月13日至17日，在张玉玺的带领下，全国18家涉农企业代表参与的“新发地农学院游学”第一站走进了越南。越南是“一带一路”沿线重要国家之一，其国内农产品出口的76%进入中国市场，而越南农产品在北京新发地市场更是占据着较大的份额。中国是越南农产品最大的出口国，可以新鲜出口到中国的越南水果有火龙果、西瓜、红毛丹、杧果、荔枝、龙眼、香蕉、波罗蜜等，而榴莲、山竹、西番莲、葡萄柚、鳄梨、椰子、柠檬等也有望新鲜出口到中国。

张玉玺非常骄傲地介绍说：“随着‘一带一路’倡议的不断落实，越来越多的‘一带一路’沿线国家考察团频繁到访新发地市场。”2017年9月，巴基斯坦出口商代表团来到新发地市场推介有着“水果之王”之称的巴基斯坦杧果；比利时农业考察团重点了解本国农产品在新发地市场的销售情况和净菜进京产业的发展情况；农业部外经中心组织来自南非、肯尼亚、牙买加、尼日利亚等

9 国农产品加工与贸易代表团，到新发地市场进行商务洽谈。

新发地市场依托“一带一路”这个国际平台，充分利用“一带一路”中的互联互通与贸易便利化优势，积极发展农产品进出口贸易，实现农产品的“引进来”与“走出去”的同步发展。这一方面有助于扩大新发地优质农产品的出口规模，提高出口农产品的附加值；另一方面有助于实现进口市场多元化，更好地丰富人民的餐桌。这是对“一带一路”建设的丰富和支撑，更是对我国农业国际事务的有力促进。

05
新冠肺炎疫情袭来之时

众所周知，2020年初，湖北武汉出现了新冠病毒肺炎疫情，并迅速蔓延。有了2003年“非典”肆虐的教训和新发地成功战胜“非典”的经验，张玉玺对疫情的发生极为重视。1月22日上午，张玉玺对新冠疫情做了认真的研判后，于当天下午就紧急召开了新发地市场疫情防控工作部署大会，成立了疫情联防联控工作领导小组，全力做好疫情防控工作，维持市场经营秩序，保障首都农产品供应。

1月25日，也就是大年初一，张玉玺一大早就通知留守市场的主要领导和相关干部，紧急召开第二次疫情防控会议，指出疫情的蔓延形势不容忽视，当即宣布市场中高层干部全部停止休假，恢复工作状态，并对疫情防控工作从宣传、检查、信息登记、物资采购、湖北籍员工和商户的统计追踪等方面，进行了具体的部署。他亲自安排相关部门订购了13万只口罩以及护目镜、防护服、消毒液、测温枪等必备医用物资，以保障防控工作的顺利开展。

1月26日，市场白菜等少数农产品价格走高，供应一时吃紧，张玉玺迅速组织召开了新发地市场保障供应商户动员大会，充分发挥分市场和种植基地的优势，积极组织、调拨货源，杜绝少数商户在关键时期哄抬物价，确保首都稳定供应。同时，张玉玺组织动员新发地在全国的10多家分市场，共同采取相应措施，严防疫情，保障供应，并积极向当地在疫情防控中的受困群体捐款捐物，让新发地的企业价值观在多个地区同步呈现。

新发地是北京市民“菜篮子”，也是疫情期间物资供应的“大后方”，北京市各级领导对新发地市场的防疫保供工作高度重视，要求新发地市场重点关注社区居民的蔬菜保障任务。由于受疫情影响，北京市的很多社区都实行了封锁防控，给居民的出行和买菜带来了一定的困难。为此，新发地市场立即增加了直通车编制，与北京市内多个社区取得联系，开展直通车惠民服务，并新增了20个社区网点，为社区居民买菜提供便利。

当发现新发地市场内出现不重视戴口罩的苗头时，张玉玺非常气愤，他立即责成相关人员，通过广播等各种媒介，向市场内的员工和商户提出严格要求：不戴口罩的员工，将直接开除岗位；不戴口罩的商户，将直接取消其在市场内的经营权。市场还与各区域、各部门签订了疫情防控工作责任书，对疫情防控工作实行严格的网格化管理机制。

从2月1日起，新发地市场入口处的消毒方式，由人工喷洒式改为碾压棉被式。这样，既提升了效率，又节省了人力。

2月6日，丰台区派驻新发地市场的服务保障专班正式入驻办公，指导市场防疫保供工作的开展，从测温、消毒、通风、防止聚众、宣传等方面，提出许多富有建设性的意见，使市场的疫情防控工作更加周密严格。

在疫情防控期间，张玉玺每天早上都向新发地市场的员工和商户发送微信群信息，告知当天疫情数据，鼓励大家要坚定树立战胜疫情的信心。在张玉玺的带领下，新发地市场实行了每日一会工作机制。一线人员每天量体温、查信息，排查发烧人员，24小时分两班坚守在防控岗位上。张玉玺多次召开一线人员防控疫情指导会议，要求他们首先做好自我防护，在实际操作中要做到科学规范。他亲自带领市场领导，分批次为一线人员配发食品和相关物品，高峰时期，仅盒饭每顿就要供应上千份。

在张玉玺看来，疫情防控刻不容缓，保供维稳也同样刻不容缓。新发地市场肩负着“大菜篮子”“大果盘子”这种特殊的社会重任，关键时刻必须义无反顾地勇往直前。针对疫情期间海南、广西等多个地区相继出现农产品卖难滞销问题，2月10日，新发地市场于海口市政府在网上举办了农产品产销对接活动，并进行了网络签约，发动新发地市场的海南菜经营大户鲁德传、鲁大勇、宋洪硕、宫晓军等人，组织椒类、豆角、冬瓜、菠萝、茄子等各种蔬菜快速运往北京新发地。2月13日，首批13车海南蔬菜抵达新发地后随即销售一空，由此拉开了疫情期间海南滞销农产品直供北京新发地的序幕。

3 月初，因疫情防控工作形势严峻，从南方运输农产品的货车，在进京入口的榆伐、礼贤、求贤等检查站被限制其进京。张玉玺在掌握了相关情况后，积极多方协调，并派驻工作人员在各个检查站 24 小时轮流值班，及时沟通处理运输农产品的货车进京事宜，确保首都农产品市场的稳定供应。3 月 6 日，张玉玺亲自前往礼贤检查站，感谢检查站管理人员对新发地市场做好保供维稳工作的支持与帮助。

3 月 24 日，北京市商务局领导来到新发地市场，充分肯定了新发地市场在新冠肺炎疫情发生后，起到了不可替代的“菜篮子”保障作用。4 月 24 日，中国蔬菜流通协会领导受湖北省十堰市和黄冈市方面的委托，给新发地市场送来了锦旗和感谢信，感谢新发地市场为十堰、黄冈两地捐赠蔬菜的善举。

6 月 11 日，新发地市场突然暴发聚集性疫情，成为轰动全国、人人皆知的重大新闻，新发地批发市场随即整体进入应对疫情防控的一级响应。聚集性疫情暴发后，张玉玺的心情立即沉重起来。他知道，配合上级做好疫情的防控工作，迅速控制疫情的扩散，是新发地市场的压倒性工作。他当即宣布，为确保食品安全，新发地市场暂停营业，市场内的 1 万多名员工和商户，都将进行新冠病毒核酸检测。6 月 12 日凌晨，新发地市场内的所有车辆和农副产品，均就地暂时封存，部分农产品做了销毁处理。对于果蔬商户，新发地市场在距离新发地 3 公里的国际名酒城，设立了临时交易市场。

张玉玺深知，经营新鲜水果和蔬菜的商户，与经营其他农副产品的商户有着很大的不同。一些大商户大多都在全国各地建有自己的种植基地，形成了固定的购销合作关系。虽然商户后端的成交量大幅减少，但而前端供货商的供货依旧保持正常供应。只要供货商的水果蔬菜按时成熟，新发地内的商户对供货商的产品就要保持正常收购。随着时间的推移，新发地商户肩上的收购重担无疑在与日俱增。张玉玺既考虑商户的艰难，也考虑供货商的不容易。他积极主动地与商户沟通，不断安抚商户的不安情绪，并初步研究出台了新发地市场对商户的经济补偿方案。张玉玺知道，这些商户，都是在新发地市场经营了十几年甚至二十几年老商户，对新发地市场有着深厚的感情，病毒无情人有情，新发地市场应该采取一些扶持办法，帮助商户渡过难关。

面对聚集性疫情的暴发，已经 71 岁的张玉玺，不分白天黑夜地奋战在疫情防控的第一线。

为了保障北京市蔬菜和水果的正常供应，新发地暂时休市期间，原在市场内交易的蔬菜和水果移到指定的区域进行，不接待个人消费用户。临时交易场所一律免收进场费。同时，新发地市场继续深化生活必需品供应“点对点”监测补货机制、疫情小区生活必需品监测和应急保障措施，抓好市场监测和供应保障。

6 月 14 日凌晨，新发地农产品批发市场内的 8000 多名经营、采购和工作人员，全部进行了核酸检测，并转运至集中观察点，进行集中医学观察。在完成对新发地市场高风险人群进行快速有效的集中隔离后，迅速启动了对新发地市场的全面消杀，消杀评价结果全部合格。

6 月 28 日，北京新冠肺炎疫情防控工作领导小组第 72 次会议强调：对集中医学观察期满的新发地市场相关人员二次检测优先安排，快检快出。进一步加强流调，对来源不明的病例要尽快查明感染链条，对确诊病例要第一时间找到并管控所有密切接触者，阻断传播途径。

随着北京市各级政府部门的高度重视，以及实施一系列果断、严格的管控措施，新发地市场所爆发的聚集性疫情迅速得以控制。从7月7日开始，新发地市场集中隔离期满核酸检测合格人员，陆续解除隔离。需要返回新发地市场取车和其他物品的人员，被集中有序地转运到新发地市场。在转运过程中，相关部门严格做好人员、市场的消杀防护工作，除了对返回新发地市场的人员发放消毒液等防护用品外，还在车辆停放区域设置消杀点，安排消杀车在主干道及市场区域进行流动消杀，在惠农门车辆出口处对出场车辆再次进行消杀。

7月19日，北京市新冠肺炎疫情防控工作新闻发布会宣布：7月20日零时起，北京市突发公共卫生应急响应级别由二级调整为三级。这一消息，让一直处于巨大压力之下的张玉玺心情得到缓解。

8月15日，北京新发地市场铁路以南区域休市了63天后，正式对外开放营业，恢复市场正常时期果蔬交易量的60%，这也标志着新发地市场正式复市。

新发地市场复市后，全面取消新发地市场零售功能，不再向个人消费者开放，坚持批发属性。建立完成市场智能管理系统，通过实名认证方式，推行“卖方注册制，买方会员制”，买卖双方在“北京新发地”或“新发地”微信公众号上进行注册，通过验证后方可进入市场交易。

为保障好周边居民的日常生活，在市场外新设1000平方米的便民菜市场，减少中间环节，严格控制农产品价格。同步推动新发地所属77家便民菜店，164辆社区蔬菜直通车全面复市，保证社区居民的充足供应，价格平稳。

实行货品进场准入。货品进场需在新发地市场智能管理系统上进行登记，上传货物品种、数量、产地证明、产品检测合格证明等信息，市场对登记信息进行核实，经确认无误后方可进场交易；试行电子交易，确保买卖可溯。场内交易时，由买方出示交易码，卖方识别后填写货品、金额、数量、产地等信息，买卖双方确定提交后再进行货物交易。交易完成后买方离场需展示会员码，由市场工作人员使用PDA扫描识别买方会员二维码，收集交易信息上传到智能管理系统，做到货品来源信息可追溯，货品去向可清查。

市场内实行分区管理，按经营品类划分区域，同时按照交易功能划分经销区、采购区、摆渡区，买卖双方车辆进场后停放在相应区域，实现人车分流，规范市场交易秩序。

复市前期，新发地还加大了市场内外环境秩序的整治力度，修补、硬化、平整地面36万平方米，完善施划各类标识、标线4.8万米，拆除广告牌匾1.2万平方米，增设现代化果蔬垃圾处理站2个，改造垃圾中转站5个；优化市场周边交通秩序，安装各类道路标识、标志牌177个，分离货运车辆和社会车辆，引导车辆有序进入市场。

北京新发地农产品批发市场，又恢复了往日的兴隆。

06

心存高远，做百年世界一流企业

世界一流企业是指在一定区域和行业的最优企业。在经济全球化趋势明显加快的今天，主业突出、创新能力强、有国际化竞争力、拥有知名品牌、较强盈利能力、高质量管理、领导人及员工、社会责任等八大要素，是企业成为世界一流企业的核心要素。尽管对于一流企业存在不同的认识角度，但是这些要素在不同的概念中都具有高度的一致性，说明这些要素体现了一流企业成长的内在规律和本质特点。

做百年世界一流企业，一直都是张玉玺的梦想，也是新发地人的共同梦想。2017 年，新发地市场将现有的 1680 亩土地中的 670 亩用于建设综合性的农产品市场，建造蔬菜综合交易楼和水果综合交易楼，两栋地上三层和地下二层的大楼遥相呼应，彻底提升新发地市场的形象和档次。两栋大楼投入运营后，车辆可直接进入楼内交易、装卸货，必将大大减少蔬菜水果在夏冬季节的损耗。此外，12万吨冷库也开始建设，在有效减少车流、人流、物流，缓解市场交通压力的同时，也满足更多客户用库需求。

剩余的所有土地将会被绿植覆盖，打造一个占地1000多亩的绿色公园。张玉玺说："今后再说起新发地农贸市场，就不仅是一个农产品交易中心，而是一个旅游中心、农业科普中心。人们每次来到新发地市场，都会看到新的水果品种从不同国家进口过来，进而成为一个很好的科普教育基地。"

这就是张玉玺给新发地市场规划的未来蓝图——国内首家农批行业花园式购物中心。人们没有理由不相信新发地市场建成百年世界一流企业的梦想一定能够实现，张玉玺已将他的思想和经营理念，深深地融入新发地市场团队每个成员的血脉之中，成为每个成员的核心价值观，成为了新发地企业发展的灵魂。

2018年5月16日，在北京昆仑决世界搏击中心，新发地员工、客户及来自全国15个分市场的领导、外埠嘉宾共计500余人齐聚一堂，举行新发地农产品批发市场成立30周年庆典。

庆典仪式上，隆重表彰了对新发地市场发展做出突出贡献的人员，包括田振梅、毕经武和操戈3位退休领导干部获得了"突出贡献奖"；邢广海、郭永平、张连明、杨洪凯、赵义群、顾兆学和张月琳等7位历任总经理获得了"历任总经理奖"；耿景发、闫学强、周明哲、邢宗信、邢超杰、李忠跃、谷志龙、周景丰、高洪波、王金明等100位优秀客户获得了"百强客户"称号。

回首新发地市场所走过的30年辉煌历程，无疑是小菜农撬动大历史的30年，是市场基因绽放美好生活的30年。新发地市场人用30年的不懈奋斗与汗水，做成了两件大事，就是造福与造富。30年间，新发地市场是彰显个人价值的英雄地，也是培育创新的大学堂。一批又一批农民创业者，把从新发地市场学到的技术和经验带回故乡，带领乡亲依农致富。

张玉玺在新发地市场成立30周年庆典致辞中表示，新发地市场在发展中始终坚持让政府放心、让消费者满意的原则，彰显集体智慧、体现时代要求、关注民生民情，把切实保障首都市民的农产品安全稳定供应作为首要任务，同时，也为全国农产品大流通、大繁荣贡献力量。张玉玺说，新发地市场将永远和首都人民同呼吸，永远和广大客户共命运，永远和中国“三农”心连心。

30年厚积薄发，30年再踏征程。张玉玺表示，新发地市场将进一步积极整合各种资源，树立首都农批行业品牌新形象。在未来发展中，新发地市场将以“爱国、创新、包容、厚德”的北京精神为指引，进一步深化改革，加速市场的调整升级和功能转型，打造以果蔬经营为主的全市型农产品配送枢纽。同时，新发地市场将积极响应和落实国家号召，严格遵照北京市委、市政府的有关要求，紧紧抓住京津冀协同发展的“牛鼻子”，努力构建环京津冀1小时鲜活农产品物流圈，竭尽全力地将新发地市场做成北京市内百年世界一流的企业。

2018年6月30日，由中国商报社、中国管理科学研究院学术委员会和中国商界杂志社主办，中国品牌发展网、中国品牌发展论坛网联合主办的“2018中国品牌高峰论坛暨中国品牌年度人物颁奖典礼”活动，在首都北京成功举办，张玉玺与柳传志、刘强东、许立荣、何永智、李东升、郁亮、王传福、董明珠、任正非、张瑞敏、曹德旺、杨惠妍、张茵、雷军、南存辉、陈东升、潘刚、季克良、魏立华、周海江等业界大佬，共同荣膺“2018 中国品牌年度人物”大奖。

2018 年 7 月 8 日，在新发地市场召开的新发地市场规划建设和未来发展战略通报会上，张玉玺沉稳有力地说：“品牌是一个企业的标志，代表着生产者的品德、产品的品质。中国改革开放这么多年，真正走向世界的中国品牌数量仍然不是很多。新发地市场一定要坚守‘文化是灵魂，守法是底线，品牌是关键，发展靠奉献’的发展宗旨，以恒心和决心来建立品牌。当面对困难时，要迎难而上，敢于承受失败，敢于吸取教训。同时，我们也要有耐心，不能急功近利，要有长远的发展眼光，让新发地市场的品牌走出国门，真正把新发地市场办成一个百年、数百年世界一流的成功企业。”

2018 年，新发地市场已经走过了整整 30 年的辉煌历程，但对张玉玺和新发地市场团队来说，这仅仅是一个开始，办成百年世界一流的企业，任重而道远。

后　记

《张玉玺与新发地：唤醒农产品流通的春天》的最后一稿在夜深人静时分完笔时，心里如释重负，也倍感欣慰。兴奋之余，真的感觉这部书稿，是迄今以来最全面、最真实、最客观地反映张玉玺人生经历、工作履历和事业成就的一部书稿，也是迄今以来最全面、最真实、最客观地反映北京新发地市场艰苦创业、发展壮大、铸就辉煌的一部书稿。

2020 年 6 月 11 日，当北京新发地发生新冠病毒聚集性疫情的消息传出后，我们一边赶稿，一边密切关注新发地市场疫情防控的事态发展。疫情发生后，北京以战时状态快速反应，争分夺秒打响新发地疫情阻击战，以最坚决、最果断、最严格的措施，赢得了防控战役的胜利。最终，新发地市场在休市 63 天后，重新对外开放，恢复了往日的兴隆。新发地市场复市之日，也是我们这部书稿最后一稿的完稿之时。

2006 年 6 月，一个偶然的机会，我们结识了张玉玺，一下子被他偌大的名气、沉稳的个性、宽厚的风度、强大的魅力所吸引，从此，便一直在关注他。在各种媒体上寻找他的名字，在“北京新发地”公众号上寻找他的足迹。他在新发地市场走访客户，他在新发地村召开会议，他在全国各地考察基地，他在公开场合发表演讲，他在各种会议介绍经验，他在专业杂志发表论文……所有这些，几乎都在我们的脑海里记录在案，形成第一手资料。

于是，我们就有了为张玉玺写一部个人传记的想法。而随着时间的推移，这种想法变得越来越强烈，以至于渐渐产生了一种欲罢不能的感觉，好像不完成这一夙愿，就有愧于作家的名声，有愧于作家的责任，有愧于作家的担当。

我们的执着精神，终于得到了回报。2017 年岁末之时，张玉玺欣然同意了由我们来写一部他的个人传记。得到他的应允，我们很高兴，也不敢怠慢，随即便开始了紧张的采访、撰写工作。因为你要给人一碗水，自己就要拥有一桶水．于是，我们追寻他的足迹和履历，探究他的工作和他的生活，采访他的亲人、他的同事和他的朋友。我们先后 8 次进京采访，2 次在京外采访，想千方设百计地广泛搜集材料，了解他充满坎坷的人生，以图更全面、更准确地描绘出张玉玺的全貌。我们历时 2 年半多时间，期间五易其稿，最终完成了我们心中的夙愿。

张玉玺是一个有拼搏精神、创新精神、奉献精神、担当精神的企业家，也是一个胸怀大局、敢负责任、吃苦耐劳、富有爱心、崇尚孝道、诚信友善的实干家。他的胸中好像横陈着河流、山脉和平原。

在采访撰稿的过程中，我们不时地为他的成功而欢呼，为他的贡献而骄傲。无论是在新发地市场，还是在新发地村，一提到张玉玺，总会引发许许多多的赞叹声。人们说，他慈祥体贴，细致入微，压根就不像个官员，也不像个老板，而像是一位亲人，一位朋友。

和他谈话，话题始终围绕着农业。农业可谓是其思想的湿地，已融化在他的血液中。用如椽巨笔，做好“天下大农”这篇华章，这种抱负少而有之，老而弥坚，始终积淀在他的生命里。

多年来，北京老百姓餐桌上的菜是丰富着，还是单调着，是满眼青翠还是凋红残绿，他都关注着，感应着，改善着，仿佛和他们共呼吸一样。他所走过的地方，田野已盛开了富裕之花，市场已诞生了富裕商户。

一个国家的强盛不仅要有英明的领导人，各个领域还要有这样脊梁式的人物。一个人的伟大，从不因为它有多少权势和财富，而是要看他是否有种能让时代为之凝固的气场。我们觉得，他和杂交水稻研究领域的开创者和带头人袁隆平很相似。可以这样说，袁隆平是种出来，而张玉玺是卖出去。袁隆平所关心的是谁来养活中国，而张玉玺所忧虑的是谁来致富农民。张玉玺的功绩，不仅在于他把北京新发地这个无名小村庄，一举打造成了亚洲第一的农产品交易市场，还在于他创造了一批百万、千万富翁，更在于它带动千百万农民共同致富，其智足以经世，其德足以服物。

《张玉玺与新发地：唤醒农产品流通的春天》这部书稿，原则是按照张玉玺的人生履历来构架的，具体分为：童年磨砺，吃苦耐劳懂珍惜；军旅生涯，六年磨砺强意志；创建市场，挥洒汗水播希望；规范运营，强化管理补短板；扩大规模，抢抓机遇增后劲；服务客户，市场繁荣畅流通；农民情结，群众利益至高无上；理论思考，遵循规律重实践；强化品牌，精心打造不懈怠；人才至上，选人用人为根本；做强连锁，龙头引领谋发展；企业文化，倾力塑造丰内涵；心存善念，关注公益献爱心；人格魅力，做人做事重在诚；全球视野，力推农业出国门15章，共计76个小节。

在撰稿的过程中，我们力求每一章、每一节，甚至每一段话，都尽量做到公正客观，实事求是。真诚地期望这部书稿，能让更多的人了解一个真实、全面的张玉玺。同时，也能更好地弘扬主旋律，传播正能量，给人以更多的信心和勇气，让人看到更多的光明和希望。此书如有不当之处，敬请广大读者批评指正，以便今后在再版时加以修改和完善。

在这部书稿的采访和撰写过程中，得到了众多人士和朋友的大力支持和鼎力相助，在此一并表示衷心的感谢！

2020年8月